应用技术型高等教育"十三五"规划教材

（汽车类专业改革创新系列）

汽 车 构 造

（上册）

主　编　王林超　徐　刚

副主编　冯增雷　王　锐

中国水利水电出版社

www.waterpub.com.cn

·北京·

内 容 提 要

本书从汽车使用和维修的角度出发，介绍了汽车发动机、底盘、行驶系、车身等主要总成的作用、组成、工作原理与总成的拆装。全书分上、下两册，上册介绍曲柄连杆机构、配气机构、汽油机燃料供给系、柴油机燃料供给系、发动机冷却系、发动机润滑系等，下册介绍离合器、变速器、自动变速器、万向传动装置、驱动桥、车架、车桥、车轮与轮胎、悬架、转向系、制动系、车身与附属装置等。

本书可作为高等院校汽车类专业（汽车服务工程、汽车运用与维修等）的教材，也可作为汽车制造、汽车维修等行业工程技术人员的参考书。

本书配有电子教案，读者可以从中国水利水电出版社网站和万水书苑上下载，网址为：http://www.waterpub.com.cn/softdown/和 http://www.wsbookshow.com。

图书在版编目（CIP）数据

汽车构造. 上册 / 王林超，徐刚主编. -- 北京：
中国水利水电出版社，2016.8
应用技术型高等教育"十三五"规划教材. 汽车类专
业改革创新系列
ISBN 978-7-5170-4468-0

Ⅰ. ①汽… Ⅱ. ①王… ②徐… Ⅲ. ①汽车—构造—
高等学校—教材 Ⅳ. ①U463

中国版本图书馆CIP数据核字(2016)第142171号

策划编辑：宋俊娥　　责任编辑：宋俊娥　　加工编辑：封　裕　　封面设计：梁　燕

书　名	应用技术型高等教育"十三五"规划教材（汽车类专业改革创新系列） **汽车构造（上册）**
作　者	主编　王林超　徐　刚 副主编　冯增雷　王　锐
出版发行	中国水利水电出版社 （北京市海淀区玉渊潭南路 1 号 D 座　100038） 网址：www.waterpub.com.cn E-mail：mchannel@263.net（万水） 　　　　sales@waterpub.com.cn 电话：(010) 68367658（营销中心）、82562819（万水）
经　售	全国各地新华书店和相关出版物销售网点
排　版	北京万水电子信息有限公司
印　刷	三河市鑫金马印装有限公司
规　格	184mm×260mm　16 开本　17 印张　420 千字
版　次	2016 年 8 月第 1 版　2016 年 8 月第 1 次印刷
印　数	0001—3000 册
定　价	38.00 元

前　言

　　随着市场对汽车需求的多元化、现代化，在各国政府不断强化的有关汽车安全、环保、节能和防盗等法规、标准的推动下，现代汽车新结构、新技术、新工艺、新材料层出不穷，现有的汽车专业教材显得陈旧，急需改革、更新。

　　按照应用技术型高等人才的培养目标，本书的编写突出了系统性、针对性、实用性和前瞻性，注重内容的取舍、主次的选择及与相关课程内容的划分和衔接。本书以叙述基本结构和基本原理为主，通过典型车型结构的分析和总成拆装，以期使读者在掌握基本原理和基本规律的基础上，能够对汽车的各类车型结构举一反三、触类旁通，为其从事汽车技术与管理工作打下坚实的基础。本书对柴油机燃料供给系内容进行了删减，重点加强了对汽油机燃料系的电控汽油喷射系统和传动系的自动变速器等内容的介绍，并适当介绍了现代汽车的其他电控系统，如智能电子节气门控制系统（ETCS-i）、汽油机缸内直喷系统、无级变速器、汽车防滑控制系统等。

　　本书为应用技术型高等教育"十三五"规划教材（汽车类专业改革创新系列）之一，分上、下两册，共五篇，20 章。主要内容包括汽车发动机、汽车传动系、汽车行驶系、汽车控制系统以及汽车车身与附属装置五部分，从汽车使用和维修的角度出发，介绍了汽车发动机、底盘、行驶系、车身等主要总成的作用、组成与工作原理。上册介绍曲柄连杆机构、配气机构、汽油机燃料供给系、柴油机燃料供给系、发动机冷却系、发动机润滑系等，下册介绍离合器、变速器、自动变速器、万向传动装置、驱动桥、车架、车桥、车轮与轮胎、悬架、转向系、制动系、车身与附属装置等。本书对汽车结构进行了比较系统全面的论述，为了突出实用性的特点，在减少理论性分析的同时增加了总成的拆装内容。

　　本书由王林超、徐刚任主编，冯增雷、王锐任副主编，编写组成员（分工）包括：山东交通学院王林超（绪论、第 4 章、第 11 章、第 19 章）、山东交通学院职业技能鉴定所所长徐刚（第 2 章、第 14 章、第 15 章、第 16 章）、山东凯文科技职业学院冯增雷（第 1 章、第 5 章、第 13 章、第 18 章）、潍坊职业学院王锐（第 8 章、第 12 章、第 20 章）、山东润通汽车销售公司马志庆（第 3 章、第 7 章、第 10 章）、济南华飞汽车服务有限公司许建（第 6 章、第 9 章、第 17 章）。另外陈继玲、王晓哲、王万毅等也参与了本书的部分编写工作。

　　本书在编写过程中，得到了许多相关企业单位、专家和工程技术人员的大力支持与帮助，援引了有关技术资料，在此表示由衷的感谢。

　　由于编者水平有限，书中难免有疏漏之处，恳请同行专家和广大读者批评指正。

编　者
2016 年 4 月

目 录

第一篇　汽车发动机

绪　　论

一、汽车的历史与发展

　　汽车作为重要的陆路交通工具，问世百余年来，取得了惊人的发展。目前，全世界有几亿辆汽车在陆地上行驶，并且以每年几千万辆的速度增长。汽车已成为人类最常用的交通工具，全世界有一半以上的客货运输是由汽车来完成的。同时，汽车逐渐改变了人们的生活方式，变革了世界经济、文化，渗透到了人类生产、生活等各个领域，直接影响着经济社会的发展进程，激励着社会更快地前进，特别是轿车的普及，极大地扩大了人们的活动时空，加快了人们的生活节奏，提高了人们的生活品质。

（一）汽车的由来

　　1876 年，德国人奥托制成了第一台往复式四行程内燃机。这种内燃机利用活塞往复运动的四个行程，将吸入的煤气与空气的混合气压缩后，再点火燃烧，大大提高了内燃机的热效率。

　　1886 年，德国人卡尔·本茨设计制造出了世界上第一辆装用汽油内燃机的三轮汽车，如图 1 所示。这辆三轮汽车采用钢管焊接车架，配有辐条式车轮，发动机为单缸四行程，工作容积为 1687mL，转速为 200r/min，功率为 1.103kW，最高时速为 18km/h。

图 1　世界上第一辆三轮汽车

同样在 1886 年，德国人歌德里普·戴姆勒成功地发明了世界上第一辆四轮汽车，如图 2 所示。该车发动机为单缸四行程汽油机，水冷，转速为 750r/min，时速为 15km/h。

图 2　世界上第一辆四轮汽车

由于装用汽油内燃机的汽车轻便、快速、舒适，并且一次加油行驶的路程较长，因此，它一问世便受到了人们的普遍欢迎，同时也标志着汽车的真正诞生。

（二）汽车工业发展概况

19 世纪末 20 世纪初，欧美一些主要资本主义国家相继完成了工业革命，随着生产力的大幅度提高，要求交通运输工具也要有相应的发展。同时，石油工业的发展已能提供足够的燃料，机械工业的发展也提供了先进的加工设备。因此，从德国人本茨和戴姆勒于 1886 年制造出第一辆内燃机汽车开始，欧美发达资本主义国家相继制造出了汽车。

1896 年，亨利·福特制造出了自己的第一辆汽车。1903 年，福特汽车公司成立，同年推出福特 A 型车。1908 年，著名的福特 T 型车问世，该车采用直列四缸发动机，功率为 14.1kW，结构紧凑，设计简单，容易驾驶，价格低廉。

1913 年，福特汽车公司在底特律建成了第一条汽车装配流水线，首次实现了汽车的批量生产，大大降低了汽车的生产成本和价格，推动了汽车工业的快速发展。

从 20 世纪 20 年代到 90 年代，虽然受到两次世界大战的影响，但世界汽车工业，无论是制造技术还是设计水平，都得到了突飞猛进的发展。除欧美各国外，发展最快的是亚洲的日本和韩国。

我国的汽车工业是从 20 世纪 50 年代开始的，经历了三个阶段。

创立时期（1953 年～1978 年）——我国的汽车工业在 1953 年时从零起步，开始建立第一汽车制造厂，三年后便生产出国产"解放牌"中型载货汽车。60 年代建立了第二汽车制造厂，生产我国独立设计的"东风牌"中型载货汽车。后来又建立了"川汽""陕汽"等重型汽车厂，还在修理厂的基础上建成了"北汽""上汽""南汽""济汽"等一批骨干企业，但汽车的品种在过去的长时间内"缺重少轻"，轿车工业还未形成规模。

大发展时期（1978 年～1993 年）——我国改革开放后，汽车工业进入了大发展时期。汽车行业开始以各大型骨干企业为主，联合一批相关的中小型企业组建汽车集团。汽车工业加快了主导产品更新换代的步伐，注重提高产品质量，增加汽车品种。1985 年，中央在"七五"

计划建议中提出了要把汽车工业作为支柱产业的方针；1987 年，国务院又确立了发展轿车工业来振兴我国汽车工业的战略。这就确立了汽车工业在我国国民经济中的重要地位和发展重点，并开始有计划、有重点地引进国外先进技术和整车项目，发展我国的轿车工业。

快速发展时期（1993 年后）——1993 年后，汽车工业跨入了快速发展时期。2～3 家汽车企业集团迅速成长为具有相当实力的大型企业，6～7 家汽车企业成为国内的骨干企业，解决了重复引进低水平产品的问题，花大气力增强了汽车产品自主开发能力，从与国外联合开发逐步走向成熟的自主开发，提高了产品质量和技术装备水平，迅速赶上了国际先进水平。

我国汽车工业经过 60 多年的发展，其加速趋势越来越明显：从 1953 年到 1992 年，汽车工业达到年产量 100 万辆，用了近 40 年时间；从 1992 年到 2000 年，年产量完成了从 100 万辆到 200 万辆的增长，用了 8 年时间；从 2000 年到 2002 年底，年产量实现了从 200 万辆到 300 万辆的增长，用了 2 年时间；而 2005 年一年汽车年总产量就达到 570.7 万辆；2009 年 10 月 20 日，我国的汽车年总产量达到 1000 万辆，成为继美国、日本之后，第三个汽车年产量超千万辆的国家；2013 年汽车产量达到 2211.68 万辆；2015 年汽车产量为 2450.33 万辆，连续七年我国汽车年产量排名全球第一。

（三）汽车工业与社会进步

1. 汽车工业的发展改变了人类生活

人类社会及人们生活的"汽车化"，大大地扩大了人们日常活动的半径和范围，扩大并加速了人与人之间、国与国之间、地区与地区之间的交往，极大地加快了人们的生活节奏，促进了世界经济的大发展与人类的快速进步。

2. 汽车工业的发展促进了先进技术的应用与转化

汽车是由上万个零件组成的结构复杂、加工精密的"技术密集、劳动密集、资金密集"型的集机（机械）、电（电器、电子）、化（化工）、美（美工造型）一体化且大批量生产的产品，也是世界上唯一的零件数以 10 的 4 次方计、产量以 10 的 7 次方计的产品，是产值高、寿命长、需要量大的社会必需品。当代世界上的一些最新技术与成果，首先在汽车上或汽车工业中得到了推广应用。如超微型计算机、机器人等高技术产品，微电子、自动控制、精密机械制造与柔性加工技术，有限元分析、模态分析、模拟计算等设计方法，不仅越来越多地引进到汽车设计、制造、试验研究中，而且有些现代高新技术成果直接用在汽车上，以满足人们对汽车的安全、节能、环保以及其他性能越来越高的要求。例如，发动机、变速器的电子控制系统，电子防抱死装置（ABS），汽车的雷达防撞装置，交通路线优化选择的电子导航系统，多功能高精度智能化的电子仪表及显示系统，防盗报警装置，安全气囊等。

3. 汽车工业已成为许多国家的支柱性产业

汽车上用到的材料种类繁多，加工工艺也很复杂，在制造中要用铸、锻、焊、冲压、金属切削与无切削加工、热处理、表面处理、油漆、装配等各种加工工艺及其设备，要消耗大量的各种钢材、有色金属、工程塑料、橡胶、玻璃、油漆等，要安装电机、电器、仪表、计算机控制系统、电子设备、空调设备、内饰和座椅、安全设备（安全带及安全气囊）等。汽车在使用中还要消耗大量的燃料、润滑油以及零配件，汽车还需要维护保养及修理。因此，汽车工业要以钢铁、有色金属、非金属材料、机械制造、电机电器与电子、化工、石油及其加工、汽车零配件制造与修理等工业及当代许多先进技术为基础，要有这些基础工业与科学技术的扶持。

反过来说，汽车工业发展了，又能带动这些基础工业的迅速起飞与现代科技的蓬勃发展。从这种意义上来讲，汽车工业已成为许多先进国家的支柱性产业。

中国要从汽车制造大国向产业强国迈进，科技创新是关键，人才培养是根本。未来汽车工业的竞争关键是人才的竞争。未来的汽车将具有以下七大特点：安全、价廉、环保、实用、高效、省时且能提供与外部世界的联系。这就意味着汽车行业必须围绕低价位、实用性的设计和技术进行创新，充分体现"人、车、环境"的有机结合。 总之，汽车的发展趋势是：对环境的污染越来越小，燃油经济性越来越好，安全舒适性越来越高，车辆专业性越来越强，以人为本体现得越来越充分。

二、汽车的组成与分类

（一）汽车的组成

汽车是由自身动力装置驱动的，一般具有四个或四个以上车轮的非轨道承载车辆，主要用于载运人、货物及一些特殊用途。

汽车通常由发动机、底盘、车身、电气设备四大部分组成。图 3 为轿车的总体构造示意图。

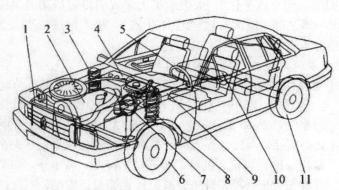

1—散热器；2—发动机；3—悬架；4—蓄电池；5—转向盘；6—转向轮；7—离合器；8—变速器；
9—传动轴；10—后桥；11—驱动轮

图 3 轿车的总体构造

发动机是汽车的动力装置。汽车上广泛使用的发动机大都是往复活塞式内燃机，它的作用是使燃料燃烧而发出动力。它一般是由机体、曲柄连杆机构、配气机构、燃料供给系、冷却系、润滑系、点火系、起动系等组成。

底盘是在动力装置驱动下使汽车按驾驶员的操纵正常行驶部分的总称，它包括传动系、行驶系、转向系和制动系。

车身是容纳驾驶员、载运乘客和货物部分的总称，它包括驾驶室和各种形式的车厢。

电气设备是保证汽车动力性、经济性、安全性和可靠性，提高汽车品质的重要组成部分，包括汽车电源、用电设备和电子控制装置。

（二）汽车的分类

汽车一般可按汽车的用途、发动机排量、乘客座位数、汽车总质量、汽车总长度、车身或驾驶室特点的不同等来分类，也可以取上述特征量中的两个指标作为分类的依据。

1. 国标 GB/T 3730.1—2001 将汽车分为乘用车和商用车

乘用车是指在设计和技术特性上主要用于载运乘客及其随身行李和（或）临时物品的汽车，包括驾驶员座位在内最多不超过 9 个座位。它也可以牵引一辆挂车。乘用车又有多种，我们习惯把部分乘用车称为轿车。乘用车分类如图 4 所示。

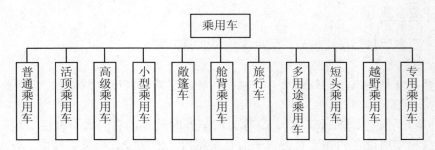

图 4 乘用车分类

商用车是指在设计和技术特性上用于运送人员及其随身行李和货物的汽车，并且可以牵引挂车。商用车又有客车、半挂牵引车、货车之分，商用客车的座位数包括驾驶员座位在内一般超过 9 座，当座位数不超过 16 座时，称之为小型客车。商用车的详细分类如图 5 所示。

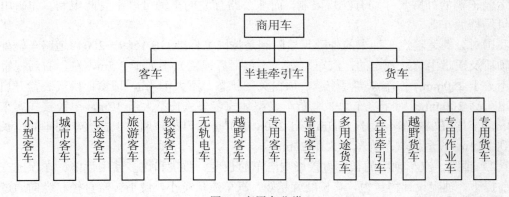

图 5 商用车分类

2. 汽车按动力装置类型可分为内燃机汽车、电动汽车、混合动力汽车、太阳能汽车等

（1）往复活塞式内燃机汽车。它是当前应用最为广泛、占绝大多数的车辆，其内燃机又以燃用汽油的汽油机和燃用柴油的柴油机为绝大多数。为解决能源和环境的问题，液化石油气（LPG）、压缩天然气（CNG）、醇类等各种代用燃料汽车不断发展。

（2）电动汽车。它是指由电动机驱动且自身装备供电电源（不包括供电线架）的车辆，主要有蓄电池电动汽车和燃料电池电动汽车。电动汽车具有零排放、高效率、低噪音、结构简单、维修使用方便的优点，但由于电池的功率密度和能量密度低、充电时间长、使用寿命及续驶里程短等技术、性能和价格的原因，还不能广泛使用。燃料电池电动汽车，简称"燃料电池汽车"，是将外界供给的活性物质的化学能通过电化学方式直接转换为电能，持续推动车辆，燃料电池是一种能量转换装置，如果在耐久性和成本方面有所突破的话将有美好的前景。

（3）混合动力汽车。混合动力汽车又称混合动力电动汽车，是指具有两种及以上车载动力源并协调工作的车辆。鉴于电动汽车存在的问题，综合考虑环保节能的需要，混合动力汽车是一种现实的选择。将电驱动系统与汽油机、柴油机、代用燃料发动机等另一种动力系统在同一车辆上使用，可以充分利用各动力源的优点，降耗节能。

（4）太阳能汽车。车载动力源取自太阳能的车辆具有绿色能源的优点，但有动力不足、价格高等问题，难以推广应用。太阳能汽车是真正意义上的无公害无能源消耗的绿色汽车。

（三）汽车主要参数

汽车的主要参数包括尺寸参数、质量参数和性能参数等。

1. 汽车主要尺寸

汽车主要尺寸是指汽车的外廓尺寸、轴距、轮距、质心高度、前后悬、车头长度和车厢尺寸等。

（1）外廓尺寸。汽车的长、宽、高称为汽车外廓尺寸，它的大小直接与轴距、轮距、驾驶室、车身和专用设备的布置有关，一般是根据汽车的功能、吨位、容量、外形、专用设备、结构布置和使用条件等因素确定的。在满足使用要求的前提下，应力求减小汽车外廓尺寸，以减轻其整备质量，降低制造成本，提高其动力性、经济性和机动性。减小汽车长度尺寸可以增加车流密度，减小停车面积；减小汽车宽、高度尺寸可减小迎风面积，降低空气阻力。汽车外廓尺寸必须适应公路、桥梁、涵洞和铁路运输的标准，保证其安全行驶。各国对公路运输车辆的外廓尺寸均有法规限制，而非公路行驶的车辆可以不受此限制，如矿用自卸车、机场摆渡车等。

我国对公路运输汽车列车的外廓尺寸限制是按国家标准 GB 1589－2004《道路车辆外廓尺寸、轴荷及质量限值》规定的：汽车总宽（不包括后视镜）不大于 2.5m，左、右后视镜等突出量不大于 250mm；汽车总高（空载、顶窗关闭状态）不大于 4m，顶窗、换气装置开启时不得超出车高 300mm；对于汽车总长，货车、整体式客车总长不大于 12m，单铰接式客车不大于 18m，半挂汽车列车不大于 16.5m（自 2008 年 1 月 1 日起，厢式半挂汽车列车的车长限值放大到 18.1m），全挂汽车列车不大于 20m。

（2）轴距。汽车轴距的长短直接影响汽车的长度、质量和许多使用性能。在保证汽车功能的前提下，轴距设计得越短，其长度就越短，汽车质量越小，最小转弯直径和纵向通过半径也越小，机动性越好。轴距还影响轴荷分配，所以轴距不能过短，轴距过短，车辆的后悬太长，行驶时纵摆较大，车辆制动、加速以及坡道行驶时质量转移过大，操纵性和稳定性会变坏。此外，轴距过短还会导致万向节传动的夹角增大，从而造成较大的传动不均匀性。

（3）轮距。汽车轮距的大小对汽车的宽度、质量、横向通过半径、横向稳定性和机动性影响较大。轮距越大，则横向稳定性越好，悬架的角刚度也越大，但轮距宽了，汽车的宽度和质量一般也要增大。改变汽车轮距还会影响车厢或驾驶室内宽、汽车侧倾刚度及最小转弯直径等，轮距过宽机动性变坏，还易导致车轮向车身侧面甩泥。

（4）质心高度。汽车质心高度主要影响汽车的使用性能，包括其纵向稳定性和侧向稳定性，也包括其制动、驱动和坡道行驶时的轴质量转移系数，一般希望质心较低为好。一般车辆

的纵向稳定性都能满足要求。对于厢式汽车、罐式汽车和集装箱运输车等来说，由于诸多条件的限制，其质心比较高。质心过高，很易导致车辆横向失稳，特别是弯道行驶时，易造成侧向倾翻。

（5）前悬与后悬。汽车前悬尺寸对汽车通过性、轴载质量、碰撞安全性、驾驶员视野、前钢板弹簧长度、上车和下车的方便性以及汽车造型等均有影响。前悬尺寸增加，汽车的接近角减小，通过性降低，视野变坏。长前悬有利于采用长钢板弹簧，有利于在撞车时对乘员起保护作用。对于平头汽车，前悬还会影响从前门上、下车的方便性。前悬尺寸应在保证设计要求，能布置下各总成和部件的同时尽可能短些。

汽车后悬尺寸对汽车通过性、汽车追尾时的安全性、车厢长度或上装尺寸、轴距和轴荷分配等有影响。后悬加长，汽车的前轴载质量减小，后轴载质量增大，汽车的离去角减小，通过性降低；而后悬缩短，汽车的车厢长度或上装尺寸减小。

2. 汽车质量参数

（1）整备质量。汽车整备质量就是汽车经过整备后在完备状态下的自身质量，即指汽车上带有全部装备（包括随车工具、备胎等），加满燃料、水，但没有装货和载人时的整车质量。

整备质量对汽车的制造成本和燃油经济性有影响。应通过优化结构，采用高强度钢结构件以及铝合金、非金属复合材料等尽可能减少整备质量（通常整备质量每减少 10%，燃油消耗可降低 6%～8%），提高质量系数，即提高汽车装运质量与整车整备质量的比值。

（2）装运质量。汽车装运质量是指汽车在良好硬路面上行驶时的最大限额（客车用座位数表示，货车用吨位数表示）。当汽车在非良好硬路面上行驶时装运质量应适当减少。越野汽车装运质量是指它在越野路面上行驶的最大限额。

（3）最大总质量。汽车最大总质量是指汽车装运质量与整车整备质量之和。它是保证汽车运输安全和运输效率的重要指标，车辆制造厂和行政主管部门对此都有明确的规定。

（4）轴载质量。汽车轴载质量的合理分配可以提高汽车的稳定性、通过性和制动性，延长轮胎和道路的使用寿命。

理想的轴载质量分配是指满载时每个车轮的负荷大致相等，但实际上，还要考虑汽车的动力性、操纵性、通过性、制动性等使用性能。

世界各国根据道路表面的坚固性和耐磨性决定公路运输车辆的轴载质量。我国公路工程技术标准 JTG B01－2014 规定：总质量为 20t 的汽车，单后轴载质量为 13t；总质量为 30t 的汽车，双后轴载质量为 12×2t。

3. 性能参数

（1）汽车动力性。汽车的动力性是指汽车以最高车速行驶的能力、迅速提高车速的能力和爬坡的能力。它主要取决于发动机的性能和传动系的特性参数，是汽车使用性能中最基本和最重要的性能。

（2）汽车制动性。汽车的制动性可用制动效能和制动稳定性来评价。制动效能是指汽车迅速降低行驶速度直至停车的能力；制动稳定性是指汽车在制动过程中维持直线行驶或按预定弯道行驶的能力。

汽车制动性能特别重要。它不仅是安全行车的保证，也是下长坡行车车速的主要制约因素，它能使汽车维持安全车速并能在一定坡道上长期驻车，直接影响汽车使用性能和生产效率。

汽车除了装有必备的行车制动和驻车制动装置以外，有的还装有应急制动装置和辅助制动装置。应急制动是在行车制动气压不足，制动失灵或制动力减弱的时候，迅速发挥作用将车辆刹住，从而使汽车免于发生事故；而辅助制动常常是采用发动机排气制动、液力缓速、电力缓速等装置，以减轻车轮制动器的负担，使汽车更加安全可靠地行驶，提高运输效率。

（3）汽车通过性和机动性。汽车的通过性参数主要有最小离地间隙、纵向通过半径（现称纵向通过角）、接近角和离去角。

汽车最小转弯直径是其机动性的主要参数之一，其数值主要根据汽车用途、道路条件和结构特点选取。大型半挂汽车列车的最小转弯直径一般在 11～15m 以内，也可达 20m 左右。

（四）汽车行驶基本原理

汽车行驶必须具备两个基本的条件：驱动条件和附着条件。

1. 驱动条件

汽车必须具有足够的驱动力，以克服各种行驶阻力，才能得以正常行驶。这些阻力主要包括滚动阻力、空气阻力、坡度阻力和加速阻力。

（1）驱动力。汽车的驱动力来自发动机。发动机发出的转矩经过汽车传动系统施加给驱动车轮的转矩，力图使驱动车轮旋转。在驱动车轮转矩的作用下，由于车轮与路面的附着作用，驱动车轮与路面接触处对地面施加一个驱动力，其方向与汽车行驶方向相反。同时，路面对车轮施加一个大小相等、方向相反的反作用力。驱动力 F_t 克服滚动阻力 F_f（$F_{f1}+F_{f2}$）、空气阻力 F_w、坡度阻力 F_i、加速阻力 F_j 等各种行驶阻力而正常行驶，如图 6 所示。

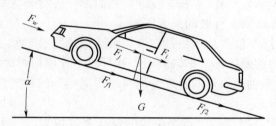

图 6　汽车行驶阻力

（2）滚动阻力。滚动阻力是由于车轮滚动时轮胎与路面两者在其接触区域发生变形而产生的。车轮在硬路面上滚动时，驱动汽车的一部分动力消耗在轮胎变形的内摩擦上，而路面变形很小；车轮在软路面（松软的土路、沙地、雪地等）上滚动时，由于路面变形较大，所产生的阻力就成为滚动阻力的主要部分。滚动阻力以 F_f 表示，其数值与汽车的总质量、轮胎的结构与气压以及路面的性质有关，它等于车轮负荷与滚动阻力系数之积。

（3）空气阻力。汽车在空气中向前行驶时，前部承受气流的压力而后部抽空，产生压力差。此外，空气与车身表面以及各层空气之间存在着摩擦，再加上车内冷却发动机、室内通风以及外伸零件引起的气流干扰，就形成了空气阻力。空气阻力以 F_w 表示，它与汽车的形状、汽车的正面投影面积、汽车与空气相对速度的平方成正比。可见，汽车速度很高时，空气阻力将成为总阻力的主要部分。

（4）坡度阻力。汽车在坡道上行驶时，其总重力沿坡道方向的分力称为坡度阻力，以 F_i 表示。汽车只有在上坡时才存在坡度阻力，但汽车上坡所做的功可转化为重力势能。当汽车下

坡时，重力势能就转化为动能。

（5）加速阻力。汽车加速行驶时，需要克服其自身质量加速运动的惯性力，即加速阻力，以 F_j 表示。

（6）驱动力与行驶阻力的关系。汽车的驱动力 F_t 等于各种行驶阻力之和，即

$$F_t=F_f+F_w+F_i+F_j$$

当 $F_j=0$ 时，汽车匀速行驶；当 $F_j>0$ 时，汽车加速行驶，但随着速度的增加，空气阻力也随之增加，在某个较高的车速达到新的平衡，然后匀速行驶；当 $F_j<0$ 时，汽车将减速行驶或停止。当汽车在平直的路面上以最高车速匀速行驶时，只需克服滚动阻力和空气阻力。

2. 附着条件

在平整的干硬路面上，汽车附着性能的好坏决定于轮胎与路面间摩擦力的大小。这个摩擦力阻碍车轮的滑动，使车轮能够正常地向前滚动并承受路面的驱动力。如果驱动力大于轮胎与路面间的最大静摩擦力，车轮与路面之间就会发生滑转。在松软的路面上，除了轮胎与路面间的摩擦阻碍车轮滑转外，嵌入轮胎花纹凹处的软路面凸起部还起一定的抗滑作用。通常把车轮与路面之间的相互摩擦以及轮胎花纹与路面凸起部的相互作用综合在一起，称为附着作用。由附着作用所决定的阻碍车轮滑转的最大力称为附着力 F_φ。附着力 F_φ 等于驱动轮所承受的垂直于路面的法向力 G（称为附着重力）与附着系数 φ 的乘积。附着系数 φ 与轮胎的类型及路面的性质有关。

由此可知，汽车所能够获得的驱动力受附着力的限制，即 $F_t \leqslant F_\varphi$ 为汽车行驶的附着条件。

在附着力很小的冰雪或泥泞路面上，由于汽车的驱动力受附着力的限制而不能克服较大的阻力，汽车减速甚至不能前进，即使再增大汽车的输出功率和输出转矩，车轮也只能滑动而不能增大驱动力。为了增加附着力，可采用特殊花纹轮胎或在普通轮胎上绕装防滑链，以提高其对冰雪路面的附着能力。非全轮驱动汽车的附着重力只是指分配到驱动轮上的那部分汽车重力；而全轮驱动汽车的附着重力则是指汽车的总重力，因而其附着力显著增大。

（五）汽车产品型号

汽车产品型号由企业名称代号、车辆类别代号、主参数代号、产品序号组成，必要时附加企业自定代号（见图 7）。对于专用汽车及专用半挂车还应增加专用汽车分类代号（见图 8）。

（1）企业名称代号：位于产品型号的第一部分，用代表企业名称的两个或三个汉语拼音字母表示。如 BJ（北京）、NJ（南京）、JN（济南）、SH（上海）、SX（陕西）、EQ（二汽）等。第一汽车制造厂的企业代号用 "CA" 表示。

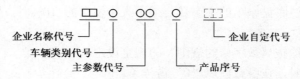

□—用汉语拼音字母表示；○—用阿拉伯数字表示；▭—用汉语拼音或阿拉伯数字表示均可

图 7 汽车产品型号示意图

□—用汉语拼音字母表示；○—用阿拉伯数字表示；▢—用汉语拼音或阿拉伯数字表示均可

图 8　专用汽车产品型号示意图

（2）车辆类别代号：位于产品型号的第二部分，用一位阿拉伯数字表示，见表 1。

表 1　汽车型号中部四位阿拉伯数字的含义

第一位数字表示车辆的类别		第二、三位数字表示各类汽车的主要特征参数	第四位数字表示产品序号
1	载货汽车	表示汽车的总质量（t）[①]数值	0——第一代产品 1——第二代产品 2——第三代产品 ……
2	越野汽车		
3	自卸汽车		
4	牵引汽车		
5	专用汽车		
6	客　车	表示汽车的总长度（m）[②]数值	
7	轿　车	表示发动机的工作容积（L）数值	
8			
9	半挂车及专用半挂车	表示汽车的总质量（t）[①]数值	

注：① 当汽车的总质量大于 100t 时，允许用 3 位数字。

② 当汽车总长度大于 10m 时，计算单位为 m。

（3）主参数代号：位于产品型号的第三部分，用阿拉伯数字表示。

载货汽车、越野汽车、自卸汽车、牵引汽车、专用汽车与半挂车的主参数代号为车辆的总质量（t），牵引汽车的总质量包括牵引座上的最大质量。当总质量在 100t 以上时，允许用 3 位数表示。

客车及半挂客车的主参数代号为车辆长度（m）。当车辆长度小于 10m 时，应精确到小数点后一位，并以长度（m）值的 10 倍数值表示。

轿车的主参数代号为发动机排量（L），应精确到小数点后一位，并以其值的 10 倍数值表示。

对于专用汽车及专用半挂车的主参数代号，当采用定型汽车底盘或定型半挂车底盘改装时，若其主参数与定型底盘原车的主参数之差不大于原车的 10% 时，则应沿用原车的主参数代号。

主参数的数字修约按《数字修约规则》的规定设定。

主参数不足位数时，在参数前以"0"占位。

（4）产品序号：位于产品型号的第四部分，用阿拉伯数字表示，数字从 0、1、2……依次使用。

（5）当车辆主参数有变化，但不大于原定型设计主参数的 10% 时，其主参数代号不变；

大于 10%时，应改变主参数代号，若因为数字修约而主参数代号不变时，则应改变其产品序号。

（6）专用汽车分类代号：位于产品型号的第五部分，用反映车辆结构特征和用途特征的 3 个汉语拼音表示。结构特征代号按表 2 的规定（同时适用于专用半挂车），用途特征代号另行规定。

表 2　专用汽车分类代号

厢式汽车	罐式汽车	专用自卸汽车	特种结构汽车	起重举升汽车	仓栅式汽车
X	G	Z	T	J	C

（7）企业自定代号：位于产品型号的最后部分，同一种汽车结构略有变化需要区别时（如汽油、柴油发动机，长、短轴距，单、双挂座驾驶室，平、长头驾驶室，左、右置方向盘等），可用汉语拼音字母和阿拉伯数字表示，位数由企业自定。供用户选装的零部件（如暖风装置、收音机、地毯、绞盘等），不属结构特征变化，应不给予企业自定代号。

例如：中国第一汽车集团公司生产的第二代载货汽车，总质量为 9310kg，其型号为 CA1091；中国上海汽车厂生产的第二代轿车，发动机排量为 2.2321L，其型号为 SH7221。

（六）车辆识别代号

汽车产品型号是便于识别不同的汽车，用简单的编号来表示各种汽车的厂牌、类型和主要特征参数的，是车辆的类别代号，是批量的。汽车产品型号是对于一种形式车辆的高度概括性说明，它在政府各部门的管理和统计中，在制造厂的内部管理中发挥着重要的作用。

车辆识别代号英文为 Vehicle Identification Number，简称为 VIN。车辆识别代号是为识别车辆而由指定的一组字码组成的代号，这个代号是由制造厂按照一定的规则，依据本厂的实际而指定的，是车辆的身份证，是唯一的。车辆识别代号的基本目的是区别每一辆车，可利用它的这个特性，应用在各个方面的统计和计算机检索中，因而它与汽车产品型号有着不同的目的和用途。车辆识别代号不会也不能取代汽车产品型号。

1. 车辆识别代号的基本构成

车辆识别代号由世界制造厂识别代号（WMI）、车辆说明部分（VDS）、车辆指示部分（VIS）三部分组成，共 17 位字码。

（1）对于完整车辆和（或）非完整车辆年产量≥500 辆的车辆制造厂，车辆识别代号的第一部分为世界制造厂识别代号（WMI），第二部分为车辆说明部分（VDS），第三部分为车辆指示部分（VIS）（如图 9 所示）。

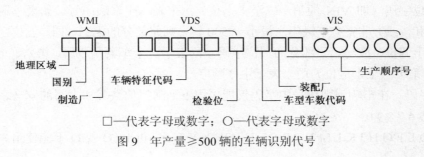

□—代表字母或数字；○—代表字母或数字

图 9　年产量≥500 辆的车辆识别代号

（2）对于完整车辆和（或）非完整车辆年产量＜500 辆的车辆制造厂，车辆识别代号的第一部分为世界制造厂识别代号（WMI），第二部分为车辆说明部分（VDS），第三部分中 VIN 的第十二、十三、十四位与第一部分中 VIN 的第一、二、三位一起构成世界制造厂识别代号（WMI），其余五位为车辆指示部分（VIS）（如图 10 所示）。

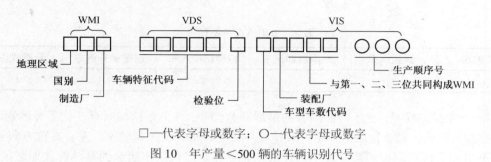

□—代表字母或数字；○—代表字母或数字

图 10　年产量＜500 辆的车辆识别代号

2. 世界制造厂识别代号（WMI）

世界制造厂识别代号（WMI）是车辆识别代号的第一部分，WMI 应符合 GB 16737—2004 的规定。

3. 车辆说明部分（VDS）

（1）车辆说明部分（VDS）是车辆识别代号的第二部分，由六位字码组成（即 VIN 的第四至九位）。如果车辆制造厂不使用其中的一位或几位字码，应在该位置填入车辆制造厂选定的字母或数字占位。

（2）VDS 第一至五位（即 VIN 的第四至八位）应对车型特征进行描述，其代码及顺序由车辆制造厂决定。

（3）VDS 的最后一位（即 VIN 的第九位）为检验位。检验位可为 0～9 中任一数字或字母 X，用以核对车辆识别代号记录的准确性，检验位应按照检验位计算方法的规定计算。

4. 车辆指示部分（VIS）

（1）车辆指示部分（VIS）是车辆识别代号的第三部分，由八位字码组成（即 VIN 的第十至十七位）。

（2）VIS 的第一位字码（即 VIN 的第十位）应代表年份。年份代码按表 3 规定使用（30 年循环一次）。

（3）VIS 的第二位字码（即 VIN 的第十一位）应代表装配厂。

（4）如果车辆制造厂生产的完整车辆和（或）非完整车辆年产量不小于 500 辆，此部分的第三至八位字码（即 VIN 的第十二至十七位）用来表示生产顺序号。如果车辆制造厂生产的完整车辆和（或）非完整车辆年产量小于 500 辆，则此部分的第三、四、五位字码（即 VIN 的第十二至十四位）应与第一部分的三位字码一同表示一个车辆制造厂，第六、七、八位字码（即 VIN 的第十五至十七位）用来表示生产顺序号。

（5）字码。在车辆识别代号中字码仅能采用下列阿拉伯数字和大写的罗马字母：

1 2 3 4 5 6 7 8 9 0

A B C D E F G H J K L M N P R S T U V W X Y Z（字母 I、O 及 Q 不能使用）

表3　VIN 的年份代码

年份	代码	年份	代码	年份	代码	年份	代码
2001	1	2011	B	2021	M	2031	1
2002	2	2012	C	2022	N	2032	2
2003	3	2013	D	2023	P	2033	3
2004	4	2014	E	2024	R	2034	4
2005	5	2015	F	2025	S	2035	5
2006	6	2016	G	2026	T	2036	6
2007	7	2017	H	2027	V	2037	7
2008	8	2018	J	2028	W	2038	8
2009	9	2019	K	2029	X	2039	9
2010	A	2020	L	2030	Y	2040	A

（6）分隔符。分隔符的选用由车辆制造厂自行处理，但不得使用以上（5）所述车辆识别代号所用的任何字码，或可能与车辆识别代号中的字码混淆的任何字码，例如：☆、★。

5. 车辆识别代号的固定方式

为了固定 VIN，车辆制造厂可以在以下两种固定方式中进行选择。

（1）车辆识别代号可直接打刻在车架上，对于无车架车身而言，可以直接打刻在不易拆除或更换的车辆结构件上。

（2）车辆识别代号还可打印在标牌上，但此标牌应同样是永久固定在以上（1）所述的车辆结构件上。

本章小结

汽车是由自身动力装置驱动，一般具有四个或四个以上车轮的非轨道承载车辆，主要用于载运人、货物及一些特殊用途。它对人类的生活、生产和国民经济发展都产生了重大而深远的影响。

汽车由发动机、底盘、车身和电气设备四大部分组成。发动机是汽车的动力；底盘将发动机的动力进行传递和分配，并使汽车按驾驶员要求进行行驶；车身是驾驶员操作和容纳乘客及货物的场所；电气设备是保证汽车动力性、经济性、安全性和可靠性，提高汽车品质的重要组成部分。

汽车诞生于1886年，德国人本茨发明了世界上第一辆三轮汽车，戴姆勒发明了世界上第一辆四轮汽车。

我国汽车分为乘用车和商用车两大类，每大类又分若干小类。

汽车主要参数包括尺寸参数（轴距、轮距、总长、总宽、总高、前悬、后悬）、质量参数（装运质量、整备质量、最大总质量、轴载质量）、性能参数（动力性、经济性、制动性、通过性和机动性）等。

汽车行驶的驱动条件为 $F_t \geqslant F_f + F_w + F_i + F_j$。行驶阻力包括滚动阻力、空气阻力、坡度阻力和加速阻力。汽车行驶的驱动—附着条件为 $F_t \leqslant F_\varphi$。

　　汽车产品型号由企业名称代号、车辆类别代号、主参数代号、产品序号组成，必要时附加企业自定代号。

　　每一辆汽车都有一个识别代号 VIN，VIN 由三部分（17 位字码）组成。它是汽车维修、配件采购和经营管理的重要依据。

简答题

1. 名词解释：汽车、乘用车、商用车、整备质量、装载质量、最大总质量、轴载质量。
2. 说出三轮汽车和四轮汽车的发明人和发明时间。
3. 汽车主要由哪几大部分组成？各自的作用是什么？
4. 你认为汽车对人类产生了哪些影响？
5. 我国汽车按用途是如何分类的？
6. 汽车识别代号 VIN 由哪几部分组成？VIN 第十位的含义是什么？
7. 写出汽车行驶的驱动力方程，并分析影响汽车驱动力及行驶阻力的因素。

　　到实训中心或实际中，观察并分析轿车、货车、客车等不同车型汽车的结构。

第一篇　汽车发动机

1

发动机的基本知识

1.1　发动机的分类与基本构造

将热能转变为机械能的发动机称为热力发动机（简称"热机"），包括内燃机和外燃机。内燃机是通过燃料与空气混合在发动机内部燃烧而将产生的热能转变为机械能的装置；外燃机是燃料在机器外部的锅炉内燃烧，将锅炉内的水加热，使之变为高温、高压的水蒸气，送到机器内部，使所含的热能转变为机械能，如蒸汽机等。内燃机与外燃机相比，具有热效率高、体积小、便于移动、起动性能好等优点，因而广泛应用于飞机、船舰以及汽车、拖拉机、坦克等各种车辆上。

现代汽车所用的发动机，除个别转子式发动机外，绝大多数是往复活塞式内燃机。其分类如下：按完成一个工作循环活塞的往复次数不同，分为四冲程与二冲程发动机；按冷却方式不同，分为水冷式与风冷式发动机；按气缸数不同，分为单缸与多缸发动机（其中多缸发动机又可按气缸的排列形式分为直列、V 形和对置式发动机）；按所用燃料不同，分为汽油机和柴油机（其中汽油机又可分为化油器式与汽油喷射式发动机）；按进气是否增压又可分为增压式与非增压式发动机。现代汽车大多采用四冲程、多缸（直列或 V 形）、水冷式汽油机或柴油机。

1.1.1　基本构造

单缸汽油发动机的基本构造如图 1-1 所示。

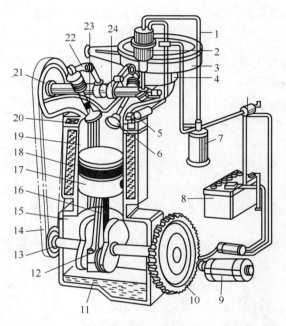

1—高压线；2—分电器；3—空气滤清器；4—混合气形成装置；5—火花塞；6—进气门；7—点火线圈；
8—蓄电池；9—起动机；10—飞轮；11—油底壳；12—曲轴；13—曲轴正时带轮；14—正时齿形带；
15—曲轴箱；16—连杆；17—活塞；18—冷却水套；19—气缸；20—气缸盖；21—凸轮轴正时带轮；
22—摇臂；23—排气门；24—凸轮轴

图 1-1　单缸汽油发动机的基本构造

气缸 19 内装有活塞 17，活塞通过活塞销、连杆 16 与曲轴 12 相连接。活塞在气缸内做往复运动，通过连杆推动曲轴转动。为了吸入气体和排出废气，发动机设有进气门 6 和排气门 23。

1.1.2　发动机的常用术语

图 1-2 为单缸发动机构造简图，描述发动机工作的基本术语有：

上止点（TDC）：活塞离曲轴回转中心最远处。

下止点（BDC）：活塞离曲轴回转中心最近处。

活塞行程（s）：上、下止点间的距离（mm）。

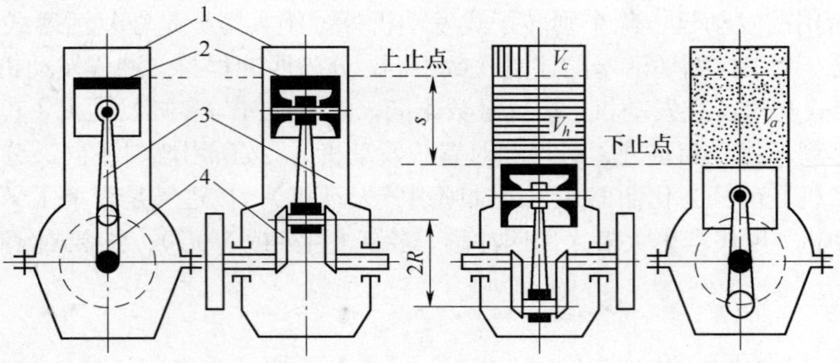

1—气缸盖；2—活塞；3—连杆；4—曲轴

图 1-2　单缸发动机构造简图

曲柄半径（R）：与连杆下端（即连杆大头）相连的曲柄销中心到曲轴回转中心的距离（mm）。

显然，$s = 2R$。曲轴每转一周，活塞移动两个行程。

气缸工作容积（V_h）：活塞从上止点到下止点所让出的空间容积（L）。

$$V_h = \pi D^2 s / 4 \times 10^6 \qquad (L)$$

式中：D——气缸直径，mm。

发动机排量（V_L）：发动机所有气缸工作容积之和（L）。设发动机的气缸数为 i，则

$$V_L = V_h i \qquad (L)$$

燃烧室容积（V_c）：活塞在上止点时，活塞上方的空间叫燃烧室，它的容积叫燃烧室容积（L）。

气缸总容积（V_a）：活塞在下止点时，活塞上方的容积称为气缸总容积（L）。它等于气缸工作容积与燃烧室容积之和，即

$$V_a = V_h + V_c$$

压缩比（ε）：气缸总容积与燃烧室容积的比值，即

$$\varepsilon = V_a / V_c = 1 + V_h / V_c$$

压缩比表示活塞由下止点运动到上止点时，气缸内气体被压缩的程度。压缩比越大，压缩终了时气缸内的气体压力和温度就越高，因而发动机发出的功率就越大，经济性越好。一般车用汽油机的压缩比为 8～10，柴油机的压缩比为 15～22。

发动机的工作循环：在气缸内进行的每一次将燃料燃烧的热能转化为机械能的一系列连续过程（进气、压缩、做功和排气）称为发动机的工作循环。

1.2　发动机的基本工作原理

1.2.1　四冲程汽油机的基本工作原理

四冲程汽油机是由进气、压缩、做功和排气完成一个工作循环的，图 1-3 所示为单缸四冲程汽油机工作原理示意图。

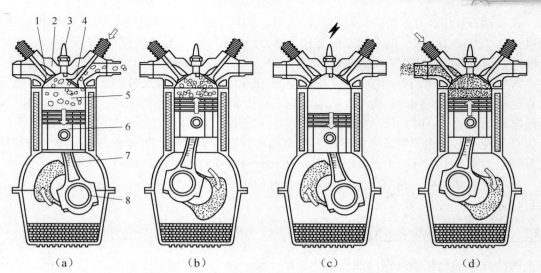

1—排气门；2—气缸盖；3—火花塞；4—进气门；5—气缸；6—活塞；7—连杆；8—曲轴

图 1-3　单缸四冲程汽油机工作原理示意图

　　进气行程：活塞由曲轴带动从上止点向下止点运动。此时，进气门打开，排气门关闭（见图 1-3（a）。由于活塞下移，活塞上腔容积增大，形成一定真空度。空气与汽油的混合气经进气门被吸入气缸，至活塞运动到下止点时，进气门关闭，停止进气，进气行程结束。

　　进气行程结束时，由于进气过程中进气管和进气门等有进气阻力，气缸内压力低于大气压力，为 75～90kPa。由于气缸壁、活塞等高温机件及残留高温废气的加热，气体温度为 370～440K。

　　压缩行程：进气行程结束时，活塞在曲轴的带动下，从下止点向上止点运动（见图 1-3（b））。此时，进、排气门均关闭，随着活塞上移，活塞上腔容积不断减小，混合气被压缩，至活塞到达上止点时，压缩行程结束。

　　在压缩行程过程中，气体压力和温度同时升高，混合气进一步混合，形成可燃混合气。

　　压缩比越大，压缩终了时可燃混合气的压力和温度越高，燃烧速度越快，热效率越高，发动机的动力性和经济性越好。

　　但是，对汽油机来说，压缩比的提高要受到爆燃的限制，在汽油机中，爆燃是一种不受控制的不正常燃烧，它是由于气缸内压力和温度过高，在燃烧室内离火花塞较远处的可燃混合气在正常火焰传播的前锋面到达前就自燃而引起的。爆燃时，燃烧室内压力和温度急剧升高，产生具有音速的压力波，冲击燃烧室壁面，产生尖锐的金属敲缸声，它会导致发动机功率下降，转速下降，工作不稳定，发动机过热，排气冒黑烟，NO_x 排放量增加等，严重时，会导致活塞、缸盖、排气门被烧坏，轴承碎裂，火花塞绝缘被破坏等严重事故。因此，汽油机的压缩比通常要控制在一定的范围内。汽油机压缩结束时，气缸内压力为 1～1.6MPa，可燃混合气的平均温度为 625～725K，远高于汽油的点燃温度，因而很容易点燃。

　　做功行程：压缩行程末（见图 1-3（c）），火花塞产生电火花，气缸内的可燃混合气被点燃，并迅速着火燃烧，气体产生高温、高压，在气体压力的作用下，活塞由上止点向下止点运动，再通过连杆驱动曲轴旋转向外输出做功，至活塞运动到下止点时，做功行程结束。

在做功行程中，开始阶段气缸内气体压力、温度急剧上升，瞬时压力可达3～5MPa，瞬时温度可达 2200～2800K。随着活塞的下移，压力、温度下降，做功行程终了时，压力为 300～500kPa，温度为 1500～1700K。

排气行程：在做功行程终了时，排气门被打开，活塞在曲轴连杆的带动下由下止点向上止点运动（见图1-3（d））。废气在自身的剩余压力和活塞的驱赶作用下，自排气门排出气缸，至活塞运动到上止点时，排气门关闭，排气行程结束。

排气终了时，由于燃烧室的存在，气缸内还存有少量废气，气体压力也因排气门和排气道等有阻力而高于大气压力。此时，压力为 105～125kPa，温度为 900～1200K。

排气行程结束后，进气门再次开启，又开始了下一个工作循环，如此周而复始，发动机就自行运转。

1.2.2 四冲程柴油机的基本工作原理

四冲程柴油机和四冲程汽油机工作原理一样，每个工作循环也是由进气、压缩、做功和排气四个行程组成的。但柴油和汽油性质不同，柴油机在可燃混合气的形成、着火方式等方面与汽油机有较大区别。下面主要介绍柴油机与汽油机工作原理的不同之处。如图1-4 所示为单缸四冲程柴油机工作原理示意图。

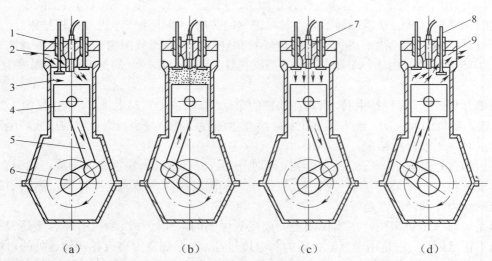

（a）　　　　　　（b）　　　　　　（c）　　　　　　（d）

1—进气门；2—进气管；3—气缸；4—活塞；5—连杆；6—曲轴；7—喷油器；8—排气门；9—排气管

图1-4 单缸四冲程柴油机工作原理示意图

进气行程：进气行程如图1-4（a）所示。它不同于汽油机的是进入气缸的不是混合气，而是纯空气。

由于进气阻力比汽油机小，上一冲程残留的废气温度比较低等原因，进气终了时压力和温度与汽油机稍有不同，压力为 800～900kPa，温度为 320～350K。

压缩行程：压缩行程如图1-4（b）所示。不同于汽油机的是压缩的是纯空气，且由于柴油机压缩比大，压缩终了时的温度和压力都比汽油机高，压力可达 3～5MPa，温度可达 800～1000K。

做功行程：做功行程如图 1-4（c）所示。此行程与汽油机有很大不同，压缩行程末，喷油

泵将高压柴油经喷油器呈雾状喷入气缸内的高温空气中，柴油迅速汽化并与空气形成可燃混合气。因为此时气缸内的温度远高于柴油的自燃温度（约 500K），柴油自行着火燃烧，且以后的一段时间内边喷边燃烧，气缸内的温度、压力急剧升高，推动活塞下行做功。

此行程中，瞬时压力可达 5～10MPa，瞬时温度可达 1800～2200K；做功终了，压力为 200～400kPa，温度为 1200～1500K。

排气行程：柴油机排气行程如图 1-4（d）所示，与汽油机排气行程基本相同。排气终了，气缸压力为 105～125kPa，温度为 800～1000K。

四冲程汽油机和柴油机的基本原理相似，其共同的特点是：

（1）每个工作循环曲轴转两圈，每个行程曲轴转 180°，进气行程是进气门打开，排气行程是排气门打开，其余两个行程进、排气门均关闭。

（2）四冲程发动机，在其一个工作循环的四个行程中，只有做功行程产生动力，其余三个行程是为做功行程做准备工作的辅助行程，虽然做功行程是主要的，但其他的三个行程也是必不可少的。

（3）发动机运转的第一个循环，必须有外力使曲轴旋转完成进气、压缩行程，着火后，完成做功行程，依靠曲轴和飞轮储存的能量便可自行完成以后的行程，对于以后的工作循环，发动机无须外力就可自行完成。

两种发动机工作循环的主要不同之处是：

（1）汽油机的汽油和空气在气缸外混合，进气行程进入气缸的是可燃混合气。而柴油机进气行程进入气缸的是纯空气，柴油是在做功行程开始阶段喷入气缸，在气缸内与空气混合，即混合气形成方式不同。

（2）汽油机用电火花点燃混合气，而柴油机是用高压将柴油喷入气缸内，靠高温气体加热自行着火燃烧，即着火方式不同。所以汽油机有点火系，而柴油机无点火系。

1.2.3　多缸发动机的工作

从单缸发动机工作原理可知，只有做功行程产生动力，其他三个行程都要消耗动力。为了维持运动，单缸发动机必须有一个储备能量较大的飞轮。即使如此，发动机运转仍然是不平稳的，做功行程快，其他行程慢。另外，单缸发动机还有其他缺点，使其在汽车上的应用受到了限制。

汽车上实际应用的是多缸发动机，它是由若干个相同的单缸排列在一个机体上组成，多个单缸共用一根曲轴输出动力。现代汽车上用得较多的是四缸、六缸、八缸发动机。

多缸发动机在曲轴转角 720°内（四冲程发动机）或曲轴转角 360°内（二冲程发动机），各缸都要像单缸发动机一样完成一个工作循环。为了使发动机运转平稳，除少数发动机因结构限制外，各缸做功间隔角大都均等。如四冲程六缸发动机各缸做功间隔角为

$$\phi = 720° / 6 = 120°$$

即曲轴每转 120°就有一个缸做功，各缸做功行程略有搭接，这样发动机运转较单缸发动机平稳得多。另外，由于各缸的做功行程为其他缸的准备行程提供动力，所以贮存能量的飞轮也较单缸发动机小得多。

多缸发动机各缸做功行程发生的顺序，称为发动机的工作顺序或点火顺序，应遵守一定的规律，这个规律将在 2.4 节中介绍。

1.3 发动机总体构造

　　现代汽车发动机是一部由许多机构和系统组成的复杂机器，其结构形式多种多样，其具体构造也千差万别，但由于基本工作原理相同，所以其基本结构也就大同小异。就往复活塞式发动机而言，它通常由曲柄连杆、配气两大机构和燃料供给系、润滑系、冷却系、起动系四大系统组成，如果是汽油机还应有点火系统，如果是增压发动机还应有增压系统。汽油机和柴油机的结构如图 1-5 和图 1-6 所示。

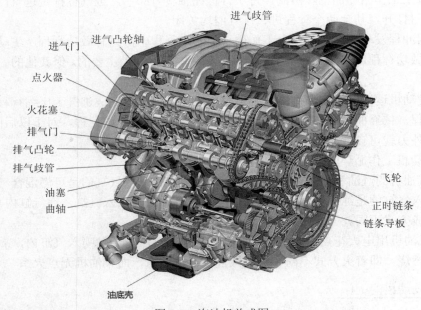

进气歧管
进气凸轮轴
进气门
点火器
火花塞
排气门
排气凸轮
排气歧管
油塞
曲轴
飞轮
正时链条
链条导板
油底壳

图 1-5　汽油机总成图

　　1．曲柄连杆机构

　　曲柄连杆机构由机体、活塞连杆组和曲轴飞轮组三部分组成，其作用是将燃料燃烧所产生的热能，经机构由活塞的直线往复运动转变为曲轴旋转运动而对外输出动力。机体是发动机各个机构、各个系统和一些其他部件的安装基础，并且机体许多部分还是配气机构、燃料供给系、冷却系和润滑系的组成部分。

　　2．配气机构

　　配气机构由气门组和气门传动组两部分组成。其作用是按照发动机各缸工作顺序和工作循环的要求，定时地将各缸进排气门打开或关闭，以便发动机进行换气过程。

　　3．燃料供给系

　　汽油机燃料供给系和柴油机燃料供给系由于供油系和燃烧过程不同，在结构上有很大区别，汽油机燃料供给系又分化油器式和电子控制汽油喷射式两种。化油器式燃料供给系已逐渐被淘汰；电子控制汽油喷射式燃料供给系由空气供给系统、燃油供给系统和电子控制系统组成，其作用是根据发动机不同工况的要求，配制一定数量和浓度的可燃混合气供入气缸，并在混合气燃烧做功后将燃烧后的废气排至大气中。

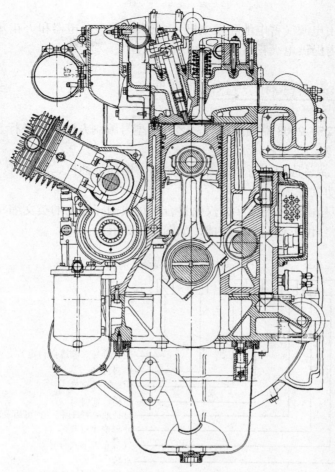

图 1-6　柴油机横剖面图

　　柴油机燃料供给系由燃油箱、输油泵、喷油泵、柴油滤清器、进排气管和排气消声器等组成，其作用是向气缸内供给纯空气并在规定时刻向缸内喷入定量柴油，以调节发动机输出功率和转速，最后，将燃烧后的废气排出气缸。

　　4. 冷却系

　　冷却系有水冷式和风冷式两种，现代汽车一般都采用水冷式。水冷式由水泵、散热器、风扇、分水管、节温器和水套（在机体内）等组成，其作用是利用冷却水冷却高温零件，并通过散热器将热量散发到大气中去，从而保证发动机在正常温度状态下工作。

　　5. 润滑系

　　润滑系由机油泵、限压阀、集滤器、机油滤清器、限压阀、油底壳等组成。其作用是将润滑油分送至各个摩擦零件的摩擦面，以减小摩擦力，减少机件磨损，并清洗、冷却摩擦表面，从而延长发动机使用寿命。

　　6. 起动系

　　起动系由起动机和起动继电器等组成，其作用是带动飞轮旋转以获得必要的动能和起动转速，使静止的发动机起动并进入自行运转状态。

7. 点火系

汽油机点火系由电源（蓄电池和发电机）、点火线圈、分电器和火花塞等组成，其作用是按一定时刻向气缸内提供电火花以点燃缸内可燃混合气。

1.4 内燃机产品名称和型号编制规则

国家标准 GB 725—2008 对内燃机产品名称和型号编制方法重新进行了审定。该标准的主要内容如下：

（1）内燃机产品名称均按所采用的燃料命名，例如柴油机、汽油机、煤气机、沼气机、双（多种）燃料发动机等。

（2）内燃机型号由阿拉伯数字、汉语拼音字母或国际通用的英文缩写字母组成。

（3）内燃机型号由下列四部分组成，如图 1-7 所示。

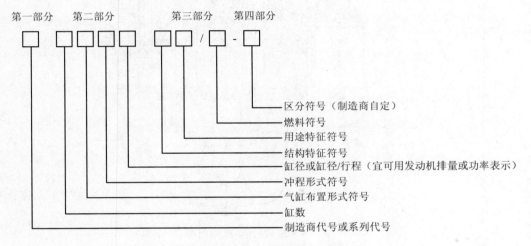

图 1-7 内燃机产品型号表示方法

1）第一部分：由制造商代号或系列代号组成。本部分代号由制造商根据需要选择相应 1～3 位字母表示。

2）第二部分：由气缸数、气缸布置形式符号、冲程符号和缸径符号组成。

① 气缸数用 1～2 位数字表示。

② 气缸布置形式：无符号表示多缸直列及单缸；V 表示 V 型；P 表示卧式；H 表示 H 型；X 表示 X 型。

③ 冲程形式为四冲程时符号省略，二冲程用 E 表示。

④ 缸径符号一般用缸径或缸径/行程数字表示，也可用发动机排量或功率表示，其单位由制造商自定。

3）第三部分：由结构特征、用途特征符号组成。无符号表示冷却液冷却；F 表示风冷；N 表示凝气冷却；S 表示十字头式；Z 表示增压；ZL 表示增压中冷；DZ 表示可倒转。

4）第四部分：区分符号。同系列产品需要区分时，允许制造商选用适当符号表示。第三部分与第四部分可用"-"分隔。

汽油机型号编制示例：

EQ6100-1——东风汽车工业公司生产，六缸，四冲程，直列，缸径为100mm，冷却液冷却汽油机，区分符号1表示为第一种类型产品。

4100Q——四缸，四冲程，缸径为100mm，冷却液冷却，汽车用汽油机。

TJ376Q——天津生产，三缸，四冲程，缸径为76mm，冷却液冷却，汽车用汽油机。

CA488——第一汽车集团公司生产，四缸，四冲程，缸径为88mm，冷却液冷却，通用型汽油机。

柴油机型号编制示例：

CA6110——第一汽车集团公司生产，六缸，四冲程，直列，缸径为110mm，冷却液冷却，基本型柴油机。

YZ6102Q——扬州柴油机厂生产，六缸，四冲程，直列，缸径为102mm，冷却液冷却，汽车用，基本型柴油机。

12VE230ZCZ——12缸，二冲程，V型，缸径为230mm，冷却液冷却，增压，船用主机，左机基本型柴油机。

本章小结

现代汽车发动机基本都采用内燃机。内燃机是将燃料在气缸内燃烧所产生的热能转化为机械能的机器，它具有热效率高、体积小、质量轻、便于移动和起动性好等优点。

四冲程发动机是活塞在气缸内上、下止点间往复移动四个行程，完成进气、压缩、做功、排气一个工作循环的发动机。发动机按着火方式分为：点燃式和压燃式。汽油机采用点燃式，柴油机采用压燃式。

描述发动机工作的基本术语有：上止点（TDC）、下止点（BDC）、活塞行程（s）、曲柄半径（R）、气缸工作容积（V_h）、发动机排量（V_L）、燃烧室容积（V_c）、气缸总容积（V_a）、压缩比（ε）。

压缩比（ε）表示活塞由下止点运动到上止点时，气缸内气体被压缩的程度。压缩比越大，压缩终了时气缸内的气体压力和温度就越高，因而发动机发出的功率就越大，经济性越好。一般车用汽油机的压缩比为8~10，柴油机的压缩比为15~22。

四冲程汽油机工作原理如下：

进气行程：活塞由曲轴带动从上止点向下止点运动。进气门打开，排气门关闭。空气与汽油的混合物经进气门被吸入气缸，至活塞运动到下止点时，进气门关闭，停止进气，进气行程结束。进气行程结束时，气缸内压力低于大气压力。

压缩行程：进气行程结束时，活塞在曲轴的带动下，从下止点向上止点运动。此时，进、排气门均关闭，随着活塞上移，活塞上腔容积不断减小，混合气被压缩，至活塞到达上止点时，压缩行程结束。气体压力和温度同时升高，混合气进一步混合，形成可燃混合气。

做功行程：压缩行程末，火花塞产生电火花，气缸内的可燃混合气被点燃，并迅速着火燃烧，气体产生高温、高压，在气体压力的作用下，活塞由上止点向下止点运动，再通过连杆驱动曲轴旋转向外输出做功，至活塞运动到下止点时，做功行程结束。

排气行程：在做功行程终了时，排气门被打开，活塞在曲轴带动下由下止点向上止点运动。废气在自身的剩余压力和活塞的驱赶作用下，自排气门排出气缸，至活塞运动到上止点时，排气门关闭，排气行程结束。

排气行程结束后，进气门再次开启，又开始了下一个工作循环，如此周而复始，发动机就自行运转。

四冲程柴油机与汽油机工作原理不同之处：

进气行程：柴油机不同于汽油机的是进入气缸的不是混合气，而是纯空气。

压缩行程：柴油机不同于汽油机的是压缩纯空气，且由于柴油机压缩比大，压缩终了时的温度和压力都比汽油机高。

做功行程：柴油机此行程与汽油机有很大不同，压缩行程末，喷油泵将高压柴油经喷油器呈雾状喷入气缸内的高温空气中，柴油迅速汽化并与空气形成可燃混合气。因为此时气缸内的温度远高于柴油的自燃温度，柴油自行着火燃烧，且以后的一段时间内边喷边燃烧，气缸内的温度、压力急剧升高，推动活塞下行做功。

排气行程：与汽油机排气行程基本相同。

发动机基本上由曲柄连杆机构、配气机构、燃料供给系、润滑系、冷却系、点火系和起动系组成。

汽油机一般都由上述两个机构和五个系统组成。对于汽车用柴油机，没有点火系，因此柴油机由两个机构和四个系统组成。

 知识训练

一、选择题

1. 四缸发动机的缸径为 90mm，活塞行程为 90mm，压缩比为 7，则其气缸总容积为（　　）。
   A. 0.572L　　　　　　　　　　B. 0.667L
   C. 2.29L　　　　　　　　　　 D. 6.67L

2. 排量为 1680mL 的四缸发动机，其燃烧室容积为 60mL，压缩比为（　　）。
   A. 6　　　　　　　　　　　　 B. 7
   C. 8　　　　　　　　　　　　 D. 10

3. 某发动机活塞行程为 80mm，其曲柄半径为（　　）mm。
   A. 20　　　　　　　　　　　　B. 40
   C. 80　　　　　　　　　　　　D. 160

4. 柴油机用什么方法点燃燃油（　　）。
   A. 压缩能量　　　　　　　　　B. 火花塞
   C. 燃油喷射　　　　　　　　　D. 点火器

5. 发动机的压缩比是指气缸（　　）容积与（　　）容积的比值。
   A. 工作　燃烧室　　　　　　　B. 总　燃烧室
   C. 总　工作　　　　　　　　　D. 燃烧室　工作

6. 气缸工作容积是指（　　）的容积。
   A. 活塞运行到下止点时活塞上方　　B. 活塞运行到上止点时活塞上方

C．活塞上、下止点之间 D．进气门从开到关所进空气

7．四冲程发动机一个工作循环中，曲轴共旋转（ ）。

A．四周 B．三周

C．两周 D．一周

8．一般柴油发动机的压缩比为（ ）。

A．8 B．9

C．10 D．20

二、判断题（对的打"√"，错的打"×"）

1．由于柴油机的压缩比大于汽油机的压缩比，因此压缩终了时的压力及燃烧后产生的气体压力比汽油机压力大。 （ ）

2．多缸发动机各气缸的总容积之和，称为发动机排量。 （ ）

3．发动机的燃油消耗率越小，经济性越好。 （ ）

4．发动机总容积越大，它的功率也就越大。 （ ）

5．活塞行程是曲柄旋转半径的 2 倍。 （ ）

三、填空题

1．往复活塞式点燃发动机一般由_____、_____、_____、_____、_____、_____和_____组成。

2．四冲程发动机曲轴转二周，活塞在气缸里往复运动_____次，进、排气门各开闭_____次，气缸里热能转化为机械能_____次。

3．二冲程发动机曲轴转_____周，活塞在气缸里往复运动_____次，完成_____工作循环。

4．发动机的动力性指标主要有_____、_____等；经济性指标主要是_____。

5．发动机的有效功率与指示功率之比称为_____。

6．汽车用活塞式内燃机每一次将热能转化为机械能，都必须经_____、_____、_____和_____这样一系列连续行程，这称为发动机的一个_____。

四、简答题

1．发动机通常由哪些机构与系统组成？它们各有什么功用？

2．什么是发动机的工作循环？四冲程汽油发动机的工作循环是怎么进行的？它与四冲程柴油发动机的工作循环有什么不同？

3．四冲程汽油发动机与四冲程柴油发动机相比较，各有哪些优缺点？

4．通过发动机的解体，试述发动机的构造，及发动机每个机构或系统中的主要代表零部件有哪些。

5．说明下列内燃机产品型号的意义？

柴油机：165F、6135Q、12V135ZG。

汽油机：EQ6100Q、CA488、TJ376Q、CA6102Q。

从整车上拆下发动机

一、实训的目的和要求

（1）学会正确使用起吊设备及工具。

（2）掌握从汽车上拆装发动机总成的方法。

二、实训的设备及工具

（1）桑塔纳 2000GSi 型轿车一辆。

（2）一台车辆举升机。

（3）常用工具：旋具、扳手、鲤鱼钳、尖嘴钳、弯嘴钳、锤子、铜棒、撬棍及组合工具一套。

（4）专用工具：支架 VW313、吊具、发动机变速器固定支架、吊车及发动机/变速器千斤顶等。

三、步骤及操作方法

1. 要求

一般在拆卸发动机前，应断开或松开所有的电缆插头，为防止零件变形，必须在完全冷却的状态下进行发动机拆卸作业，并将发动机与变速器脱离，然后从前面将发动机拆下来。

2. 拆卸步骤

（1）打开点火开关，检查车上是否装有编码的收音机，如有则查取防盗密码。音箱防盗密码可通过询问车主索取。

（2）断开电动汽油泵的保险丝，起动发动机运转至自动熄火，卸掉燃油系统压力。

（3）在点火开关切断的情况下拆下蓄电池搭铁线，拆下蓄电池，注意先向外拉出后再取下。

（4）旋松蓄电池支架紧固螺栓，拆下蓄电池支架，如图 1-8 所示。

（5）在发动机下放置一个收集盘，旋开冷却液储液罐盖。

（6）如图 1-9 所示，松开散热器下水管夹箍，拔下散热器的下水管，放出冷却液。所抽取的冷却液必须用干净的容器予以收集，用于处理或再使用。

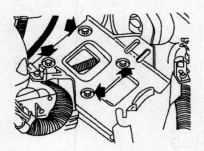

图 1-8　蓄电池支架的拆卸

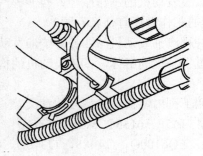

图 1-9　拔下散热器的下水管

（7）拔下电动冷却风扇的电线插头，如图 1-10 所示。

（8）拔下散热器左侧的热敏开关插头，如图 1-11 所示。

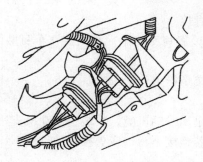

图 1-10　拔下电动冷却风扇的电线插头

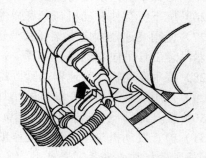

图 1-11　拔下散热器左侧的热敏开关插头

（9）松开散热器的上水管的夹箍，拔下散热器的上水管。

（10）旋松电动冷却风扇的 4 个紧固螺栓，拆下电动冷却风扇和散热器。

（11）拔下空气流量计的电线插头，如图 1-12 所示。

（12）拔下活性炭罐电磁阀（ACF 阀）的电线插头，如图 1-13 所示。

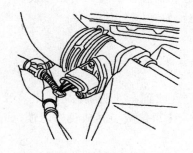

图 1-12　拔下空气流量计的电线插头

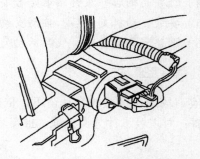

图 1-13　拔下活性炭罐电磁阀的电线插头

（13）拆下空气滤清器至节气门控制器之间的空气管路，拆下空气滤清器罩壳。

（14）将抹布放在燃油管路与分配管的分离点处，然后小心地拔软管以卸压，并用抹布擦净流出的燃油。

（15）松开节气门拉索。拔下通向活性炭罐电磁阀的真空管和通向制动系真空助力器的真空管。

（16）拔下位于发动机底部通向暖风热交换器的冷却液管。

（17）拔下气缸盖通向暖风热交换器的冷却液管。

（18）拔下变速器上的车速传感器电线插头、倒车灯开关。

（19）松开空调压缩机与支架的联接螺栓，取下 V 带。

（20）移开空调压缩机并使用电线将其悬挂在副梁上。

（21）使用专用工具拆卸张紧轮，并用销钉固定张紧轮，从发动机上取下 V 带。

（22）松开动力转向液压泵 V 带轮的螺栓，拆下 V 带轮。拆下动力转向液压泵，固定于发动机舱内的一侧。

（23）旋下排气歧管和排气管的联接螺栓。

（24）拔下起动机导线，并从变速器壳体上拆下起动机。

（25）松开车身搭铁线。

（26）旋下所有使发动机与车身弹性支座连接的螺栓。

（27）使用变速器固定支架托住变速器的底部，或者将专用千斤顶固定在车身两侧，使用变速器吊装工具吊住变速器。

（28）旋下发动机与变速器的紧固螺栓，留下一个螺栓定位。

（29）使用小吊车吊住发动机的吊耳。

（30）松开最后一个紧固螺栓，小心地将发动机吊离发动机舱，安装在发动机支座上。

（31）检查发动机与车身弹性支座的连接情况，若连接不良，应更换弹性支座。

3. 将发动机总成安装到汽车上

按照与以上拆卸步骤相反的顺序进行。

注意：

（1）在安装时应检查发动机和变速器之间的定位销是否安装好。

（2）对于正式修理的汽车，应更换所有的自锁螺母、密封圈、衬垫。

（3）应在变速器输入轴上涂薄薄的一层润滑脂。

（4）检查曲轴后部滚针轴承是否安装上，必要时检查离合器压盘的对中程度。

（5）安装发动机支架后，摇动发动机使其安装到位。

（6）调整节气门拉索，使其活动灵活。

四、清洁整理

将实习场地所必要的物品留下，依照规定的合理位置放置，并明确标示，将不必要的物品清除掉；对垃圾进行分类处理，将实习场地清扫干净，使每位成员养成良好习惯，遵守规则做事。

知识拓展

转子式发动机

图 1-14 为转子式发动机的工作原理示意图（图中两个气孔左侧为排气孔，右侧为进气孔）。转子式发动机与往复式发动机的工作循环相同，由进气、压缩、做功、排气四个冲程构成，以图中 A、B 弧面与汽缸壁之间形成的工作腔为例，下面介绍其工作原理。

如图 1-14I 所示，转子顺时针旋转，弧面 A、B 将进气孔开启，排气孔关闭，工作腔的容积增大，压力减小，形成了一定的真空度。此时，混合气通过进气孔进入汽缸，完成进气行程。如图 1-14II 所示，活塞继续旋转，工作腔密封，由于结构的特点，混合气体被压缩，完成压缩行程。如图 1-14III 所示，在压缩终了的时候，混合气的压力温度均升高，此时火花塞打出电火花，将混合气点燃，燃料燃烧产生高压气体，活塞在气体压力的作用下旋转，完成做功行程。如图 1-14IV 所示，随着转子继续旋转，排气孔开启，废气在自身压力和转子的推动下排出汽缸，完成排气行程。

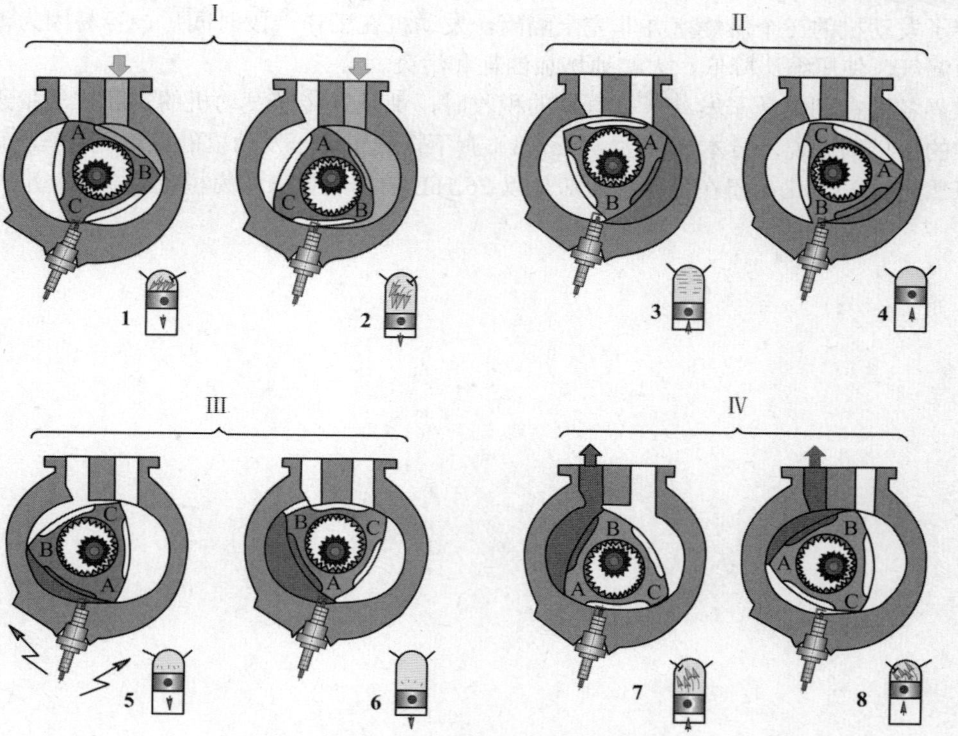

图 1-14　转子式发动机工作原理示意图

　　壳体的内部空间（或旋轮线室）总是被分成三个工作室。在转子的运动过程中，这三个工作室的容积不停地变动，在摆线形缸体内相继完成进气、压缩、燃烧和排气四个过程。每个过程都是在摆线形缸体中的不同位置进行，这明显区别于往复活塞式发动机。转子发动机的排气量通常用单位工作室容积和转子的数量来表示。例如，对于型号为 13B 的双转子发动机，排量为 654cc × 2。

　　单位工作室容积指工作室最大容积和最小容积之间的差值；而压缩比是最大容积和最小容积的比值。往复式发动机上也使用同样的定义。

　　尽管在转子式发动机和四循环往复式发动机中，工作室容积都成波浪形稳定变化，但二者之间存在着明显的不同。首先是每个过程的转动角度：往复式发动机转动 180°，而转子发动机转动 270°，是往复式发动机的 1.5 倍。换句话说，在往复式发动机中，曲轴（输出轴）在四个工作过程中转两圈（720°）；而在转子发动机中，偏心轴转三圈（1080°），转子转一圈。这样，转子发动机就能获得较长的过程时间，而且形成较小的转矩波动，从而使运转平稳流畅。此外，即使在高速运转中，转子的转速也相当缓慢，从而有更宽松的进气和排气时间，为那些能够获得较高动力性能的系统的运行提供了便利。

　　转子发动机的特点为：转子发动机的转子每旋转一周就做功一次，与四冲程发动机每旋转两周才做功一次相比，具有功率大的优点。另外转子的轴向运动特性使它不需要精密的曲轴平衡就能达到较高的转速。整个发动机只有两个转动部件，与传统的四冲程发动机有凸轮轴等多个活动部件相比，结构大大地简化，故障的可能性也大大地减小，另外，转子发动机具有体积较小、重量较轻、重心低等优点。

转子发动机的三个燃烧室并非完全隔离，发动机在工作一段时间后，容易因为油封材料磨损而漏气，使压缩比降低，大幅地增加油耗和污染。

世界各国在制定转子发动机排气量的税收时，都是以转子发动机的实际排气量乘二来作为基准的。举例来说，日本马自达（Mazda）旗下搭载了转子发动机的 RX-8 跑车，其实际排气量虽然只有 13.08L，但在日本国内却是以 26.16L 的排气量来作为税收计算的基准。

2

曲柄连杆机构

知识目标

1. 掌握曲柄连杆机构的功用、工作条件及受力分析；
2. 掌握机体组（气缸体及曲轴箱、油底壳、气缸与气缸套、气缸盖与气缸垫）的结构及各总成的工作原理；
3. 掌握活塞连杆组（活塞、活塞环、连杆、轴瓦）的结构及各总成的工作原理；
4. 掌握曲轴飞轮组（曲轴、飞轮、扭转减振器）的结构及各总成的工作原理。

能力目标

1. 掌握曲柄连杆机构总成及各零部件的结构、构造原理、拆装步骤要领；
2. 了解曲柄连杆机构的维护及保养知识；
3. 能够熟练使用常用工具、量具及相关设备，掌握曲柄连杆机构拆卸、装配等基本能力；
4. 培养学生团结合作，观察、分析及综合归纳能力。

2.1 概述

2.1.1 功用与组成

曲柄连杆机构是内燃机完成工作循环、实现能量转换的主要传动机构。它在做功行程中把活塞的往复运动转变成曲轴的旋转运动；而在进气、压缩、排气行程中又把曲轴的旋转运动转变为活塞的往复直线运动。曲柄连杆机构的功用是将燃料燃烧时产生的热能转变为活塞往复运动的机械能，再通过连杆将活塞的往复运动变为曲轴的旋转运动而对外输出动力。

曲柄连杆机构由以下三部分组成：

（1）机体组：主要包括气缸盖、气缸垫、气缸体、气缸套、曲轴箱和油底壳等不动件。

（2）活塞连杆组：主要包括活塞、活塞环、活塞销和连杆等运动件。

（3）曲轴飞轮组：主要包括曲轴、飞轮和扭转减振器等机构。

2.1.2　工作条件及受力分析

曲柄连杆机构是在高温、高压、高速以及有化学腐蚀的条件下工作的。在发动机做功时，气缸内的最高温度可达 2500K 以上，最高压力可达 5～9MPa，现代汽车发动机最高转速可达 3000～6000r/min，活塞每秒钟要行经 100～200 个行程，可见其线速度是很大的。此外，与可燃混合气和燃烧废气接触的机件（如气缸、气缸盖、活塞等）还将受到化学腐蚀。

曲柄连杆机构是在高压下做变速运动，工作时的受力情况是很复杂的。在此只对其受力情况作简单分析。

曲柄连杆机构受的力主要有气体压力、往复惯性力、旋转运动件的离心力以及相对运动件接触表面的摩擦力。

1. 气体压力

在每个工作循环的四个行程中，气缸内气体压力始终存在而且是不断变化的。做功行程压力最高，对于其瞬间最高压力，汽油机可达 3～5MPa，柴油机可达 5～9MPa，这意味着作用在曲柄连杆机构上的瞬间冲击力可达数万牛顿（N）。下面分析各机件在做功行程的受力情况。

如图 2-1（a）所示，气体对气缸盖和活塞顶作用有大小相等、方向相反的力，分别用集中力 P'_p 和 P_p 表示。作用力 P_p 经活塞传到活塞销上，分解为 N_p 和 S_p 两个力。N_p 垂直于气缸壁，它使活塞的一个侧面压向气缸壁，称为侧压力。该力以 O 为支点形成一个与曲轴转向相反的力矩 M'_p，有使发动机向左翻倒的倾向，故被称为翻倒力矩。力 S_p 通过活塞销推压连杆，并沿连杆方向传到曲柄销上，使曲柄销处受压。S_p 又可分解为沿曲柄方向的法向力 R_p 和垂直于曲柄方向的切向力 T_p。力 R_p 使曲轴主轴颈处受压并使曲轴弯曲；力 T_p 除了具有力 R_p 的类似作用外，它以曲柄半径为力臂产生的转矩 M_p 还可使曲轴扭转变形，但也正是此转矩能够对外输出动力，因而它是分解后唯一有效的力。

依此法分析，气体压力较小的压缩冲程的受力状况如图 2-1（b）所示。在压缩冲程中，气体压力是阻碍活塞向上运动的阻力。这时作用在活塞顶的气体总压力 P_p 也可以分解为两个分力 N_p 和 S_p，而 S_p 又分解为 R_p 和 T_p。R_p 使曲轴主轴颈与主轴承间产生压紧力；T_p 对曲轴造成一个旋转阻力矩 M_p，企图阻止曲轴旋转。而 N_p 则将活塞压向气缸的另一侧壁。

进、排气冲程气体压力很小，可以忽略。

综上所述，气体压力使气缸盖承受向上的推力，使活塞顶承受向下的推力，活塞侧面与气缸壁间有侧压力，活塞销处、连杆杆身、曲柄销处及曲轴主轴颈处均受压力，曲轴还承受弯曲力矩和扭转力矩。

在工作循环的任何行程中，气体作用力的大小都是随活塞的位移而变化的，再加上连杆在左右摇摆，因而作用在活塞销和曲轴轴颈的表面以及二者的支承表面上的压力和作用点不断变化，造成各处磨损的不均匀性。同样，气缸壁沿圆周方向的磨损也不均匀。

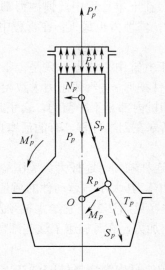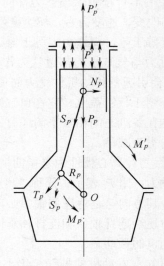

（a）做功冲程受力情况　　　　（b）压缩冲程受力情况

图 2-1　气体压力作用简图

2．往复惯性力和离心力

往复运动的物体，当运动速度变化时，就要产生往复惯性力。物体绕某一中心做旋转运动时，就会产生离心力。这两种力在曲柄连杆机构的运动中都是存在的。

为了分析方便，将曲柄连杆机构产生的惯性力简化为往复惯性力和离心惯性力。

（1）往复惯性力。往复惯性力是指活塞组件和连杆小头在气缸内做往复运动所产生的惯性力，用 P_j 表示。其大小与机件的质量及加速度成正比，其方向总与加速度的方向相反。

活塞在气缸内从上止点向下止点运动时，速度由零开始做加速运动，至接近中部时速度最大，这一段惯性力向上（见图 2-2（a））。然后活塞做减速运动，则惯性力变为向下（见图2-2（b）），至下止点时速度减为零。活塞从下止点向上运动时，前半行程做加速运动，惯性力向下，后半行程做减速运动，惯性力向上。

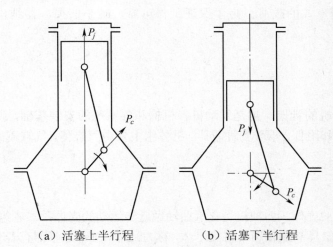

（a）活塞上半行程　　　　　　（b）活塞下半行程

图 2-2　往复惯性力和离心力作用简图

可知，活塞在上半行程中，惯性力都向上，在下半行程中，惯性力都向下。在上下止点处，活塞运动方向改变，速度为零，加速度最大，惯性力也最大；在行程中部附近，活塞运动速度最大，加速度等于零，惯性力也等于零。

由于往复惯性力与气缸压力都可认为作用于气缸中心线上，只是上下方向有时不同，因此，惯性力分解后会引起各传动机件受力而使机件损坏，与气体压力大致相似，此处不再赘述。

但惯性力不作用于气缸盖上，它在单缸发动机内部是不平衡的，会引起发动机上下振动。多缸发动机有可能在各缸之间相互平衡（有的活塞在上半行程，有的活塞在下半行程），引起发动机振动的倾向大为减小。

（2）离心惯性力。离心惯性力是指曲柄、连杆轴颈、连杆大头等围绕曲轴轴线做圆周运动产生的离心惯性力，用 P_c 表示，简称"离心力"。其大小与运动件的质量、旋转半径、角速度的平方成正比，其方向总是背离曲轴中心向外（见图2-2），它给主轴颈及主轴承以附加力。连杆下端的离心力还给连杆轴颈和连杆轴承以附加力，从而加速了这些部位的磨损。另外，离心力也可引起发动机的振动。

由以上内容可知，发动机的振动，绝不是由气缸内燃烧气体的爆炸压力引起的，而是由未加平衡的往复惯性力和离心力所致。当发动机高速运转时，后两者叠加在一起，可引起发动机剧烈地振动。为此发动机在结构上采取了各种平衡措施（如附加的平衡轴和平衡重等），要注意其装配位置。

3. 摩擦力

曲柄连杆机构中相互接触的表面做相对运动时都存在摩擦力，其大小与正压力和摩擦系数成正比，其方向总与相对运动的方向相反。摩擦力的存在是造成配合表面磨损的根源。

为了方便，上述各力是分别分析的，实际上这些力不是单独存在的，各机件所受的力是各种力的综合。

曲柄连杆机构产生的惯性力和摩擦力都是有害的，现代高速发动机尽量减少运动件的质量和活塞的行程，以减小惯性力，同时，要保证运动件有较高的加工精度和装配精度，并采取加强润滑等措施，以减小摩擦力。

上述各种力，作用在曲柄连杆机构和机体的各有关零件上，使它们受到压缩、拉伸、弯曲和扭转等不同形式的载荷，为了保证工作可靠，减小磨损，在结构上必须采取相应的措施。

2.2 机体组

机体组是发动机的骨架，也是发动机各机构和各系统的安装基础，其内、外安装着发动机的所有主要零件和附件，承受各种载荷。机体组主要由气缸体、气缸盖、气缸垫、气门室罩、油底壳等组成。

2.2.1 气缸体

气缸体是气缸的壳体，曲轴箱是支承曲轴做旋转运动的壳体，二者组成了发动机的机体。水冷式发动机的气缸体和曲轴箱常铸成一体，称为缸体。缸体上半部有若干个为活塞在其中运动导向的圆柱形空腔，称为气缸。下半部为支承曲轴的曲轴箱，其内腔为曲轴运动的空间。气缸体作为发动机各个机构和系统的装配基体，还要承受高温高压气体作用力，活塞在其中做高速往复运动，因而要求气缸体应具有足够的刚度和强度。气缸体内壁经过精加工，其工作表面的粗糙度、形状和尺寸精度都比较高，其总成示意图如图 2-3 所示。

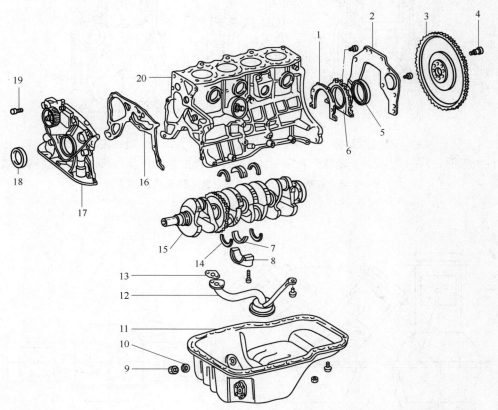

1、10、13、16—衬垫；2—后端板；3—飞轮；4—螺栓；5—曲轴后油封；6—后油封挡圈；7—主轴承；
8—主轴承盖；9—放油塞；11—油底壳；12—机油集滤器；14—止推垫；15—曲轴；17—正时齿轮罩；
18—曲轴前油封；19—螺栓；20—气缸体

图 2-3　气缸体总成

　　根据具体结构形式，气缸体可分为三种：一般式气缸体、龙门式气缸体和隧道式气缸体，如图 2-4 所示。

　　发动机的曲轴轴线与曲轴箱分开面在同一平面上的为一般式气缸体，其特点是便于机械加工，但刚度较差，曲轴前后端的密封性较差，多用于中小型发动机，如图 2-4（a）所示。

　　发动机的曲轴轴线高于曲轴箱分开面的则称为龙门式气缸体。其特点是结构刚度和强度较好，密封简单可靠，维修方便，但工艺性较差，如图 2-4（b）所示。

　　隧道式气缸体的主轴承孔不分开，其特点是其结构刚度比龙门式的更高，主轴承的同轴度易保证，但拆装比较麻烦，多用于主轴承采用滚动轴承的组合式曲轴，如图 2-4（c）所示。

　　汽车用多缸发动机气缸的排列形式如图 2-5 所示。其中常见的有直列式、V 形和对置式三种。

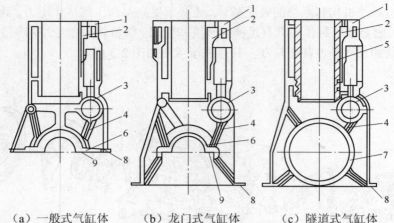

（a）一般式气缸体　　　（b）龙门式气缸体　　　（c）隧道式气缸体

1—气缸体；2—水套；3—凸轮轴孔座；4—加强筋；5—湿缸套；6—主轴承座；7—主轴承座孔；

8—安装油底壳的加工面；9—安装主轴承盖的加工面

图 2-4　气缸体示意图

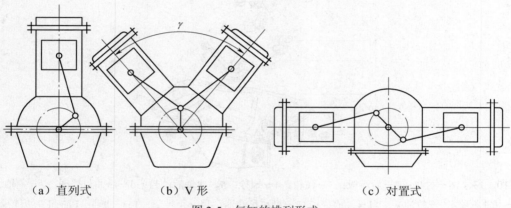

（a）直列式　　　　　　（b）V 形　　　　　　（c）对置式

图 2-5　气缸的排列形式

　　图 2-5（a）所示为直列式气缸体，发动机的各个气缸排成一列，一般是垂直布置。直列式气缸体机构简单，加工容易，但发动机长度和高度较大，一般六缸以下的发动机多采用直列式。有些汽车为了降低发动机的高度，有时也将气缸布置成倾斜的。

　　图 2-5（b）所示为 V 形气缸体，发动机气缸排成两列，左右两列气缸中心线夹角 $\gamma<180°$。

　　V 形气缸体与直列式气缸体相比，缩短了机体的长度和高度，增加了气缸体的刚度，减轻了发动机的重量，但加大了发动机的宽度，且形状复杂，多用于六缸以上的发动机。目前有 V6、V8、V12 和 V16 等机型。

　　图 2-5（c）所示为对置式气缸体，发动机气缸排成两列，左右两列气缸中心线的夹角 $\gamma=180°$，其高度比其他形式的小，这使得汽车（特别是轿车和大型客车）的总布置更为方便。

　　根据工作条件和结构特点，气缸体的材料一般采用优质灰铸铁、球墨铸铁，为提高耐磨性，有时在铸铁中加入少量合金元素如镍、钼、铬、磷等，有些气缸体进行了表面处理，如表面淬火、镀铬、磷化等，有的则可从材料、加工精度和结构等方面来考虑。在有些负荷比较轻、缸径又不大的汽油机中，可在气缸体上直接加工出气缸内壁。铝合金缸体耐磨性不好，必须在气缸体内镶入气缸套，形成气缸工作表面。气缸套有干式和湿式两种，如图 2-6 所示。

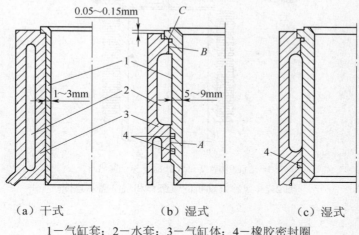

（a）干式　　　　　（b）湿式　　　　　（c）湿式

1—气缸套；2—水套；3—气缸体；4—橡胶密封圈

A—下支承密封带；B—上支承定位带；C—缸套凸缘平面

图 2-6　气缸套

干式缸套不直接与冷却水接触，如图 2-6（a）所示。镶干式缸套是指在气缸体上压入特殊耐磨性好的合金铸铁的缸套或合金钢缸套，壁厚一般为 1～3mm。

湿式气缸套（见图 2-6（b））则与冷却水直接接触，壁厚一般为 5～9mm。气缸套的外表面有两个保证径向定位的凸出的圆环带 A 和 B，分别称为上支承定位带和下支承密封带。气缸套的轴向定位是利用上端的凸缘 C。为了密封气体和冷却水，有的气缸套凸缘 C 下面还有紫铜垫片。

气缸套的上支承定位带直径略大，与气缸套座孔配合较紧密。下支承密封带与座孔配合较松，通常装有 1～3 道橡胶密封圈来封水。常见的密封结构形式有两种。一种形式是将密封环槽开在缸套上，将具有一定弹性的橡胶密封圈装入环槽内，如图 2-6（b）所示；另一种形式是将安置密封圈的环槽开在气缸体上，这种结构的工艺性较差，故应用较少，如图 2-6（c）所示。

气缸套装入座孔后，通常气缸套顶面略高出气缸体上平面 0.05～0.15mm。这样当紧固气缸盖螺栓时，可将气缸盖衬垫压得更紧，以保证气缸的密封性，防止冷却水和气缸内的高压气体窜漏。湿式气缸套的优点是在气缸体上没有封闭的水套，铸造方便，容易拆卸更换，冷却效果较好。其缺点是气缸体的刚度差，易出现漏气漏水。

为保证气缸表面能在高温下正常工作，必须对气缸和气缸盖及时加以冷却。冷却方式有两种：一种用水来冷却（水冷）；另一种直接用空气来冷却（风冷）。

汽车发动机较多采用水冷发动机，用水冷却时气缸周围和气缸盖中均有用以充水的空腔，称为水套。气缸体和气缸盖上的水套是相互连通的。可利用水套中的冷却水流过高温零件的周围而将热量带走。

发动机用空气冷却时，在气缸体和气缸盖外表面铸有许多散热片，以增加散热面积，保证散热充分，如图 2-7 所示。一般风冷发动机的气缸体与曲轴箱是分开铸造的。

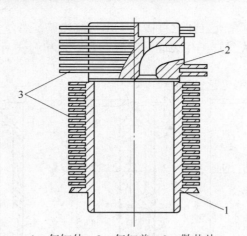

1—气缸体；2—气缸盖；3—散热片

图 2-7　风冷发动机的气缸体和气缸盖示意图

2.2.2　气缸盖

1. 气缸盖

气缸盖用来密封气缸的上部，与活塞、气缸等共同构成燃烧室。气缸盖的燃烧室壁面同气缸一样承受燃气所造成的热负荷及机械负荷，由于它接触温差很大的燃气时间较气缸体时间长，因而气缸盖承受的热负荷更甚于气缸体。

气缸盖的结构随气门的布置、冷却方式以及燃烧室的形状而异。顶置气门式气缸盖设有冷却水套（水冷式发动机）或散热片（风冷式发动机）、进排气道及气门导管孔和进排气门座等，汽油机气缸盖还设有火花塞孔，而柴油机的气缸盖设有安装喷油器的座孔。上置凸轮轴式发动机的气缸盖上还有用以安装凸轮轴的轴承座。图 2-8 为气缸盖总成分解图。

在多缸发动机中，只覆盖一个气缸的气缸盖，称为单体气缸盖；能覆盖部分（两个以上）气缸的称为块状气缸盖；能覆盖全部气缸的气缸盖则称为整体气缸盖，采用整体气缸盖可以缩短气缸中心距和发动机的总长度，其缺点是刚性较差，在受热和受力后容易变形而影响密封，损坏时须整个更换。整体式气缸盖多用于缸径小于 105 mm 的汽油发动机上。缸径较大的发动机常采用单体气缸盖或块状气缸盖。由于气缸盖形状复杂，一般都采用灰铸铁或合金铸铁铸成，CA6102 型发动机采用铜钼低合金铸铁铸造的整体式气缸盖。目前，铝合金铸造的缸盖有取代铸铁气缸盖的趋势，如桑塔纳、捷达等轿车发动机均采用铝合金材料铸造而成的整体式气缸盖。因铝的导热性比铸铁好，有利于提高压缩比，可适应高速高负荷强化汽油机散热及提高压缩比的需要。铝合金气缸盖的缺点是刚度低，使用中容易变形。

2. 燃烧室

汽油机的燃烧室由活塞顶部及缸盖上相应的凹部空间组成。对燃烧室有如下基本要求：一是结构尽可能紧凑，充气效率要高，以减小热量损失及缩短火焰行程；二是使混合气在压缩终了时具有一定的涡流运动，以提高混合气燃烧速度，保证混合气得到及时和充分燃烧；三是表面要光滑，不易积炭。

汽油机常用燃烧室的形状有以下几种，如图 2-9 所示。

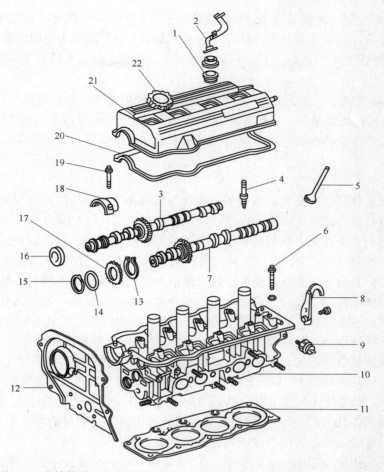

1—橡胶密封垫；2—曲轴箱通风阀和软管；3—进气凸轮轴；4—火花塞；5—气门；6—缸盖螺栓；
7—排气凸轮轴；8—发动机吊钩；9—机油压力开关；10—气缸盖；11—气缸垫；12—正时齿形带罩；
13、15—卡簧；14—波形垫圈；16—油封；17—凸轮轴齿形带轮；18—凸轮轴轴瓦；19—螺栓；
20—衬垫；21—气门室罩；22—加机油盖

图 2-8　气缸盖总成分解图

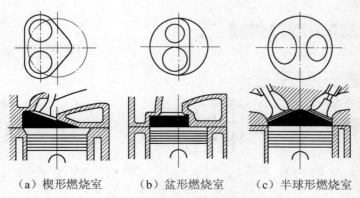

（a）楔形燃烧室　　　（b）盆形燃烧室　　　（c）半球形燃烧室

图 2-9　汽油机的燃烧室形状

（1）楔形燃烧室（见图 2-9（a））结构较简单、紧凑，在压缩终了时能形成挤气涡流，因而燃烧速度较快，经济性和动力性较好。解放 CA6102 型发动机采用楔形燃烧室。

（2）盆形燃烧室（见图 2-9（b））结构也较简单、紧凑。捷达 EA113 型发动机采用了这种燃烧室。

（3）半球形燃烧室（见图 2-9（c））结构较前两种更紧凑，但因进排气门分别置于缸盖两侧，故使配气机构比较复杂。由于其散热面积小，有利于促进燃料的完全燃烧并减少尾气中的有害气体，对排气净化有利。轿车发动机多采用了这种燃烧室。

2.2.3 气缸垫

气缸盖与气缸体之间置有气缸盖衬垫。其功用是填补气缸体与缸盖结合面上的微观孔隙，保证结合面处有良好的密封性，进而保证燃烧室的密封，防止气缸漏气和水套漏水。

随着内燃机的不断强化，热负荷和机械负荷均不断地增加，气缸垫的密封性越来越重要，对其结构和材料的要求是：在高温高压和高腐蚀的燃气作用下具有足够的强度，耐热；不烧损或变质，耐腐蚀；具有一定弹性，能补偿接合面的不平度，以保证密封；使用寿命长。

目前应用较多的有以下几种气缸垫，一种是金属—石棉气缸垫，如图 2-10（a）所示。石棉中间夹有金属丝或金属屑，且外覆铜皮或钢皮。水孔和燃烧室周围另用镶边增强，以防被高温燃气烧坏，这种气缸垫压紧厚度为 1.2～2mm，有很好的弹性和耐热性，能重复使用，但强度较差，厚度和质量也不均匀。另一种气缸垫采用实心金属片制成，如图 2-10（b）所示。这种气缸垫多用在强化发动机上，轿车和赛车上较多采用这种气缸垫。这种气缸垫由单块光整冷轧低碳钢板制成，很多强化的汽车发动机采用实心的金属片作为气缸盖衬垫，例如，红旗轿车发动机即采用如图 2-10（e）所示的钢板衬垫。这种衬垫在需要密封的气缸孔和水孔、油孔周围冲压出一定高度的凸纹，利用凸纹的弹性变形实现密封。

有的发动机采用中心以编织的钢丝网（见图 2-10（c））或有孔钢板（冲有带毛刺小孔的钢板）（见图 2-10（d））为骨架，两面用石棉及橡胶黏结剂压成的气缸盖衬垫。近年来，国内正在试验采用膨胀石墨作为衬垫的材料。

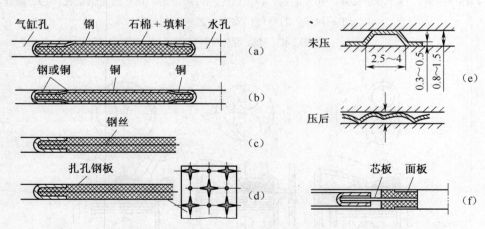

a、b、c、d—金属—石棉板；e—冲压钢板；f—无石棉气缸垫

图 2-10　气缸盖衬垫的结构

有的发动机采用了较先进的加强型无石棉气缸垫结构（见图 2-10（f）），无石棉气缸垫在气缸口密封部位采用五层薄钢板组成，并被设计成正圆形，没有石棉夹层，从而消除了气囊的产生，在油孔和水孔处均包有钢护圈以提高密封性。CA6102Q 发动机就采用了这种气缸垫，安装气缸盖衬垫时，应注意安装方向。一般是衬垫卷边的一面朝气缸盖，光滑面朝气缸体安装，也可根据标记或文字要求进行安装，如衬垫上的文字标记 TOP 表示朝上，FRONT 表示朝前。

气缸盖用螺栓紧固在气缸体上，拧紧螺栓时，必须按由中央对称地向四周扩展的顺序分几次进行，最后一次要用扭力扳手按工厂规定的拧紧力矩值拧紧，以免损坏气缸衬垫，发生漏水现象。如果气缸盖由铝合金制成，因为铝制气缸盖的膨胀程度比钢制螺栓大，最后必须在发动机冷态下拧紧，这样在热机状态时能增加密封的可靠性。铸铁气缸盖则应该在发动机热时最后拧紧。

2.2.4　气门室罩

在气缸盖上部有起到封闭和密封作用的气门室罩，如图 2-8 所示，气门室罩结构比较简单，一般用薄钢板冲压（或铸铝）而成，上面设有加注机油用的注油孔。气门室罩与气缸盖之间设有一密封垫。

2.2.5　油底壳

油底壳（见图 2-11）的主要功用是储存和冷却机油并封闭曲轴箱。它在最低处设有放油螺塞，以便放出润滑油，有的放油螺塞还带有磁性，可以吸附润滑油中的铁屑，以减小发动机的磨损。为了防止汽车振动时油底壳油面产生较大的波动，油底壳的内部设有稳油挡板。

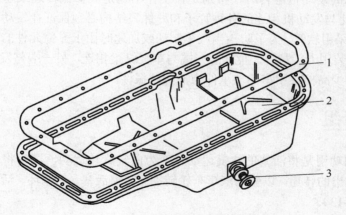

1—衬垫；2—稳油挡板；3—放油螺塞

图 2-11　油底壳

由于油底壳受力很小，一般用薄钢板冲压而成，有些铝合金油底壳还带有散热片。曲轴箱与油底壳之间为了防止漏油，装有软木衬垫，也有涂密封胶的。

2.2.6　发动机的支承

发动机一般通过气缸体和飞轮壳或变速器壳上的支承来支承在车架或车身上。发动机的支承方法一般有三点支承和四点支承两种，如图 2-12 所示。

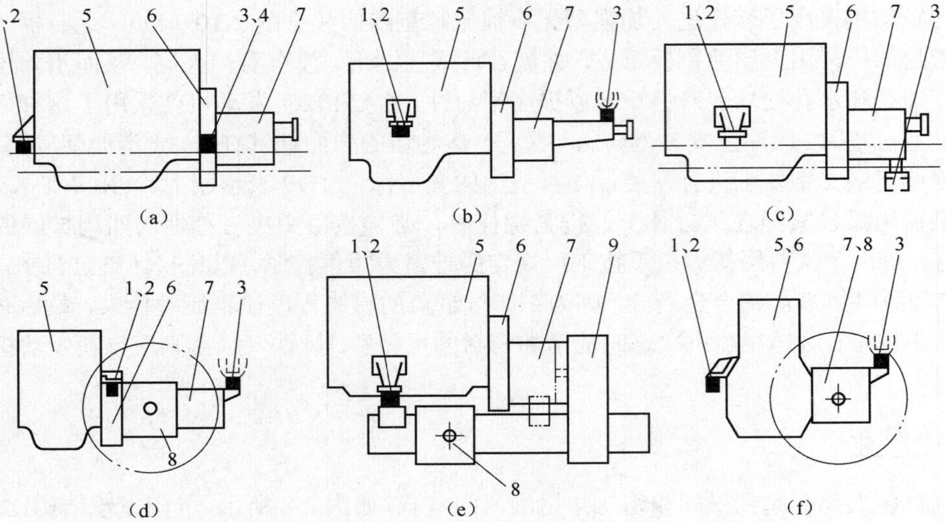

a—三点和四点支承；b、c、d、f—三点支承；e—二点支承

1、2、3、4—支承；5—发动机；6—离合器壳；7—变速器；8—主减速器；9—分动器

图2-12　发动机支承示意图

　　三点支承可布置成前二后一或前一后二；采用四点支承法时，前后各有两个支承点。

　　发动机在车架上的支承是弹性的，这是为了消除在汽车行驶中车架的扭转变形对发动机的影响，以及减少传给底盘和乘员的振动和噪声。

　　具有弹性支承的发动机运转时，特别是在工作不稳定（如低转速或超载荷）时，可能发生横向角振动，因此与发动机相连的各种管子和杆件等结构必须保证在发动机振动时不致破坏它的正常工作，如采用软管。为了防止当汽车制动或加速时由于弹性元件的变形而产生的发动机纵向位移，有时装用专门拉杆。拉杆的一端与车架纵梁相连，另一端与发动机连接，两端连接处有橡胶垫。不少高档乘用车的支承件为油液减振件。

2.3　活塞连杆组

　　活塞连杆组的功用是将活塞的往复运动转变为曲轴旋转运动，同时将作用于活塞上的力转变为曲轴对外输出的转矩，以驱动汽车车轮转动。它由活塞、活塞环、活塞销和连杆等主要机件组成（见图2-13）。

2.3.1　活塞

　　活塞的功用是与气缸盖、气缸壁等共同组成燃烧室，承受气体压力，并将此力通过活塞销传给连杆，以推动曲轴旋转。

　　活塞是在高温、高压、高速、润滑不良和散热困难的条件下工作的，其工作条件如下：

　　由于活塞顶部直接与高温燃气接触，燃气的最高温度可达2500K以上。因此，活塞的温度也很高，其顶部的温度通常高达600～700K。高温一方面使活塞材料的机械强度显著下降，另一方面会使活塞的热膨胀量增大，容易破坏活塞与其相关零件的配合。

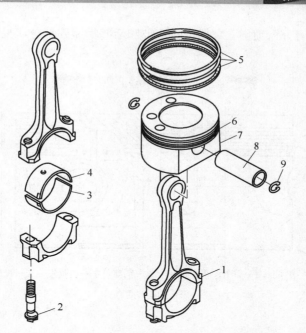

1—连杆；2—连杆螺栓；3、4—连杆轴瓦；5—活塞环；6—活塞环槽；7—活塞裙部；8—活塞销；9—卡簧

图 2-13　活塞连杆组

活塞顶部在做功行程中，承受着带有冲击性的高压气体冲击力。对于汽油机活塞，瞬时的压力最大值可达 5MPa。对于柴油机活塞，其最大值可达 9MPa。增压发动机的最高燃烧压力可达 14～16MPa，这样大的机械负荷突然作用到活塞顶上，高速时每秒钟要发生 20～40 次，这导致活塞的侧压力大，加速了活塞外表面的磨损，也容易引起活塞的变形。

活塞在气缸内做高速运动，一般汽车用汽油机转速为 4000～6000r/min，活塞的平均速度为 8～12 m/s，其瞬间速度会更高。由受力分析可知，活塞运动速度的大小和方向在不断地变化，故可引起大的惯性力，它将使曲柄连杆机构的各零件和轴承承受附加载荷。

由于活塞直接与高温燃气接触，同时还受周期性变化的气体压力和惯性力的作用，要求活塞应具有以下特性：要有足够的强度和刚度；质量要尽量小，以保持最小的惯性力；导热性要好，有充分的散热能力；要有足够的耐热性；活塞与气缸壁间应有较小的摩擦系数；温度变化时，尺寸和形状变化要小；与气缸壁间要保持最小的间隙。

汽车发动机目前广泛采用的活塞材料是铝合金。铝合金活塞具有质量小（约为同样结构的铸铁活塞的 50%～70%）、导热性好（约为铸铁的三倍）的优点，因此铝合金活塞工作温度低，温度分布均匀，对减小热应力、改善工作条件和延缓机油变质都十分有利。铝合金的缺点是热膨胀系数大，另外当温度升高时，其机械强度和硬度下降较快。通过结构设计和调整材料配方等措施可以弥补这些缺陷。

目前铝合金活塞多用含硅12%左右的共晶铝硅合金和含硅18%～23%的过共晶铝硅合金制造，外加镍和铜，以提高热稳定性和高温机械性能。在铝合金中增加硅的含量，可以提高活塞表面的耐磨性。铝合金活塞毛坯可用铸造、锻造和液态模锻等方法制造。用后一种方法制得的毛坯组织细密，无铸造缺陷，可以实现少切削或无切削加工，使金属利用率大为提高。

活塞的基本构造可分为顶部、环槽部、裙部和活塞销座四部分（见图 2-14），其中顶部和环槽部也统称头部。

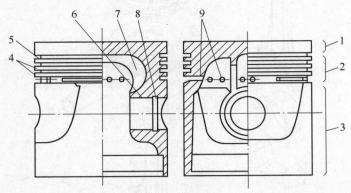

1—顶部；2—环槽部；3—裙部；4—环岸；5—环槽；6—销座；7—加强筋；8—卡环槽；9—泄油孔及泄油槽

图 2-14　活塞

1. 活塞顶部

活塞顶部是燃烧室的组成部分，用来承受气体压力。为了提高刚度和强度，并加强散热能力，背面多有加强筋。根据不同的目的和要求，活塞顶部可制成各种不同的形状，汽油机活塞顶部的几种常见形状如图 2-15 所示。

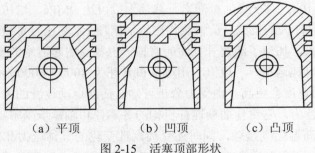

（a）平顶　　　　　　（b）凹顶　　　　　　（c）凸顶

图 2-15　活塞顶部形状

平顶活塞结构简单，且受热面积小温度低，在汽油机上被广泛采用；凸顶活塞是为了组成半球形燃烧室，增强挤气涡流；凹顶活塞主要是高压缩比发动机为了防止碰气门，也可用凹坑的深度来调整发动机压缩比。有些发动机在活塞顶上设置形状不规则的浅碗形凹坑，是为了与气缸盖上的凹坑组成结构紧凑的多球形燃烧室。

柴油机活塞顶部形状和燃烧室，将在第 5 章"柴油机燃料供给系"中叙述。

2. 环槽部

活塞的环槽部切有若干环槽，用以安装活塞环，它是活塞的防漏部分，两环槽之间称为环岸。

环槽的形状与活塞环断面形状相适应，通常为矩形或梯形。靠顶部的环槽装压缩环（气环），一般为 2～3 道，下面的环槽装油环，一般为 1～2 道，油环槽的槽底圆周上制有若干贯通的泄油孔或泄油槽，以便油环从缸壁上刮下的多余润滑油经此流回油底壳。第一道环槽工作条件最恶劣，一般应离顶部较远些。

2 Chapter

为了减少摩擦损失，在竞赛汽车发动机的活塞上只安装一道气环和一道油环。

活塞顶部吸收的热量有 70%～80%是经过环槽部通过活塞环传给气缸壁，再由冷却水传出去。

活塞环槽的磨损是影响活塞使用寿命的重要因素。在强化程度较高的发动机中，第一道环槽温度较高，磨损严重。为了增强环槽的耐磨性，通常在第一环槽或第一、二环槽处镶嵌耐热护圈。

3. 裙部

活塞的裙部指从油环下端面起至活塞最下端的部分。裙部的形状应该保证活塞在气缸内得到良好的导向，气缸与活塞之间在任何工况下都应保持均匀的、适宜的间隙。此外，裙部应有足够的实际承压面积，以承受侧向力。因而裙部要有一定的长度，以保证可靠的导向；又要有足够的面积，以防止活塞对气缸壁的单位面积压力过大，破坏润滑油膜，加大磨损。

裙部的基本形状为一薄壁圆筒，完整的称为全裙式（见图 2-14）。高速发动机趋于大缸径短行程，并降低发动机的高度，为了避免活塞与曲轴平衡重块相碰，有时也为了减少质量，在保证有足够承压面积的情况下，在活塞不受作用力的两侧，将沿销座孔轴线方向的裙部去掉一部分，形成拖板式裙部（见图 2-16），拖板式裙部弹性较大，可以减小活塞与气缸壁间的装配间隙。

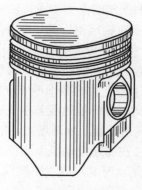

图 2-16　拖板式活塞

4. 活塞销座

活塞销座是活塞通过活塞销与连杆的连接部分，位于活塞裙部的上部，为厚壁圆筒结构，用以安装活塞销。活塞所承受的气体压力、惯性力都是通过销座传给活塞销的。为了限制活塞销的轴向窜动，大部分活塞在销座孔内接近外端面处设有卡环槽来装卡环，两卡环之间的距离大于活塞销的长度，使卡环与活塞销端面之间留有足够的间隙，以防冷却过程中活塞的收缩大于活塞销的收缩而将卡环顶出。

销座孔有很高的加工精度，并且与活塞销分组选配，以达到更高精度的配合，销座孔的尺寸分组通常用色漆标于销座下方的外表面。

为了销座孔的润滑，有些销座上钻有收集润滑油的小孔。

为了保证活塞的正常工作，活塞各部与气缸壁之间必须保持一定的间隙，其中起导向作用的裙部与气缸壁之间的间隙尤为重要，若间隙过小，将因活塞膨胀而出现拉缸、卡死等故障；间隙过大，又将出现敲缸、窜气、上机油等故障。

活塞工作时的变形主要原因是热膨胀，其次是侧压力，另外，气体压力也会引起活塞顶部弯曲变形。在气体压力和侧压力的作用下，其裙部直径在活塞销轴线方向上增大；而热变形是指活塞销座处金属堆积，并在受热后膨胀致使裙部直径在活塞销轴线方向增加。这两种变形的最后结果就是使活塞裙部横断面变成长轴在活塞销轴线方向上的椭圆，如图 2-17 所示。

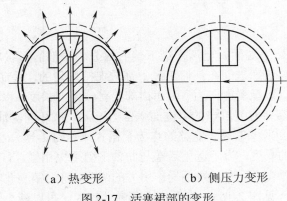

（a）热变形　　　　　　（b）侧压力变形

图 2-17　活塞裙部的变形

为了使活塞在正常温度下与气缸壁间保持有比较均匀的间隙，以免在气缸内卡死或引起局部磨损，必须预先在冷态下把活塞裙部断面加工成长轴垂直于活塞销方向的椭圆形。为了减少销座附近处的热变形量，有的活塞将销座附近的裙部外表面下陷 0.5～1.0mm。

由于活塞沿轴线方向温度分布和质量分布都不均匀，因此各个断面的热膨胀量是上大下小，铝合金活塞的这种差异尤其显著。为了使铝合金活塞在工作状态（热态）下接近一个圆柱形，有的活塞将其头部的直径制成上小下大的截锥形或阶梯形（见图 2-18），或将活塞裙部制成上小下大的截锥形。有的为了使活塞更好地适应其热变形，把活塞裙部制成变椭圆，即在裙部的不同部位其椭圆度不同，椭圆度由下而上逐渐增大，裙部横截面越往上越扁，解放 CA6102 型发动机的活塞裙部就是这种结构。在高速发动机上还可采用腰鼓形裙部，这种形状不仅适应活塞的温度分布，而且在活塞上下运动时易形成"油楔"，能保证裙部有良好的润滑条件及较高的承载能力。

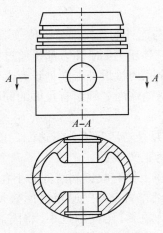

$A-A$

图 2-18　椭圆活塞示意图

　　为了限制活塞裙部的膨胀量，目前在汽车上广泛采用双金属活塞。根据其结构和作用原理不同，双金属活塞可分为筒形钢片式、恒范钢片式等。铸铝活塞的裙部有的镶铸圆筒式钢片，如图 2-19 所示。这是在浇铸时，将钢筒夹在铝合金中，由于铝合金的膨胀系数大于钢，冷却后位于钢筒外的铝合金就紧压在钢筒上，使外层铝合金的收缩量受到钢筒的阻碍而减小，同时产生预应力（铝合金为拉应力，钢筒为压应力）。钢筒内侧铝合金层由于与钢筒没有金属结合，就无阻碍地向里收缩，在二者之间形成一道"收缩缝隙"。当温度升高时，内层合金的膨胀先要清除"收缩缝隙"，而后推动钢筒外胀，外层合金与钢筒的膨胀则首先要消除预应力，从而减小了活塞的膨胀量。

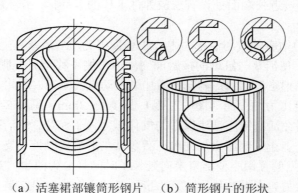

（a）活塞裙部镶筒形钢片　　（b）筒形钢片的形状

图 2-19　镶筒形钢片的活塞示意图

　　对于在活塞销座中镶铸恒范钢片的活塞，恒范钢是含镍 33%～36% 的合金钢，其线膨胀系数仅为铝合金的 1/10 左右，可以恒范钢片来牵制活塞裙部的热膨胀。图 2-20 所示为镶铸恒范钢片的活塞的结构。

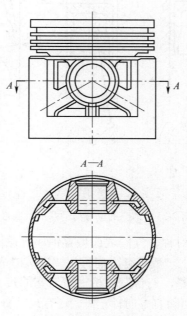

图 2-20　恒范钢片活塞

　　另外，有些发动机还采用温控结构，以降低活塞的温度，减少膨胀量。如通过连杆中心油道或在润滑油道处设专用喷嘴对活塞顶部背面喷油冷却。

　　采取了上述结构措施以后，活塞裙部与气缸壁之间的冷态装配间隙便可减小，使发动机不产生冷敲缸现象。对于新装配的活塞裙部和气缸表面，为了改善其磨合性，通常都对活塞裙部进行表面处理，如汽油机铸铝活塞的裙部外表面镀锡；柴油机铸铝活塞的裙部外表面磷化；对于锻铝活塞，在裙部的外表面上可涂以石墨。

　　活塞裙部的销孔是用以安装活塞销的，位于活塞裙部的上部，为厚壁圆筒结构，故活塞销座的作用是将活塞顶部气体作用力经活塞销传给连杆。销座通常由筋片与活塞内壁相连，以提高其刚度。销座孔内接近外端面处设有安放弹性卡环的卡环槽，卡环用来防止活塞销在工作中发生轴向窜动。

　　一般发动机活塞的销座轴线与活塞的中心线垂直相交，当活塞在上止点改变运动方向时，由于侧压力瞬间换向，使活塞与缸壁的接触面突然由一侧平移至另一侧（见图 2-21（a）），便产生活塞对气缸壁的"拍击"（俗称敲缸），增加了发动机的噪声。因此，高速发动机将活塞销座朝向承受膨胀做功侧压力的一面（图中左侧）偏移 1～2mm（见图 2-21（b）中 e）。这样，在接近上止点时，作用在活塞销座轴线以右的气体压力大于左边，使活塞倾斜，裙部下端提前换向。然后在活塞越过上止点侧压力反向时，活塞以左下端接触处为支点，顶部向左转（不是平移），完成换向。可见偏置销座使活塞换向延长了时间且分为两步，第一步是在气体压力较小时进行，且裙部弹性好，有缓冲作用；第二步虽气体压力大，但它是个渐变过程。为此，两步过渡使换向冲击力大为减弱。过渡应早于最高压力形成时刻，过早的点火会引起敲缸。可见，正确的点火提前角是平稳过渡的保证。

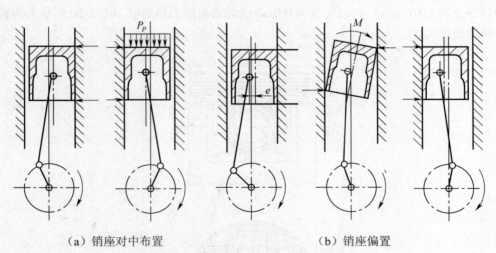

（a）销座对中布置　　　　　　　（b）销座偏置

图 2-21　销座的位置与活塞的换向过程

　　由于某些活塞顶部形状不对称、气门坑或偏置销座等原因，活塞安装时有一定的方向，为了防止装错，这种活塞顶面上一般都有方向标记，安装时应加以注意。

　　为了保证发动机的工作平稳，一台发动机一组活塞的尺寸和重量偏差都用分组选配的方法控制在一定范围内。活塞顶面除有方向标记外，还有尺寸分组和重量分组标记，以及加大尺寸的数字和缸号数码。

2.3.2 活塞环

按照功用，活塞环可分为气环和油环两类（见图 2-22）。

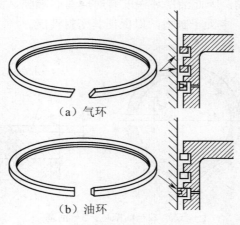

（a）气环

（b）油环

图 2-22 活塞环

气环也叫压缩环（见图 2-22（a）），用来密封活塞与气缸壁的间隙，防止气缸内的气体窜入油底壳，以及将活塞头部的热量传给气缸壁，再由冷却水或空气带走。如果密封不良，不但发动机起动困难、功率下降，燃油和机油的消耗量增加，机油老化变质，而且还由于活塞环外圆与气缸壁贴合不严密，活塞顶部接受的热传不出去，会导致活塞及活塞环温度升高，甚至被烧坏。另外气环还起到刮油、布油的辅助作用。一般发动机的每个活塞装有 2～3 道气环。

油环（见图 2-22（b）），用来刮走气缸壁上多余的机油，并在气缸壁上涂一层均匀的机油膜，这样可以防止机油窜入燃烧室燃烧，又可以减小活塞、活塞环与气缸的磨损和摩擦阻力。此外，油环也起到密封的辅助作用。通常发动机的每个活塞上有 1～2 道油环。

近年来随发动机转速的提高，活塞环的数目日趋减少，多为两道气环一道油环。这样不仅减少了摩擦损失，还缩短了活塞高度，进而降低了发动机高度。

活塞环是在高温、高压、高速和润滑困难的条件下工作的，它的运动情况很复杂，活塞环不仅与缸壁间有相对高速的滑动摩擦，还有与环槽侧面的上下撞击，以及由于其径向胀缩而产生的与环槽侧面相对的摩擦，因此，活塞环是发动机中磨损最快的零件之一。另外，高温热负荷不仅使环的耐磨性能下降，而且能使环的弹性下降。第一道气环的工作条件最为恶劣，因而其弹力下降和磨损速度最快。

根据活塞环的功用和工作条件，制作活塞环的材料应具有好的耐磨性、导热性、耐热性、磨合性、冲击韧性和足够的弹性等。一般活塞环多用优质灰铸铁、球墨铸铁或合金铸铁制造，这是因为它们能够基本满足上述要求，且含有固体润滑剂石墨，可改善其润滑条件。也有一些发动机的组合油环采用弹簧钢片制作。

不少发动机的第一道活塞环，甚至所有的环，其外表面进行多孔镀铬或喷钼，以减缓活塞环和气缸的磨损。这是因为多孔铬硬度高且能储存少量润滑油；钼熔点高，且也具有多孔性，能存油，所以抗拉磨能力强。除第一道环外，其他活塞环一般采用镀锡、磷化或硫化处理，以改善其磨合性能。

2
Chapter

因为活塞环槽侧面的磨损往往是活塞早期损坏的主要原因，新的趋向是对活塞环槽三面镀铬，这样使气缸、活塞，特别是活塞环的寿命大为提高。

发动机工作时，活塞、活塞环等都会发生热膨胀。活塞环既要相对于气缸上下运动，又要相对于活塞相对横向移动，因此活塞环在安装时应留有端隙、侧隙、背隙三处间隙（见图 2-23），以防止胀死于槽内，卡死于缸内，以保证其密封性能。

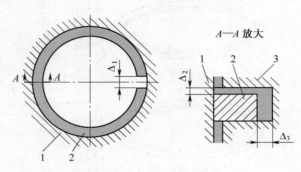

1—气缸；2—活塞环；3—活塞；

Δ_1—开口间隙；Δ_2—侧隙；Δ_3—背隙

图 2-23　活塞环的间隙

端隙 Δ_1 又称为开口间隙，是活塞环装入气缸后开口处的间隙，多在 0.25～0.50mm 之间，此数值随缸径增大而增大，柴油机略大于汽油机，第一道气环略大于第二、三道环。为了减小气体的泄漏，装环时，各道环口应互相错开，如有三道活塞环，各环应沿圆周成 120° 夹角互相错开；如有四道活塞环，第一、二道互错 180°，第二、三道互错 90°，第三、四道互错 180°，从而获得较长的迷宫式漏气路线，增加漏气阻力，减小漏气量。

侧隙 Δ_2 又称边隙，是环高方向上活塞环与环槽之间的间隙。第一道环因工作温度高，其侧隙一般为 0.04～0.10mm；其他气环一般为 0.03～0.07mm。油环的侧隙较小，一般为 0.025～0.07mm。

背隙 Δ_3 是活塞及活塞环装入气缸后，活塞环背面与环槽底部间的间隙，一般为 0.50～1.00mm，油环的背隙较气环大，目的是增大存油间隙，以利于减压泄油。为了测量方便，维修中以环的厚度与环槽的深度差来表示背隙，此值比实际背隙要小。

1. 气环的密封原理

气环可能有三条漏气的通道：环面与气缸壁间；环与环槽的侧面间；开口间隙处。前两处是能够密封的，其密封原理如图 2-24 所示。

（1）第一密封面的建立。活塞环在自由状态下，其外圆直径略大于缸径，所以装入气缸后，环就产生一定的弹力，与缸壁压紧，形成了第一密封面。

（2）第二密封面的建立。由于活塞头部与缸壁间有间隙，活塞环还有侧隙和背隙，气缸内未被密封的气体不能通过第一密封面下窜，便窜入侧隙和背隙。由于侧隙的阻力及背隙内空腔较大，气体压力降为 P_1 和 P_2（背压力）。另外，如前所述，活塞环在运动时产生惯性力 P_j，并与缸壁间产生摩擦力 F。因而环与环槽侧面密封的压紧力是 P_1、P_j 和 F 三个沿气缸轴线方向力的代数和。做功与压缩行程，对密封的要求高，此时气体压力一般起主导作用，使活塞环紧推压在环槽的下侧，形成第二密封面。一般情况下，排气行程第二密封面也在环的下侧，而

进气行程在环槽的上侧，另外，在某临界转速和一定的工作状态下，三个力可能互相平衡，即合力为零，环暂时在槽内浮动而跳上跳下，并可引起环的径向振动，使一个或两个密封面都失去密封作用，漏气量大增，此即为环的颤振。如果通过端隙的气流大于环和缸壁的摩擦力，环就会转动而对口漏气。可见环在气缸中有三种运动状态，即跳动浮起、径向颤振、旋转对口，这使其密封性能恶化。

（3）气环的第二次密封。窜入活塞环背隙和侧隙的气体，产生背压力 P_2 和侧压力，使环对缸壁和环槽进一步压紧，显著加强了第一、二密封面的密封，此即为气环的第二次密封。做功行程中，环的背压力远大于环的弹力，所以此时第一密封面的密封主要是靠第二次密封。但是，如果环的弹力不好或接触面贴合不良，而在环面和缸壁间出现了缝隙，此缝隙就要首先漏窜气体，且其单位压力大于单位背压力，就将削弱或形不成第二密封面。因此，靠活塞环弹力产生的密封，是第一密封面第二次密封的前提。

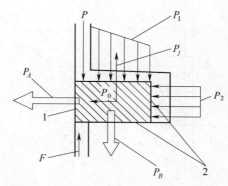

1—第一密封面；2—第二密封面；P_A—第一密封面的压紧力；P_B—第二密封面的压紧力；
P—气缸内气体压力；P_1—环侧气体压力；P_2—背压力；P_0—环的弹力；P_j—环的惯性力；
F—环与缸壁的摩擦力

图 2-24　气环的密封原理（做功的前半行程）

不难看出，两个密封面密封都必须在其密封面有良好贴合的情况下才能实现。因此，环与环槽侧面都必须加工平整，并且粗糙度应较低。然而对于环面来说，新环形状复杂，难以与缸壁相适应，因而环面一般设有细微纹路，以及进行镀锡等表面处理，以加速磨合。

有了两个密封面的密封，理论上只有开口处是唯一的漏气通道。由于开口很小，并且相互按一定位置错开，形成迷宫式封气路线，气体通过各道环口以后，压力显著下降（见图 2-25），其漏气量在高速发动机上是很微小的，一般仅为进气量的 0.2%～1.0%。这也是往复活塞式发动机至今有巨大生命力的原因之一。

2. 活塞环的泵油作用及危害

由于侧隙和背隙的存在，当发动机工作时，活塞环便产生了泵油作用（见图 2-26）。环在气压力、惯性力、摩擦力的作用下，反复地靠在环槽的上、下沿，其过程是：当活塞带着活塞环下行（进气行程）时，环靠在环槽的上方，环从缸壁上刮下来的润滑油充入环槽下方（见图 2-26（a））；当活塞又带动活塞环上行（压缩行程）时，环又靠在环槽的下方，同时将油挤压到环槽的上方（见图 2-26（b）），如此反复运动，就将润滑油泵到活塞顶。

Chapter 2

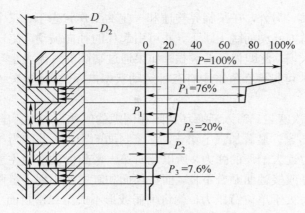

图 2-25　环槽中气体压力的下降

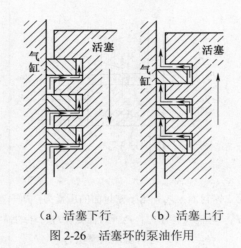

（a）活塞下行　　（b）活塞上行

图 2-26　活塞环的泵油作用

活塞环的泵油作用，一方面对润滑困难的气缸壁是有利的，另一方面随发动机转速的日益提高，泵油作用加剧，不仅增加了润滑油的消耗，而且可能使火花塞因沾油而不能产生电火花，并使燃烧室内积炭增多，甚至使环槽内形成积炭，挤压活塞环而使其失去密封性，另外还加剧了气缸等件的磨损。

为此，多在结构上采取如下措施：尽量减小环的质量，气环采用特殊断面形状，油环下设减压腔，气环下面的油环加衬簧或用组合式油环等。

3. 气环的断面形状

气环的断面形状有多种，如图 2-27 所示。矩形环断面（见图 2-27（a））结构简单、制造方便、散热性好，但磨合性能差，有泵油作用，使机油的消耗量增加，活塞顶及燃烧室壁面易积炭。

锥面环（见图 2-27（b））可以改善环的磨合，这种环在气缸内向下滑动时刮油，向上滑动时由于斜面的油楔作用，环可在油膜上浮起，减少磨损。锥面环传热性能差，所以不用作第一道环。由于锥角很小，一般不易识别，为避免装错，环的上侧面标有向上的记号。

梯形环（见图 2-27（g））的主要作用是：当活塞受侧压力的作用而改变位置时，环的侧隙相应发生变化，使沉积在环槽中的结焦被挤出，避免了环被黏在环槽中而引起折断。在做功行程中，作用在梯形环上的燃气作用力的径向分力加强了环的密封作用。因此，梯形环即使在丧失一些弹力的情况下，仍能与气缸壁良好贴合，这延长了环的使用寿命。它的主要缺点是上、下两面的精磨工艺比较复杂。这种环常用于热负荷较高的柴油机的第一环。楔形环（见图2-27（h））的工作特点与梯形环相似，由于断面不对称，装入气缸后会发生扭曲。

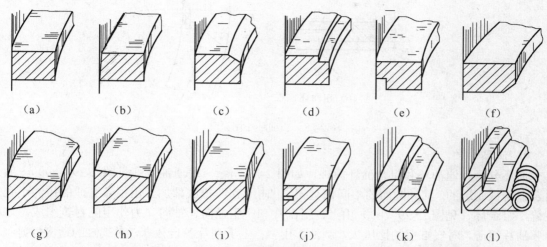

a—矩形环；b—锥面环；c、d—上侧面内切正扭曲环；e—下侧面外切正扭曲环；

f—下侧面内切反扭曲环；g—梯形环；h—楔形环；i—桶面环；j—开槽环；k、l—顶岸环

图2-27　气环的断面形状

桶面环（见图2-27（i））是近年来兴起的一种新型结构，目前已普遍地在强化柴油机中用作第一环。其特点是活塞环的外圆面为凸圆弧形。当桶面环上下运动时，它均能与气缸壁形成楔形空间，使机油容易进入摩擦面，从而使磨损大为减少。桶面环与气缸是圆弧接触，故对气缸表面的适应性和对活塞偏摆的适应性均较好，有利于密封。它的缺点是凸圆弧表面加工较困难。

开槽环（见图2-27（j））在外圆面上加工出环形槽，在槽内填充能吸附机油的多孔性氧化铁，有利于润滑、磨合和密封。

顶岸环（见图2-27（k）、（l））断面为L形。因为顶岸环距活塞顶面近，做功行程中，燃气压力能迅速作用于环的上侧面和内圆面，使环的下侧面与环槽的下侧面、外圆面与气缸壁面贴紧，有利于密封；由于同样的原因，顶岸环可以减少汽车尾气中HC的排放量。

扭曲环是在矩形的内圆上边缘或外圆下边缘切去一部分。若将内圆面的上边缘或外圆面的下边缘切掉一部分，称为正扭曲环（见图2-27（c）、（d）、（e））；若将内圆面的下边缘切掉一部分，称其为反扭曲环（见图2-27（f））。将这种环随同活塞装入气缸时，由于环的弹性内力不对称作用产生明显的断面倾斜，其作用原理如图2-28所示。活塞环装入气缸后，其外侧拉伸应力的合力 F_1，与内侧压缩应力的合力 F_2 有一力臂 e，于是产生了扭曲力矩 M。它使环外圆周扭曲成上小下大的锥形，从而使环的边缘与环槽的上下端面接触，提高了表面接触应力，防止了活塞环在环槽内上下窜动而造成的泵油作用，同时增加了密封性。扭曲环还易于磨合，并有向下刮油的作用。扭曲环目前在发动机上得到了广泛的应用。在安装它时，必须注意环的断面形状和方向，应将正扭曲环用于第二、三道气环，反扭曲环用于油环上面那道环。

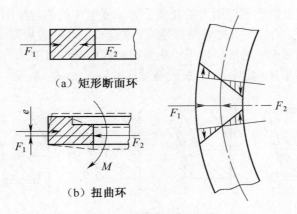

（a）矩形断面环

（b）扭曲环

图 2-28　扭曲环作用原理

4. 油环

油环分为普通油环和组合油环两种，如图 2-29 所示。普通油环（见图 2-29（a））一般是用合金铸铁制造的。其外圆面的中间切有一道凹槽，在凹槽底部加工出很多穿通的排油小孔或狭缝。组合环（见图 2-29（b））由上、下刮片和产生径向、轴向弹力作用的衬簧组成。这种油环刮片很薄，对气缸壁的比压大，刮油作用强；上下刮片各自独立，对气缸的适应性好；质量小；回油通路大。因此，组合油环在高速发动机上得到较广泛的应用。活塞上一般装有 1～2 道油环。采用两道油环时，下面一道多安置在活塞裙部的下端。油环的工作原理如图 2-30 所示。

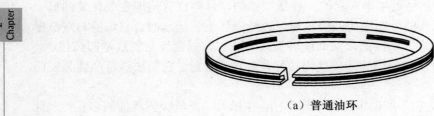

（a）普通油环

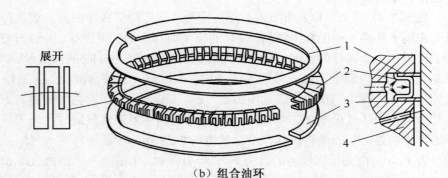

展开

（b）组合油环

1—上刮片；2—衬簧；3—下刮片；4—活塞

图 2-29　油环

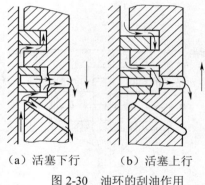

（a）活塞下行　　　（b）活塞上行

图 2-30　油环的刮油作用

2.3.3　活塞销

活塞销（见图 2-31）用来连接活塞和连杆小头，并把活塞所受的气体压力传给连杆。

活塞销是在大小和方向都不断变化的冲击性载荷下工作的。同时，由于活塞销是做低速摆转运动，不易建立油膜，故润滑条件较差。

活塞销的基本结构为一厚壁管状体（见图 2-31（a）），也有的按等强度要求做成变截面结构（见图 2-31（b）、（c））。

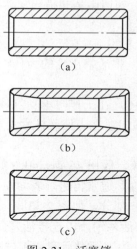

（a）

（b）

（c）

图 2-31　活塞销

活塞销的材料一般为低碳钢或低碳合金钢，如 20 钢或 20Cr、20MnV 等，再经表面渗碳或氰化处理，这样既有较高的表面硬度，耐磨性好，刚度、强度高，又有软的芯部，耐冲击性能好。

活塞销与活塞销座孔和连杆小头衬套一般多采用全浮式连接配合，即在发动机运转过程中，活塞销不仅可以在连杆小头衬套孔内，还可以在销座孔内缓慢地转动，如图 2-32 所示，活塞销磨损比较均匀。由于铝合金的活塞销座的热膨胀量大于钢活塞销，为了保证发动机正常工作时有合适的工作间隙（0.01～0.02mm），在冷态装配时活塞销与活塞销座孔为过渡配合。装配时，应先将铝合金活塞放在温度为 70℃～90℃的水或油中加热，再将销装入。为了防止活塞销工作时轴向窜动而刮伤气缸壁，在活塞销座两端的销座凹槽处安装卡环，以对活塞销轴向定位。

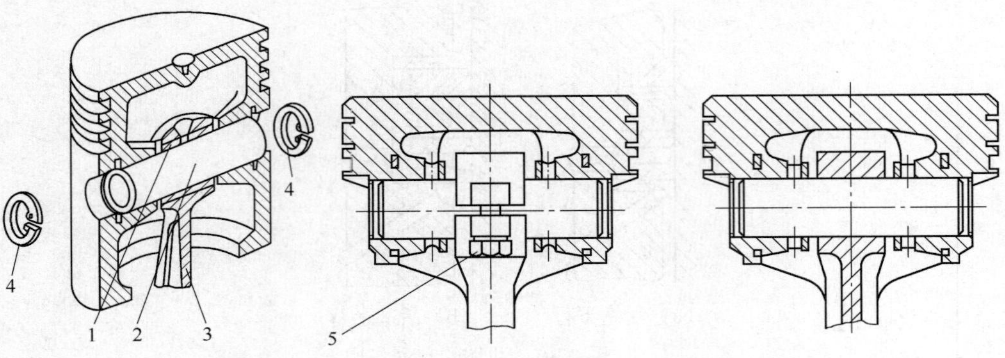

（a）全浮式　　　　　　　　（b）半浮式　　　　　　　　（c）半浮式

1—连杆小头衬套；2—活塞销；3—连杆；4—卡环；5—小头紧固螺栓

图 2-32　活塞销连接方式

半浮式连接方式指的是销与销座孔和连杆小头两处，一处固定，一处浮动，销座孔内无卡环，连杆小头处无衬套。大部分是采用销与连杆小头固定的方式，这种固定方式有两种：一种是用螺栓将活塞销夹紧在连杆小头孔内，如图 2-32（b）所示；另一种是销与小头孔以过盈配合的方式固定，如图 2-32（c）所示。半浮式活塞销可以降低发动机噪声并消除卡环可能引起的事故，多用于轻型高速发动机，如切诺基和猎豹发动机等。

2.3.4　连杆

连杆的功用是连接活塞与曲轴，将活塞承受的力传给曲轴，把活塞的往复运动变为曲轴的旋转运动。

连杆与连杆盖用螺栓紧固为一体，在工作时承受气体压力和往复惯性力所产生的冲击性拉压交变负荷，连杆摆动时产生的横向惯性力使连杆承受弯曲交变载荷，因而连杆应有足够的刚度和强度。

为了满足上述要求，连杆体和盖一般用 45 钢、40Cr 等中碳钢或中碳合金钢制成，也有少数的用球墨铸铁制造。为了提高强度，通常再进行表面喷丸处理。

连杆可分为小头、杆身和大头三部分，如图 2-33 所示。

（1）小头。连杆小头用来安装活塞销，以连接活塞。活塞销为全浮式的连杆小头孔内，压有青铜衬套或铁基粉末冶金衬套。为了润滑活塞销和衬套，小头和衬套上设有集油孔或铣出集油槽用来收集发动机运转时飞溅上来的机油，以便润滑。有的发动机连杆小头采用压力润滑，在连杆杆身内钻有纵向的压力油道。半浮式活塞销与连杆小头是紧配合，所以小头孔内不需要衬套，也不需要润滑。全浮式活塞销与衬套之间是间隙配合，配合精度较高，是在装配前通过对衬套内孔加工来达到的。

（2）杆身。杆身通常做成"工"字形断面，以求在强度和刚度足够的前提下减小质量。

（3）大头。连杆大头与曲轴的连杆轴颈相连，为便于安装，连杆大头一般做成剖分式的，被分开的部分称为连杆盖，用连杆螺栓紧固在连杆大头上。连杆盖与连杆大头是组合加工的，为了防止装配时配对错误，在同一侧刻有配对记号。大头孔表面有很高的光洁度，以便其与连杆轴瓦（或滚动轴承）紧密贴合。连杆大头上还铣有连杆轴瓦的定位凹坑。

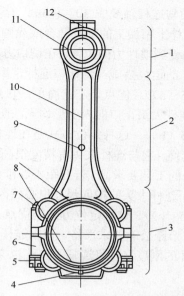

1—小头；2—杆身；3—大头；4、9—装配记号（朝前）；5—螺母；6—连杆盖；

7—连杆螺栓；8—轴瓦；10—连杆体；11—衬套；12—集油孔

图 2-33　连杆组

　　连杆大头按剖分面的方向可分为平切口和斜切口两种。平切口连杆的剖分面垂直于连杆轴线，如图 2-34（b）所示。一般汽油机连杆大头尺寸都小于气缸直径，可以采用平切口。柴油机的连杆由于受力较大，其大头的尺寸往往超过气缸直径。为使连杆大头能通过气缸，便于拆装，一般采用斜切口连杆，如图 2-34（a）所示。

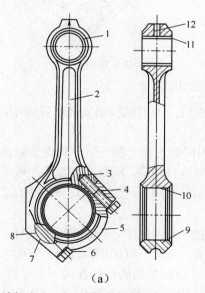

（a）

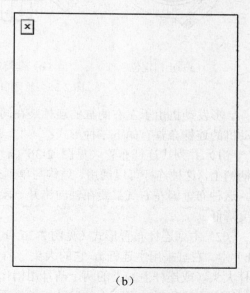

（b）

1—连杆小头；2—连杆杆身；3—连杆大头；4、6—连杆螺栓；5—连杆盖；7—锯齿；8—定位销；

9—连杆下轴承；10—连杆上轴承；11—连杆衬套；12—集油孔；13—集油槽；14—自锁螺母；15—轴瓦定位槽

图 2-34　连杆构造图

斜切口式连杆的大头剖分面与连杆轴线成 30°～60°（常用 45°）夹角。平切口的连杆盖与连杆的定位，是利用连杆螺栓上精加工的圆柱凸台或光圆柱部分，与经过精加工的螺栓孔来保证的。斜切口连杆在工作中受到惯性力的拉伸，在切口方向也有一个较大的横向分力。因此在斜切口连杆上必须采用可靠的定位措施。斜切口连杆常用的定位方法有：

（1）止口定位（见图 2-35（a））。优点是工艺简单；缺点是定位不大可靠，只能单向定位，对连杆盖止口向外变形或连杆大头止口向内变形均无法防止。

（2）套筒定位（见图 2-35（b））。这种定位方式是在连杆盖的每一个螺栓孔中压配一个刚度大，而且剪切强度高的短套筒。它与连杆大头有精度很高的配合间隙，故装拆连杆盖时也很方便。它的缺点是定位套筒孔的工艺要求高，若孔距不够准确，则可能因为定位（定位干涉）而造成大头孔严重失圆，此外，连杆大头的横向尺寸也必然因此而加大。

（3）锯齿定位（见图 2-35（c））。这种定位方式的优点是锯齿接触面大，贴合紧密，定位可靠，结构紧凑。缺点是对齿节距公差要求严格，否则连杆盖装在连杆大头上时，中间会有几个齿脱空，不仅影响连杆组件的刚度，并且连杆大头孔也会立即失圆。

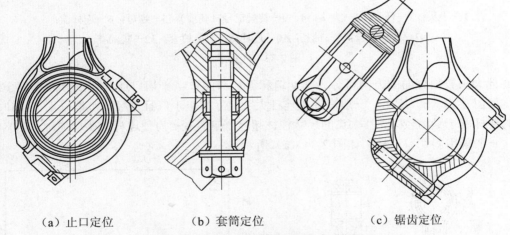

（a）止口定位　　　　　　（b）套筒定位　　　　　　（c）锯齿定位

图 2-35　斜切口连杆的定位方式示意图

V 形发动机由于左右两缸的连杆装在同一个曲柄销上，故其结构随安装布置而不同，V 形发动机的连杆布置有如下三种形式：

（1）并列式连杆布置（见图 2-36（a））。两个相同的连杆一前一后并列地安装在同一个曲柄销上，这种连杆可以通用，结构与单列式发动机的连杆相同，只是大头宽度一般要稍小一些。这种布置因左右气缸要在轴向错开一段距离，致使发动机的长度增加，曲轴的长度增加，刚度降低。

（2）主副连杆布置形式（见图 2-36（b））。它是在左右两缸中，一缸采用主连杆（图 2-36（b）中，右缸采用主连杆），它的大头与曲柄销相配装，而另一缸采用副连杆，它的大头与主连杆大头（或连杆盖）上的两个凸耳用销作铰链连接。这种结构的连杆在同一个平面上运动，故气缸中心线位于一平面内，发动机长度不增加。缺点是连杆不能互换。

（3）叉形连杆布置形式（见图 2-36（c））。左右两列气缸对应的两个连杆中，一个连杆的大头做成叉形，跨于另一个连杆的厚度较小的片形大头两端。叉形连杆式布置的优点是两列气缸中的活塞连杆组的运动规律相同，左右对应的两气缸轴心线不需要在曲轴轴向上错位。其缺点是叉形连杆大头结构和制造工艺比较复杂，而且大头的刚度也较低。

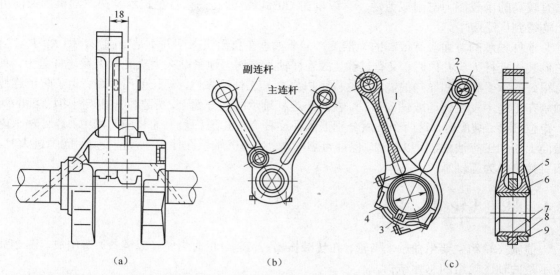

（a）　　　　　　　　　　（b）　　　　　　　　　（c）

1—叉形大头连杆；2—片形大头连杆；3—销；4—叉形连杆大头与连杆盖的紧固螺钉；5—片形大头轴瓦；

6、7—叉形大头轴瓦；8—片形大头连杆盖；9—叉形大头连杆盖

图 2-36　主副连杆、叉形连杆和并列连杆

轿车 V 形发动机大都采用并列连杆布置形式。

连杆螺栓是一个经常承受交变载荷的重要零件，一般采用韧性较高的优质合金钢或优质碳素钢锻制或冷镦成型。连杆大头的两部分用连杆螺栓紧固在一起，连杆大头安装时，必须紧固可靠。连杆螺栓必须以原厂规定的拧紧力矩，分 2～3 次均匀地拧紧。为防止工作时连杆大头自动松动，必须用其他锁紧装置紧固。常采用的锁紧装置有开口销、双螺母、自锁螺母、防松胶等。

现代发动机用连杆轴承（连杆轴瓦或小瓦）是由钢背和减磨层组成的分开式薄壁轴承，如图 2-37 所示。钢背由厚 1～3mm 的低碳钢制成，是轴承的基体，减摩层由浇铸在钢背内圆上厚为 0.3～0.7mm 的薄层减摩合金制成，减摩合金具有保持油膜、减少摩擦阻力和易于磨合的作用。为适应连杆轴承的工作条件，要求减摩合金有足够的疲劳强度，有良好的抗咬性、顺应性、嵌藏性，有足够的结合强度和良好的耐磨性。

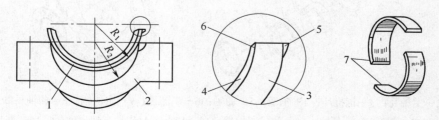

1—轴承；2—连杆盖；3—钢背；4—减摩合金层；5—定位凸唇；6—倒角；7—垃圾槽

图 2-37　连杆轴承

目前汽车发动机的轴承减摩合金主要有白合金（巴氏合金）、铜铅合金和铝基合金，其中巴氏合金轴承的疲劳强度较低，只能用于负荷不大的汽油机，而铜铅合金或高锡铝合金轴承均具有较高的承载能力与耐疲劳性。含锡量在 20%以上的高锡铝合金轴承，在汽油机和柴油机上均得到广泛应用。

连杆轴承的背面应有很高的光洁度。半个轴承在自由状态下并不是半圆形，即 $R_1>R_2$。当它们装入连杆大头孔内时，又有过盈，故连杆轴承能均匀地紧贴在大头孔壁上及连杆盖上，具有很好的承受载荷和导热的能力。这样可以提高其工作可靠性，延长使用寿命。为了防止连杆轴承在工作中发生转动或轴向移动，在两个连杆轴承的剖分面上，分别冲压出高于钢背面的两个定位凸唇。装配时，这两个凸唇分别嵌入在连杆大头和连杆盖上的相应凹槽中。连杆轴承内表面上还加工有油槽，用以贮油，保证可靠润滑。当薄壁轴承在使用中性能变坏，间隙过大时，应直接更换为新轴承。

2.4　曲轴飞轮组

曲轴飞轮组主要由曲轴、飞轮、扭转减振器、带轮、正时齿轮（或链条）等组成。图 2-38 所示是曲轴飞轮组的总体结构。

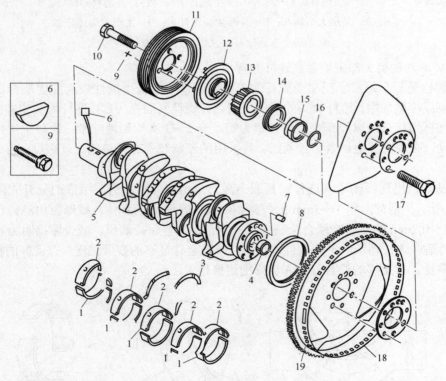

1、2—主轴瓦；3—止推片；4—轴承；5—曲轴；6—半圆键；7—定位销；8—曲轴后油封；
9、10、17—螺栓；11—带轮；12—扭转减振器总成；13—正时齿轮；14—油封；15—密封环；
16—密封圈；18—曲轴位置和转速传感器脉冲盘；19—飞轮

图 2-38　曲轴飞轮组

2.4.1 曲轴

曲轴是发动机中最重要的机件之一。曲轴的功用是承受连杆传来的力，并将其转变为转矩，然后通过飞轮输出，另外，还可用来驱动发动机的配气机构及其他辅助装置（如发电机、风扇、水泵、转向油泵、平衡轴机构等）。

在发动机工作中，曲轴承受周期性变化的气体压力、旋转质量的离心力和往复惯性力以及它们的力矩的共同作用，承受弯曲与扭转载荷，产生疲劳应力状态。为了保证工作可靠，因此要求曲轴具有足够的刚度和强度，各工作表面要耐磨而且润滑良好，还必须有很高的动平衡要求。

1. 曲轴的结构

曲轴一般由前端（自由端）、主轴颈、曲柄、平衡重、连杆轴颈（曲柄销）和后端（动力输出）组成。一个连杆轴颈和它左右主轴颈组成一个曲拐。曲轴的曲拐数取决于气缸的数目和排列方式。直列式发动机曲轴的曲拐数等于气缸数；V型发动机曲轴的曲拐数等于气缸数的一半。

按照曲轴的主轴颈数，可以把曲轴分为全支承曲轴和非全支承曲轴两种。在相邻的两个曲拐之间，都设置一个主轴颈的曲轴，称为全支承曲轴（见图2-39（a）），否则称为非全支承曲轴（见图2-39（b））。设气缸数为 i，则全支承的主轴颈数为 $i+1$。主轴颈数少于此数者都称为非全支承曲轴。全支承曲轴的优点是可以提高曲轴的刚度，并且可减轻主轴承的载荷。其缺点是曲轴长度较长，使发动机机体长度增加。

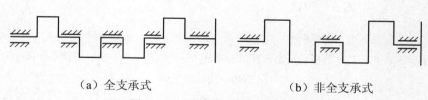

（a）全支承式   （b）非全支承式

图2-39　曲轴的支承形式示意图

直列式发动机的全支承曲轴，其主轴颈总数（包括曲轴前端和后端的主轴颈）比气缸数多一个；V型发动机的全支承曲轴，其主轴颈总数比气缸数的一半多一个。上海桑塔纳、一汽奥迪轿车均采用全支承曲轴。柴油机也多采用全支承曲轴，这是因为其载荷较大的缘故。

2. 曲轴的材料

曲轴一般都采用优质中碳钢（如45号钢）或中碳合金钢（如45Mn2、40Cr等）模锻。为了提高曲轴的耐磨性，其主轴颈和连杆轴颈表面上均需高频淬火或氮化。例如，上海桑塔纳发动机曲轴采用优质50号中碳钢模锻而成。有部分发动机采用了高强度的稀土球墨铸铁铸造曲轴，但这种曲轴必须采用全支承以保证刚度。

3. 曲轴的构造

多缸发动机的曲轴一般做成整体式的。某些小型汽油机或采用滚动轴承作为曲轴主轴承的发动机，必须采用组合式曲轴，即将曲轴的各部分分段加工，然后组合成整个曲轴，其主轴承可为滚动轴承，相应地气缸体必须是隧道式的（见图2-4（c））。轿车发动机多为整体式曲轴。

　　有些曲轴的曲柄销和主轴颈被做成空心的，其目的是减小质量和离心力。主轴颈、曲柄销和轴瓦上都钻有径向油孔，这些油孔由斜向的油道相连。这样机油就可以进入主轴颈和曲柄销的工作表面进行润滑。当曲柄销上的油孔与连杆大头上的油孔对准时，机油可以从中喷出，对配气机构和气缸壁进行飞溅润滑。

　　平衡重的作用是平衡连杆大头、连杆轴颈和曲柄等产生的离心惯性力及其力矩，有时也平衡活塞连杆组的往复惯性力及其力矩，以使发动机运转平稳，并且还可减小曲轴轴承的负荷。四缸以上的直列发动机，虽从整体来说，其惯性力及其力矩是平衡的，但曲轴局部却受弯矩作用，如图 2-40（a）所示。图中惯性力 $F_1=F_2=F_3=F_4$，力矩 $M_{1-2}=M_{3-4}$，所以整体上曲轴受力和力矩是平衡的。

　　但从局部上看，1、2 缸曲轴和 3、4 缸曲轴分别受弯矩 M_{1-2} 和 M_{3-4} 的作用，两个力矩给曲轴造成了弯曲负荷，会造成曲轴弯曲并加重轴承的负荷。为了减轻主轴承负荷，改善其工作条件，一般都在曲柄的相反方向上设置平衡重，分别在曲柄的背面设置平衡重使其产生的力矩与上述惯性力矩 M_{1-2}、M_{3-4} 相平衡（见图 2-40（b））。

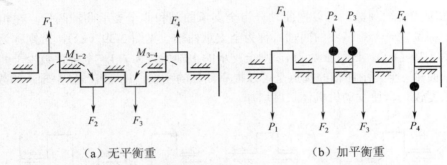

（a）无平衡重　　　　　　　　　　　　（b）加平衡重

F_1、F_2、F_3、F_4—曲拐和活塞连杆组的惯性力；P_1、P_2、P_3、P_4—平衡重的离心力

图 2-40　曲轴的平衡

　　曲轴前端是第一道主轴颈之前的部分，其上装有驱动配气凸轮轴的正时齿轮或正时齿形带轮或链轮，驱动风扇和水泵的带轮 7 以及止推片 3 等，如图 2-41 所示。为了防止机油沿曲轴轴颈外漏，曲轴前端上有一个甩油盘，随着曲轴旋转，当被齿轮挤出和甩出来的机油落到盘上时，由于离心力的作用，被甩到齿轮室盖的壁面上，再沿壁面流下来，回到油底壳中。即使还有少量机油落到甩油盘前面的曲轴段上，也被压配在齿轮室盖上的油封挡住，甩油盘的外斜面应向后，如果装错，效果将适得其反。曲轴前端为了减小扭振而装有减振器，中、小型发动机的曲轴前端还装有起动爪，以便必要时用人力转动曲轴，使发动机起动。

　　曲轴后端是最后一道主轴颈之后的部分，有密封用的自紧油封和安装飞轮用的凸缘盘等。

　　4. 曲轴轴向定位

　　车辆行驶过程中，离合器接合与分离，及锥齿轮驱动，车辆在上、下坡行驶或突然加速、减速时都会产生轴向力，使曲轴有轴向窜动的趋势，因此曲轴必须有轴向定位，以保证曲柄连杆机构的正常工作，但也应允许曲轴受热后能自由膨胀。曲轴作为转动件，必须与其固定件之间有一定的轴向间隙。曲轴轴向定位是通过止推装置实现的，只能有一处设置轴向定位装置。

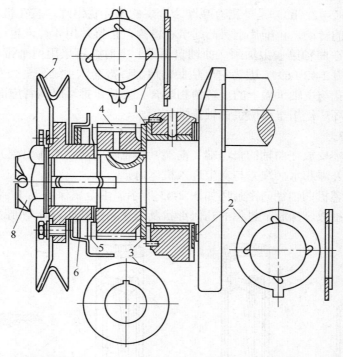

1、2—滑动推力轴承；3—止推片；4—正时齿轮；5—甩油盘；6—油封；

7—带轮；8—起动爪

图 2-41 曲轴前端的结构示意图

止推装置有翻边轴瓦、止推片、止推环和轴向止推滚珠轴承等多种形式，如图 2-42（a）、（b）、（c）、（d）所示。

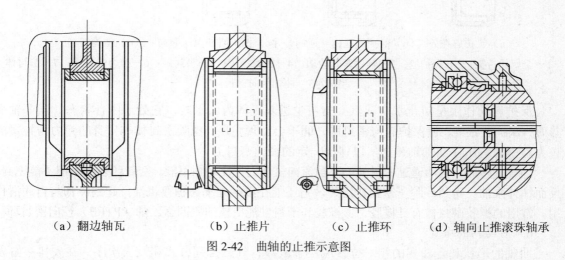

（a）翻边轴瓦   （b）止推片   （c）止推环   （d）轴向止推滚珠轴承

图 2-42 曲轴的止推示意图

翻边轴瓦（见图 2-42（a））放在曲轴的某一主轴承内，靠翻边轴瓦两外侧表面的减摩合金层（与轴瓦内表面的合金层相同）减低其与轴颈端面相对运动时的摩擦阻力并可挡住曲轴的左、右窜动。翻边轴瓦工艺复杂，成本高，现已很少采用。

止推片（见图 2-42（b））是外侧有减摩合金层的半环状钢片，装在机体或主轴承盖的槽内。为防止止推片的转动，止推片上有凸起卡在槽内，止推片用 4 片，也可用 2 片。

当止推装置放在曲轴第一主轴颈（曲轴自由端）上时，可采用两个带有减摩合金层的止推钢环的形式（见图 2-42（c））。因为它可从曲轴端部直接套入主轴颈上。为防止止推环转动，止推环上有止转销孔与主轴承盖上的止转销相配合。安装止推环时钢背应面向机体与轴承盖。

止推片与止推环广泛用于内燃机曲轴止推装置。

5. 曲轴径向密封

曲轴径向密封环安放在曲轴的自由端（前端）和飞轮端（功率输出端）。其作用是防止内燃机机体内的机油外溢和水（汽）与灰尘进入机体内。

典型的车用内燃机曲轴径向密封环如图 2-43 所示，由金属保持架 1、橡胶密封体 7 和拉力弹簧圈 6 三部分组成。橡胶密封体的几何形状及尺寸必须精心设计与制造。

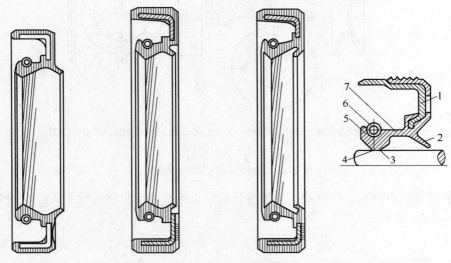

（a）保护唇在外　（b）保护唇在内（逆向）　（c）保护唇在内（顺向）　（d）结构细部

1—金属保持架；2—保护唇；3—辅助密封棱边；4—密封棱边；5—密封唇；6—拉力弹簧圈；7—密封体

图 2-43　曲轴径向密封环

保护唇的作用是防止水（或汽）与灰尘进入机体内。平时，它处于闭合状态。当曲轴受热时，保护唇张开，使保护唇与密封唇之间不会出现负压。橡胶密封体靠自身的弹力与拉簧的拉力将密封唇压在曲轴轴颈上，以保证一定的径向密封力。

当轴旋转时，机油通过密封处的环隙流向机体内，反之则不能。密封环装反不但不能密封，反而往外泵油。密封环除了密封作用外，它还能在接触处动态积存机油，起到冷却与自润滑作用。常用的橡胶密封体有硅橡胶、氟橡胶和密封性能更佳的聚四氟乙烯（PTFE）径向密封环。

6. 多曲拐的布置

曲轴的形状和各曲拐的相对位置取决于缸数、气缸排列方式和发火次序。在安排多缸发动机的发火次序时，应使连续做功的两缸相距尽可能远，以减轻主轴承的载荷，同时避免可能发生的进气重叠现象（即相邻两缸进气门同时开启）以免影响充气；发火间隔应力求均匀，在发动机完成一个工作循环的曲轴转角内，每个气缸应做功一次，而且各缸发火的间隔时间（以曲轴转角表示，称为发火间隔角）应力求均匀。对缸数为 i 的四冲程发动机而言，发火间隔角为 $720°/i$ 时，即曲轴每转 $720°/i$，就应有一缸做功，以保证发动机运转平稳。

常用的多缸发动机曲拐布置和发火次序如下：

四冲程直列四缸发动机发火次序——发火间隔角应为 $720°/4=180°$。其曲拐布置如图 2-44 所示，四个曲拐布置在同一平面内。发火次序有两种可能的排列法，即 1—2—4—3 或 1—3—4—2，它们的工作循环如表 2-1 和表 2-2 所示。

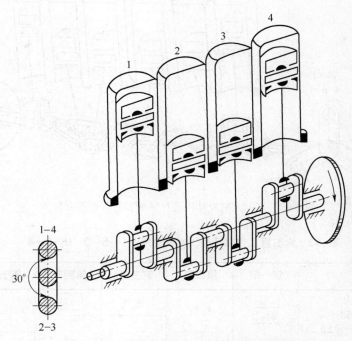

图 2-44　直列四冲程发动机的曲拐布置简图

表 2-1　四缸机工作循环表（发火次序：1—2—4—3）

曲轴转角（°）	第一缸	第二缸	第三缸	第四缸
0～180	做功	压缩	排气	进气
180～360	排气	做功	进气	压缩
350～540	进气	排气	压缩	做功
540～720	压缩	进气	做功	排气

表 2-2　四缸机工作循环表（发火次序：1—3—4—2）

曲轴转角（°）	第一缸	第二缸	第三缸	第四缸
0～180	做功	排气	压缩	进气
180～360	排气	进气	做功	压缩
350～540	进气	压缩	排气	做功
540～720	压缩	做功	进气	排气

四冲程直列六缸发动机发火次序——发火间隔角应为 720°/6=120°。这种曲拐布置如图 2-45 所示，六个曲拐分别布置在三个平面内，各平面夹角为 120°。曲拐的发火次序有两种方案：一种发火次序是 1—5—3—6—2—4，这种方案应用较普遍，国产汽车的六缸发动机的点火次序都用这种，其工作循环在表 2-3 列出；另一种发火次序是 1—4—2—6—3—5。

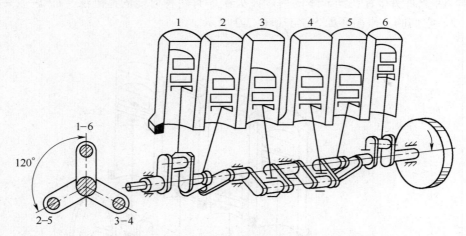

图 2-45　直列六缸发动机连杆轴颈布置（曲拐布置）

表 2-3　六缸机工作循环表（发火次序：1—5—3—6—2—4）

曲轴转角（°）		第一缸	第二缸	第三缸	第四缸	第五缸	第六缸
0～180	0 60 —— 120 ——	做功	排气	进气	做功	压缩	进气
180～360	180 240 —— 300 ——	排气	进气	压缩	排气	做功	压缩
360～540	360 420 —— 480 ——	进气	压缩	做功	进气	排气	做功
540～720	540 600 —— 660 —— 720 ——	压缩	做功	排气 进气	压缩 做功	进气	排气 压缩

四冲程 V 型八缸发动机发火次序——发火间隔角应为 720°/8=90°。这种曲轴只有 4 个曲拐，结构形式有正交于两平面内的空间曲拐（见图 2-46）和平面曲拐（同图 2-44 直列四缸发动机曲拐布置）两种。因空间曲拐平衡性较好，应用较多。空间曲拐发动机气缸中线的夹角均为 90°，V 型发动机的工作顺序随气缸序号的排列方法而定。8V100 型汽油机的结构与工作循环如图 2-46 与表 2-4 所示。

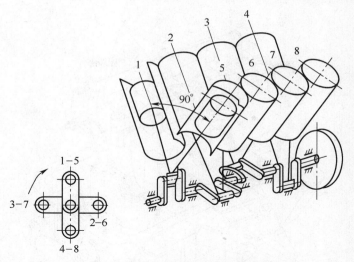

图 2-46　Ｖ型八缸发动机的空间曲拐

表 2-4　四行程Ｖ型八缸发动机工作循环表（工作顺序：1—5—4—8—6—3—7—2）

曲轴转角（°）	第一缸	第五缸	第四缸	第八缸	第六缸	第三缸	第七缸	第二缸
0 ↓ 90	做功	压缩	压缩	进气	进气	排气	排气	做功
90 ↓ 180	做功	做功	压缩	压缩	进气	进气	排气	排气
180 ↓ 270	排气	做功	做功	压缩	压缩	进气	进气	排气
270 ↓ 360	排气	排气	做功	做功	压缩	压缩	进气	进气
360 ↓ 450	进气	排气	排气	做功	做功	压缩	压缩	进气
450 ↓ 540	进气	进气	排气	排气	做功	做功	压缩	压缩
540 ↓ 630	压缩	进气	进气	排气	排气	做功	做功	压缩
630 ↓ 720	压缩	压缩	进气	进气	排气	排气	做功	做功

2.4.2　主轴承和主轴承盖

主轴承（俗称大瓦）的基本结构与连杆轴承相同。不同之处在于主轴承一般开有周向油槽和主油孔，对于负荷不太大的发动机，为了通用化，上下两片轴瓦都加工有油槽，而有些负荷大的发动机只在上瓦开油槽或油孔，这种瓦上下不能装反。在拆装时，使用过的主轴承不能互换。

主轴承盖通过螺栓与主轴承座相连。为了保证孔形，主轴承盖与主轴承座实行配对加工，为了防止装配错误，主轴承盖上标有记号。现代发动机为了增大曲轴的支承刚度和气缸体刚度，尤其是铝合金气缸体，将各个主轴承盖制成一体，形成主轴承盖梁，这有利于改善气缸体刚度，并加强了曲轴抗弯强度，如图 2-47 所示。

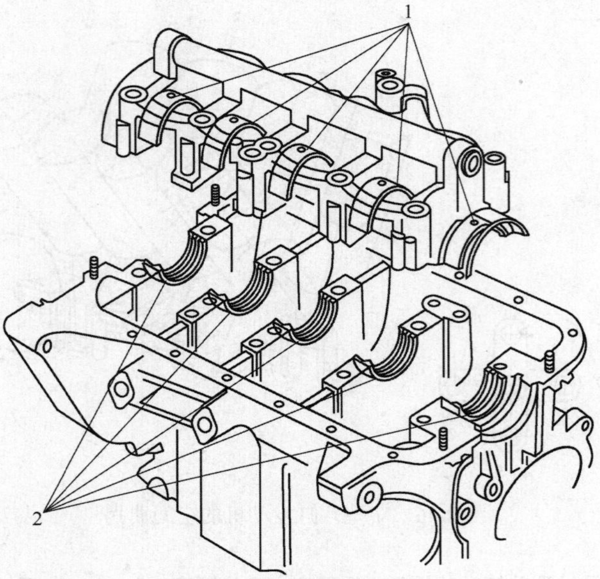

1—整体式主轴承盖；2—主轴承

图 2-47　主轴承及主轴承盖

2.4.3　曲轴扭转减振器

在发动机工作过程中，连杆作用在曲轴上的力呈周期性变化。这样就会使质量较小的曲拐相对于质量较大的飞轮有扭转摆动（曲拐转速较飞轮转速忽快忽慢），这就是曲轴的扭转振动。

当这种扭转振动的自振频率与连杆传来的呈周期性变化的激振频率成整数倍关系时，曲轴便会产生共振。这种现象既损失发动机的功率，也会破坏曲轴和装在上面的驱动齿轮、链轮、链条等附件，严重时甚至将曲轴扭断。为消除这种现象，曲轴前端装有扭转减振器。

汽车发动机最常用的曲轴扭转减振器是摩擦式扭转减振器，其可分为橡胶式扭转减振器和硅油式扭转减振器两类。

在橡胶摩擦式扭转减振器中，如图 2-48 所示，转动惯量较大的惯性盘 5 用一层橡胶垫和由薄钢片冲压制成的盘 3 相连。盘 3 和惯性盘 5 都与橡胶垫 4 硫化黏结。盘 3 的毂部用螺钉固定在装于曲轴前端的风扇带轮上。当曲轴发生扭转振动时，曲轴前端的角振幅最大，而且通过带轮毂带动圆盘 3 一起振动。惯性盘 5 则因转动惯量较大而实际上相当于一个小型的飞轮，其转动瞬时角速度也就比圆盘 3 均匀得多。这样，惯性盘 5 就同盘 3 有了相对角振动，而使橡胶垫 4 产生正反方向交替变化的扭转变形。这时由于橡胶垫变形而产生的橡胶内部的分子摩擦，消耗扭转振动能量，整个曲轴的扭转振幅将减小，把曲轴共振转速移向更高的转速区域内，从而避免在常用转速内出现共振。上海桑塔纳轿车发动机的曲轴上也采用了橡胶扭转减振器。

橡胶减振器结构简单，工作可靠，可选择获得最大减振效果的固有频率，也可系列化。此外，还有干摩擦式扭转减振器和黏液式减振器。扭转减振器常放在扭转振幅最大的曲轴自由端。为节省空间或传动上的方便，很多小轿车内燃机上常利用带轮作为减振体。在一些高级轿车内燃机上，还采用双重减振器，它是在带轮的外圆柱面和内侧端面分别用橡胶与一个扭转减振体和一个弯曲减振体硫化成整体，它可抑制曲轴的扭转振动和弯曲振动。

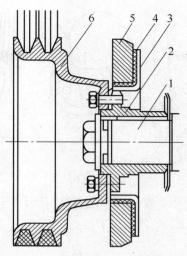

1—曲轴前端；2—带轮毂；3—减振器盘；4—橡胶垫；5—惯性盘；6—带盘

图2-48 橡胶摩擦式曲轴扭转减振器结构示意图

2.4.4 飞轮

飞轮是一个转动惯量很大的圆盘，其主要功用是将在做功行程中输入于曲轴的动能的一部分储存起来，用以在其他行程中克服阻力，带动曲柄连杆机构越过上、下止点，保证曲轴的旋转角速度和输出转矩尽可能均匀，并使发动机有可能克服短时间的超载荷。此外，飞轮又往往用作摩擦式离合器的驱动件。

为了在保证有足够的转动惯量的前提下，尽可能减小飞轮的质量，应使飞轮的大部分质量都集中在轮缘上，因而轮缘通常做得宽而厚。

飞轮多采用灰铸铁制造，当轮缘的圆周速度超过50m/s时，要采用强度较高的球墨铸铁或铸钢制造。

飞轮外缘上压有一个齿圈，可与起动机的驱动齿轮啮合，供起动发动机用。飞轮上通常刻有第一缸发火正时记号，以便校准发火时间。CA6102型发动机的正时记号是"上止点/1－6"，当这个记号与飞轮壳上的刻线对正时，即表示1～6缸的活塞处在上止点位置，如图2-49（a）所示。

EQ6100-1型发动机的飞轮上的这一记号为一个镶嵌的钢球，当钢球与飞轮壳上的刻线对准时，1～6缸的活塞处于上止点位置，如图2-49（b）所示。

多数轿车发动机1缸上止点记号在发动机曲轴前端带轮上，当带轮边缘的缺口与正时齿轮罩上记号对准时，1缸的活塞处于上止点位置，如图2-49（c）所示。

飞轮与曲轴装配后应进行动平衡试验，所以在某些发动机飞轮上和曲轴上能看到有钻过的孔，否则在旋转时因质量不平衡而产生离心力，将引起发动机振动并加速主轴承的磨损。为了在拆装时不破坏它们的平衡状态，飞轮与曲轴之间应有严格的相对位置，用定位销或不对称布置螺栓予以保证。

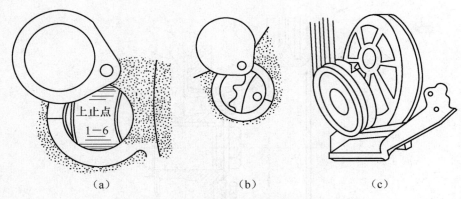

（a）　　　　　　（b）　　　　　　（c）

图 2-49　汽车发动机发火正时记号

曲柄连杆机构主要由机体组、活塞连杆组、曲轴飞轮组组成。它受到气体作用力、运动质量的惯性力、离心力、相对运动件接触表面的摩擦力等。龙门式气缸体的结构特点是强度刚度好，结构紧凑轻巧，多种汽车发动机应用此种结构。

轿车发动机多用整体气缸盖。气缸垫的功用是保证结合面处有良好的密封性，进而保证燃烧室的密封，防止气缸漏气和水套漏水。对于活塞顶部的功用，一是与气缸盖、气缸壁共同组成燃烧室，二是承受气体压力，并将此力通过活塞销传给连杆，以推动曲轴旋转。

活塞组成燃烧室，受气体压力，并将此力通过活塞销传给连杆，以推动曲轴旋转。活塞在工作时会产生机械变形和热变形，可把活塞加工成其裙部断面为长轴垂直于活塞销方向的椭圆形或其他形状。采用双金属活塞是为了限制活塞裙部的膨胀量。活塞的销孔中心线偏离活塞中心线平面，销孔轴线向在做功行程中受侧向力的一面偏移了一段距离，这样防止活塞在越过上止点时发生"敲缸"现象，从而降低噪声。

气环起密封和导热两大作用。扭曲环在安装时，必须注意环的断面形状和方向，应将其内圆切槽向上，外圆切槽向下，不能装反。组合油环在高速发动机上得到较广泛的应用。

在发动机运转过程中，采用"全浮式"活塞销与活塞销座孔和连杆小头衬套的连接配合，使活塞销各部分的磨损比较均匀。

连杆大头分为平切口和斜切口两种，连杆大头的两部分用连杆螺栓紧固在一起。连杆传递气体作用力、活塞连杆组往复运动时的惯性力和连杆大头绕曲轴旋转产生的旋转惯性力。

连杆轴承是由钢背和减磨层组成的分开式薄壁轴承。

曲轴一般由前端（自由端）、主轴颈、曲柄、平衡重、连杆轴颈和后端组成。轿车发动机多采用全支承曲轴，为平衡曲轴的离心力和离心力矩，曲轴设置了平衡重。为了减小扭振，曲轴前端安装有减振器。曲轴轴向定位通过止推装置实现。曲轴的形状和各曲拐的相对位置取决于缸数、气缸排列方式和发火次序。

飞轮的功能是储存一部分能量。

 知识训练

一、选择题

1. 当发动机转速为 3000～6000r/min 时，活塞冲程为（　　）冲程/秒。
   A．100～200　　　　　B．50～100　　　　C．150～250　　　　D．250～300

2. 发动机工作时，轴瓦在座孔内不转、不移、不振，主要是依靠轴瓦的（　　）。
   A．定位装置　　　　　B．自由弹力　　　　C．过盈配合　　　　D．瓦背的粗糙度

3. 目前国产发动机曲轴的材料是（　　）。
   A．合金铸铁　　　　　　　　　　　　B．优质灰铸铁
   C．铝合金铸铁　　　　　　　　　　　D．球墨铸铁

4. 为了限制曲轴的轴向移动，通常在曲轴采用（　　）方式定位。
   A．在曲轴的前端加止推片　　　　　　B．在曲轴的前端和后端加止推片
   C．在曲轴的前端和中部加止推片　　　D．在曲轴的中部和后端加止推片

5. 某四冲程四缸发动机，发火次序为 1－3－4－2，当 1 缸处于压缩行程时，4 缸进行的冲程是（　　）
   A．进气　　　　　　　B．压缩　　　　　　C．做功　　　　　　D．排气

二、判断题（对的打"√"，错的打"×"）

1. 机体组主要包括气缸体、气缸盖、气缸垫等。　　　　　　　　　　　　　　（　　）
2. 活塞连杆组主要包括活塞、活塞环、活塞销、连杆及连杆轴承等。　　　　（　　）
3. 曲轴飞轮组主要包括曲轴、曲轴主轴承和飞轮等。　　　　　　　　　　　（　　）
4. 根据气缸的排列形式，气缸体有平分式、龙门式、隧道式三种结构形式。（　　）
5. 曲轴箱有直列式、卧式和 V 型三种结构形式。　　　　　　　　　　　　　（　　）
6. 水冷式发动机的气缸体和气缸盖内设有充水空腔，称为水套。　　　　　　（　　）
7. 拆卸气缸盖时，气缸盖螺栓应按照由四周向中央的顺序，分 2～4 次拧松。（　　）
8. 连杆和连杆轴承盖的组合不能装错，一般都可有配对标记。　　　　　　　（　　）
9. 采用半浮式连接，活塞销与座孔为间隙配合，而活塞销与连杆小头为过盈配合，活塞销只能在座孔内浮动。　　　　　　　　　　　　　　　　　　　　　　　　　　　（　　）
10. 采用全浮式连接，活塞销与座孔为间隙配合，而活塞销与连杆小头为过盈配合，活塞销只能在座孔内浮动。　　　　　　　　　　　　　　　　　　　　　　　　　　　　（　　）

三、填空题

1. 曲柄连杆机构的工作条件是_____、_____、_____和_____。
2. 机体的作用是_____，安装_____并承受_____。
3. 气缸体的结构形式有_____、_____、_____三种。
4. 气缸体的排列形式有_____、_____、_____三种。
5. 曲柄连杆机构受的力有_____、_____、_____、_____。

6．活塞受_____、_____和_____三个力，为了保证其正常工作，活塞的形状是比较特殊的，轴线方向呈_____形，径向方向呈_____形。

7．四缸四冲程发动机的做功顺序一般是_____或_____；六缸四冲程发动机做功顺序一般是_____或_____。

8．曲柄连杆机构的主要零件可分为_____、_____和_____三个组。

9．机体组包括_____、_____、_____、_____等；活塞连杆组包括_____、_____、_____、_____等；曲轴飞轮组包括_____、_____等。

10．活塞销与销座孔及连杆小头衬套的配合有_____及_____两种形式。

四、简答题

1．曲柄连杆机构的组成及功用是什么？

2．什么是干式缸套？什么是湿式缸套？湿式缸套如何防止漏水？

3．曲轴箱有几种结构形式？各有何特点？

4．活塞销与活塞销座孔和连杆的连接方式有几种？

5．活塞工作中变形的原因是什么？可采取哪些结构措施？

6．绘制四缸四冲程发动机工作顺序为 1－3－4－2 的工作循环表。

能力训练

发动机曲柄连杆机构拆装

一、实训的目的和要求

（1）学会正确使用常用工具和专用工具。

（2）掌握发动机曲柄连杆机构的正确拆装方法。

二、实训的设备及工具

（1）设备：桑塔纳 2000GLi AFE 发动机、发动机台架、工作台、平台、零件车若干。

（2）普通工具：组合工具、维修手册。

（3）专用工具与量具：扭力扳手（定扭矩扳手）、SST 3070 等。

三、发动机拆卸步骤及操作方法

1．准备工作

（1）将工位清理干净，准备好相关的器材。

（2）将发动机固定在可翻转的台架上。

2．气缸盖与气缸垫的拆卸

气缸盖的分解如图 2-50 所示。

（1）拆下润滑油加注口盖，拆下进、排气歧管。

（2）拧下气门室罩盖的螺母，依次取下支架、压条、气门室罩盖、气门室罩盖衬垫和润滑油反射罩。

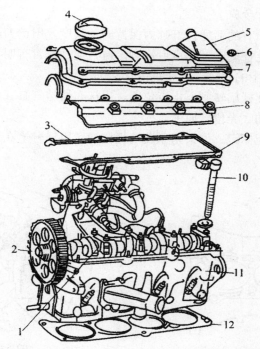

1—凸轮轴；2—凸轮轴正时齿形带轮；3—气门罩盖密封衬垫；4—润滑油加注口盖；5—气门罩盖；6—螺栓；
7—压条；8—润滑油反射罩；9—半圆塞；10—气缸盖螺栓；11—气缸盖；12—密封衬垫

图 2-50　气缸盖分解图

（3）按照图 2-51 所示，用扭力扳手按①～⑩的顺序松开气缸盖螺栓，将气缸盖和气缸垫拆下。

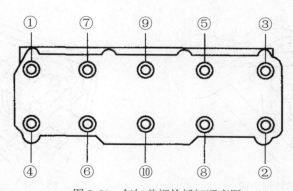

图 2-51　气缸盖螺栓拆卸顺序图

注意： 分 2～3 次松开气缸盖螺栓，防止因拆卸不当使气缸盖变形。

（4）拆卸齿形带轮螺栓，必须使用专用工具，取下凸轮轴齿形带轮。

（5）拆下凸轮轴各道轴承盖的紧固螺母，先拆下第 1、3、5 号轴承盖，然后按对角线交替方式松开第 2、4 号轴承盖。安装时按相反的顺序进行，拧紧力矩为 20N·m。取下轴承盖及凸轮轴，并把轴承盖按顺序排列或打上装配标记，不得错乱。

（6）取出液力挺柱，按顺序排列或在内壁上做上标记。

3. 活塞连杆组的拆卸步骤

（1）旋转曲轴，使所有的活塞在气缸内保持同一高度，用铲刀清洁气缸体上平面。

（2）将指定的活塞连杆旋转到上止点位置，检查连杆是否有明显弯曲现象，检查活塞连杆组的序号是否与气缸体上的序号一致（见图2-52）。

（3）将指定的活塞连杆旋转到下止点位置，用抹布清洁气缸（口述有无缸肩和积炭）。

（4）翻转台架，使油底壳位置向上。

（5）检查或设置装配标记。如果无原发动机标记，用记号笔在连杆和连杆轴承盖上做记号，如图2-53所示。

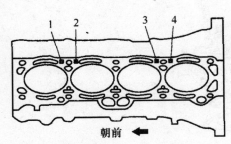

图2-52　气缸体序号标记（1，2，3，4）

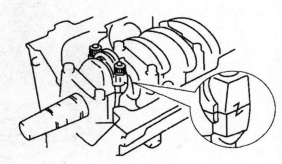

图2-53　装配标记

（6）用扭力扳手和14#套筒分2次旋松连杆螺母，手旋并取下螺母。

（7）用橡胶锤轻敲连杆螺栓，取出连杆轴承盖（注意连杆轴承不要掉落），同时取下盖上的连杆轴承（见图2-54）。

（8）套上连杆螺栓保护套，如图2-55所示。

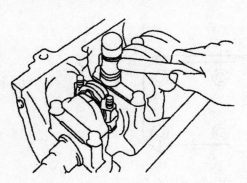

图2-54　取出连杆轴承盖

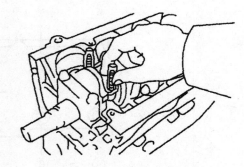

图2-55　套上连杆螺栓保护套

（9）用锤子柄在合适的位置推出活塞连杆组（用左手在缸体上平面处扶持住）。

（10）取下连杆螺栓上的保护套，取下连杆和连杆轴承盖上的连杆轴承，并按顺序摆放。

（11）使用活塞环扩张器拆下两道压缩环，用手拆下组合油环，用铲刀清理活塞顶面积炭（见图2-56）。

（12）用抹布清洁活塞连杆、活塞环、连杆轴承（两片，并注意按原来的安装位置摆放）、连杆轴承盖、连杆螺母、气缸和连杆轴颈。

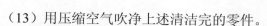
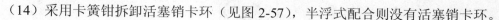

（13）用压缩空气吹净上述清洁完的零件。

（14）采用卡簧钳拆卸活塞销卡环（见图2-57），半浮式配合则没有活塞销卡环。

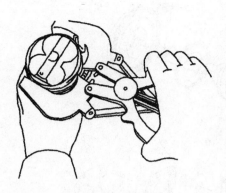
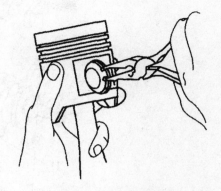

图 2-56　拆卸活塞环

图 2-57　拆卸活塞销卡环

（15）在油压机上进行活塞销的拆卸。如无油压机，也可以将活塞连杆组浸入 60℃的热水中或润滑油中加热，然后用专用工具进行拆卸。

4. 曲轴飞轮组的拆卸

（1）将气缸体倒置在工作台上，拆卸中间轴密封凸缘。

（2）拆卸气缸体前端中间轴密封凸缘中的油封，装配时必须更换。

（3）拆卸中间轴，拆卸带轮端曲轴油封，拆卸前油封凸缘及衬垫。

（4）旋出飞轮固定螺栓，从曲轴凸缘上拆下飞轮，如图2-58所示。

（5）拆下曲轴主轴承盖紧固螺栓，不能一次全部拧松，必须分 2～3 次从两端到中间逐步拧松，如图2-59所示。

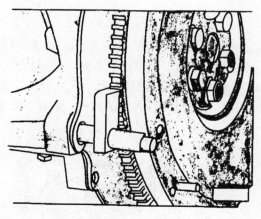
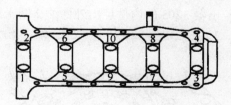

图 2-58　拆下飞轮

图 2-59　曲轴主轴承盖紧固螺栓拆卸顺序

（6）抬下曲轴，再将轴承盖及垫片按原位装回，并将固定螺栓拧入少许。注意推力轴承的定位及开口的安装方向，轴瓦不能互换。曲轴及其附件分解图见图2-60。

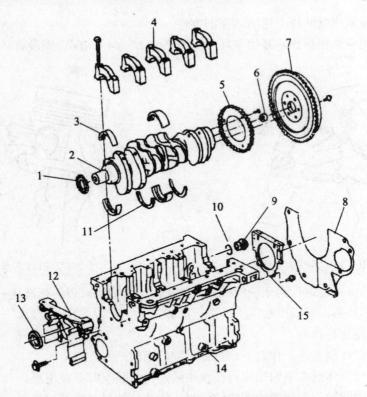

1—机油泵链轮；2—曲轴；3—曲轴轴瓦；4—轴承盖；5—脉冲传感器轮；6—滚针轴承；

7—飞轮；8—中间支板；9—螺塞；10—O 型密封圈；11—止推片；12—支架；13—前油封；

14—气缸体；15—后油封架

图 2-60　曲轴及其附件分解图

（7）曲轴 V 形带轮端油封的拆卸。

1）拆下发电机 V 形带，拆下正时齿带。

2）拆下正时齿带轮。用专用工具 3099 固定正时齿带轮，如图 2-61 所示，旋上专用工具时在正时齿带轮和工具之间放入两个垫片。将正时齿带轮的中间螺栓旋入到曲轴以提供支承。将拉出器 3203 的内件旋出外件约 2 圈（约 3mm），然后用滚花螺钉拧紧。

3）在拉出器 3203 的螺纹头上涂润滑油，并将其尽可能深地打入到油封内，如图 2-62 所示。

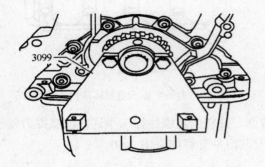

图 2-61　用专用工具固定正时齿带轮

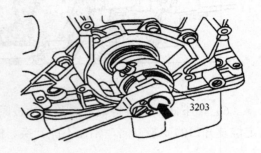

图 2-62　将拉出器拧入油封内

4）松开滚花螺钉，将内件对着曲轴转动，直到拉出油封为止。

四、发动机装配步骤及操作方法

1. 曲轴飞轮组的装配

（1）将经过清洗和擦拭干净的曲轴、飞轮，选配及修配好的轴承、轴承盖等零件依次摆放整齐，准备装配。

（2）将曲轴安装在气缸体上。在第 3 道主轴颈两侧安装半圆止推垫片，其开口必须朝向曲轴。定位半圆止推垫片装于轴承盖上，从中间轴承盖向左右对称紧固螺栓。装配完毕，用手摇转曲轴，应该感觉轻松自如、无阻卡，否则应检查原因，重新安装。

注意：轴承盖按 1～5 序号安装，不得装错和装反。对于 1、2、4、5 道曲轴轴瓦，只有装在缸体上的轴瓦有油槽，装在瓦盖上的无油槽，但第 3 道轴瓦两片均有油槽。

（3）安装曲轴前后油封和油封座，安装飞轮和滚针轴承。新换飞轮时，还应在飞轮"0"标记（1、4 缸上止点记号）附近打印上点火正时记号。变速器输入端外端的滚针轴承安装时标记朝外（朝后），外端距曲轴后端面 1.5mm。采用专用工具 10-201 卡住飞轮，按要求拧紧飞轮固定螺栓（桑塔纳 2000GLi 发动机拧紧力矩为 60N·m+90°），见图 2-63。

（4）检验曲轴的轴向间隙。检验时，先用撬棍将曲轴撬挤向一端，再用塞尺在推力轴承处测量曲柄与止推垫片之间的间隙。新装配时间隙值为 0.07～0.17mm，磨损极限为 0.25mm。若曲轴轴向间隙过大，应更换推力轴承。

（5）曲轴 V 形带轮端油封的安装。

1）在油封的密封唇上涂上少量润滑油。

2）将导向套筒定位在曲轴轴颈上。

3）将油封导入导向衬套内。用正时齿带轮中间螺钉将油封压入。

4）安装曲轴正时齿带轮，并锁定。

5）更换正时齿带轮与曲轴的连接螺栓，拧紧力矩为 90N·m+90°（1/4 圈），安装正时齿带。

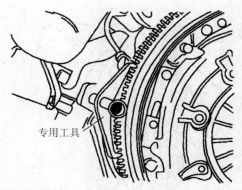

专用工具

图 2-63　采用专用工具固定飞轮

2. 活塞连杆组的安装

（1）装配活塞环。装配活塞环时，应采用专用的活塞环钳。活塞环的安装应注意各道环的结构的安装方向。镀铬环必须装在第一道环槽内，对于内切口的扭曲环，切口一面朝上装，外切口的扭曲环切口一面朝下装，锥形环有标记的一面朝上装。为了提高气缸的密封性，要求活塞环的开口相互错开，如图 2-64 所示。

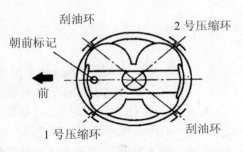

图 2-64　活塞环开口的位置

　　（2）装配活塞连杆。将活塞置于水中加热至 80℃～85℃，迅速将活塞销座孔擦拭干净。在座孔和活塞销上涂上少许润滑油，把活塞销插入一个座孔并稍微露出，随即将连杆小头伸入活塞销座之间并对正活塞销，迅速地将活塞销轻轻敲入并通过连杆衬套，直至活塞另一侧销座孔锁环槽的内端面。装上锁环，锁环嵌入环槽中的深度应不小于锁环直径的 2/3。

　　活塞与连杆组装时，应是同一缸号的活塞和连杆。应注意安装方向，如活塞顶部标有箭头，或者活塞顶部有一小缺口，它们的连杆和连杆盖上均有一个小凸点。装配时三个标记应朝着同一侧，装入气缸时，三个标记均应朝着发动机前方。活塞裙部的纵槽向着做功行程受力较小的一侧。

　　（3）用压缩空气再次吹气缸，清洁连杆轴颈（用布擦）和连杆上的连杆轴承（用布擦），润滑气缸、活塞裙部、活塞环、活塞销和连杆轴承（连杆上的轴承）。

　　（4）将油环开口直接装配到位，气环开口在安装活塞前错开。将两片连杆轴承安装到相应位置，套上连杆螺栓保护套（图 2-65）。

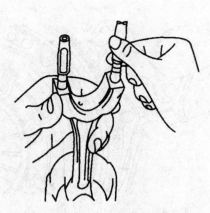

图 2-65　套上连杆螺栓保护套

　　（5）使用活塞环压缩器（图 2-66）将活塞环收紧，按照装配记号将活塞环放入活塞，用橡胶锤轻轻推入（推入深度与缸体平面平齐），取下活塞环压缩器，再次用橡胶锤将活塞推入到位，如图 2-67 所示。

图 2-66　活塞环压缩器

图 2-67　活塞的安装

（6）取下连杆螺栓保护套，清洁（用布擦）并润滑连杆轴承盖，装入连杆轴承盖。

（7）注意连杆螺母的安装方向，润滑螺母的旋转平面，用手拧入连杆螺母，分两次拧紧到 29N·m（第一次到 15N·m，第二次到 29N·m），再用记号笔或角度计转动 45°。

（8）转动曲轴，使活塞旋转到上止点位置，确认安装良好。

3. 发动机气缸盖和气缸垫的安装

气缸盖的安装顺序基本与拆卸顺序相反，但是应注意以下事项：

（1）在安装气缸盖前，必须将气缸盖、气缸体、螺栓及螺孔等处的脏物彻底清除掉。

（2）转动曲轴使所有活塞离开上止点位置，防止在安放气缸盖时，气门和活塞被顶撞击坏。

（3）安装新的气缸垫时应更换所有密封条或密封衬垫，并注意衬垫的安装位置和方向。

1）安装发动机的气缸垫时，有标号（配件号）的一面必须可见。

2）换用新的气缸垫时，把有标记（德文"OBEN"（顶部）、英文"top"（顶部）等）的一面朝向气缸盖，如图 2-68 所示。

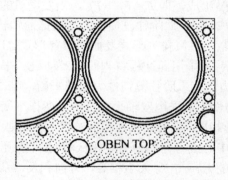

图 2-68　气缸垫标记

3）气缸垫有卷边的一面应朝向易修整的接触面或硬平面。如气缸盖和气缸体同为铸铁时，卷边应朝向易修整的气缸盖；气缸盖为铝合金，气缸体为铸铁时，卷边应朝向气缸体。

（4）安装气缸盖时，应将 SST 3070 定位导向螺栓旋入气缸体第 8 和第 10 螺栓孔内。再放上气缸盖和其余 8 个螺栓，并稍微拧紧。

（5）用扳手旋出事先拧入的 SST 3070 定位导向螺栓，并拧入气缸螺栓。按图 2-69 所示的顺序，将气缸盖螺栓分 4 次旋紧，在发动机冷态时，气缸盖紧固螺栓的拧紧力矩第 1 次为 40N·m，第二次为 60N·m，第三次为 75N·m，第四次再拧紧 1/4 圈。

（6）注意气缸盖紧固螺栓不能重复使用。

图 2-69　气缸盖螺栓安装顺序

五、清洁整理

将实习场地所必要的物品留下，依照规定的合理位置放置，并明确标示，将不必要的物品清除掉；对垃圾进行分类处理，将实习场地清扫干净，使每位成员养成良好习惯，遵守规则做事。

知识拓展

平衡轴

现代轿车特别重视乘坐的舒适性和噪声水平，为此必须将引起汽车振动和噪声的发动机不平衡力及不平衡力矩减小到最低限度。在曲轴的曲柄臂上设置的平衡重只能平衡旋转惯性力及其力矩，而往复惯性力及其力矩的平衡则需采用专门的平衡机构。

发动机工作时，曲柄连杆机构的往复运动将产生往复惯性力 F_j。它可视作由一阶往复惯性力 $F_{j\mathrm{I}}$ 与二阶往复惯性力 $F_{j\mathrm{II}}$ 组成，即 $F_j = F_{j\mathrm{I}} + F_{j\mathrm{II}}$。当发动机的结构和转速一定时，一阶往复惯性力与曲轴转角的余弦成正比，二阶往复惯性力与二倍曲轴转角的余弦成正比。发动机往复惯性力的平衡状况与气缸数、气缸排列形式及曲拐布置形式等因素有关。

现代中级和普及型轿车普遍采用四冲程直列四缸发动机。平面曲轴的四缸发动机的一阶往复惯性力、一阶往复惯性力矩和二阶往复惯性力矩都平衡，唯二阶往复惯性力不平衡（见图2-70）。为了平衡二阶往复惯性力需采用双轴平衡机构。两根平衡轴与曲轴平行且与气缸中心线等距，旋转方向相反，转速相同，都为曲轴转速的二倍。两根轴上都装有质量相同的平衡重，其旋转惯性力在垂直于气缸中心线方向的分力互相抵消，在平行于气缸中心线方向的分力则合成为沿气缸中心线方向作用的力，与 $F_{j\mathrm{II}}$ 大小相等，方向相反，从而使 $F_{j\mathrm{II}}$ 得到平衡。

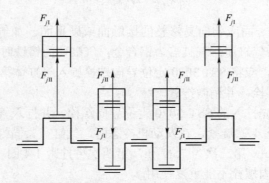

图 2-70　作用在曲轴上的一、二阶往复惯性力示意图

图 2-71 所示为两根平衡轴一高一低在气缸中心线左右等距布置，上方的平衡轴与曲轴旋转方向相同，下方的平衡轴旋向与之相反，上下平衡轴的垂直距离等于连杆长度的十分之七。这种平衡机构可以显著地降低由二阶往复惯性力和气体力所造成的振动和噪声。

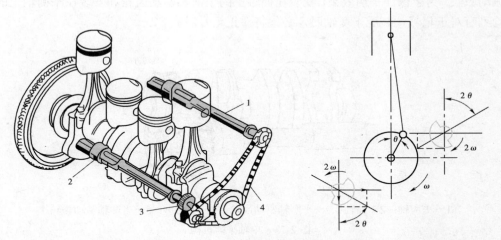

1—右平衡轴及平衡重；2—左平衡轴及平衡重；3—传动齿轮；4—传动链

图 2-71　链传动双轴平衡机构（三菱汽车公司）

图 2-72 所示为齿轮传动的双轴平衡装置。整个装置置于油底壳内，两个平衡轴高度相同，相对气缸中心线左右对称。

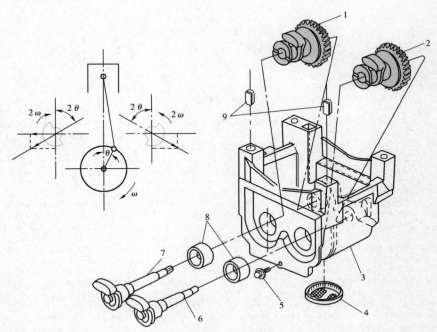

1、2—左、右传动齿轮及平衡重；3—平衡装置壳体；4—滤网；5—螺栓；

6、7—左、右平衡轴及平衡重；8—衬套；9—定位销

图 2-72　齿轮传动双轴平衡装置（通用汽车公司）

四冲程直列三缸发动机的曲轴为 3 个曲拐互成120°夹角的空间曲轴，其一阶和二阶往复惯性力矩不平衡。可采用单轴平衡机构（见图 2-73）使一阶往复惯性力矩平衡。平衡轴与曲轴转速相同，旋向相反。二级往复惯性力矩没有平衡，可通过合理设计发动机悬置系统将其产生的振动吸收。为了保证平衡效果，安装在曲轴上的平衡轴驱动齿轮和安装在平衡轴上的从动齿轮均刻有对正记号，装配平衡轴时，必须将对正记号对齐。

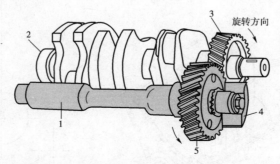

1—平衡轴；2—曲轴；3—平衡轴驱动齿轮；4—平衡重；5—平衡轴从动齿轮

图 2-73　单轴平衡机构

3

配气机构

3.1 概述

配气机构的功用是按照发动机各缸工作过程的需要，定时地开启和关闭进、排气门，使可燃混合气或空气及时进入气缸，将废气及时排出气缸。

吸入的可燃混合气或空气越多，发动机发出的功率和转矩越大。可燃混合气或空气充满气缸的程度，常用充气效率表示，也称充气系数。对于一定工作容积的发动机而言，充气效率与进气终了时气缸内的压力和温度有关。进气终了压力越高，温度越低，则一定容积的气体质量就越大，表明充气效率越高。

由于充气时间短促，进气系统对气流的阻力，造成进气终了时缸内气体压力降低，又由于上一循环中残留在气缸内的高温废气，以及燃烧室、活塞顶、气门等高温零件对进入气缸的新气加热，使进气终了时气体温度升高，实际充入气缸的新鲜气体的质量总是小于在大气状态下充满气缸工作容积的新鲜气体的质量。也就是说，充气效率总是小于 1，一般为 0.80～0.90。

影响发动机充气效率的因素很多，要求配气机构的结构有利于减小进气和排气的阻力，而且进、排气门的开启时刻和持续开启的时间要适当，使进气和排气都尽可能充分。

发动机在全负荷下工作时，需获得最大功率和转矩，这就要求配气机构应保证获得最大的可燃混合气或空气量。发动机在部分负荷下工作时，配气机构应保证混合气形成得好。为此，许多乘用车发动机已经采用可变配气机构技术，以满足各工况和各转速条件下对新鲜空气或可燃混合气质和量的要求。

3.1.1　气门式配气机构的组成和工作情况

气门式配气机构多采用顶置式气门，即进、排气门位于气缸盖内，倒挂在气缸顶上（顶置式气门）。气门式配气机构由气门组和气门传动组两部分组成，如图3-1所示。气门组包括气门锁片9、气门弹簧座10、气门11、气门弹簧13、气门导管14、气门座15等零件；气门传动组包括正时齿轮1、凸轮轴2、气门挺柱3、推杆4、调整螺钉和锁紧螺母7、摇臂8、摇臂轴6、摇臂轴支架5等零件。当气缸的工作循环需要将气门打开进行换气时，曲轴通过正时齿轮驱动凸轮轴旋转，使凸轮轴上的凸轮凸起部分通过挺柱、推杆、调整螺钉，推动摇臂摆转，摇臂的另一端便向下推开气门，同时使弹簧进一步压缩。当凸轮的凸起部分的顶点转过挺柱以后，便逐渐减小了其对挺柱的推力，气门在其弹簧张力的作用下，开度逐渐减小，直至最后关闭，进气或排气过程即结束。压缩和做功行程中，气门在弹簧张力作用下严密关闭，使气缸密闭。

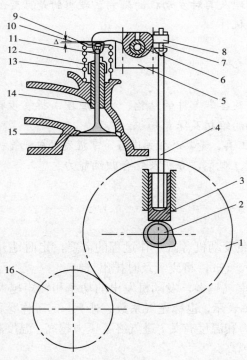

1—凸轮轴正时齿轮；2—凸轮轴；3—挺柱；4—推杆；5—摇臂轴支架；6—摇臂轴；

7—调整螺钉及锁紧螺母；8—摇臂；9—气门锁片；10—气门弹簧座；11—气门；12—防油罩；

13—气门弹簧；14—气门导管；15—气门座；16—曲轴正时齿轮；Δ—气门间隙

图3-1　配气机构的组成

车用发动机的高速、强化、低排放，要求配气机构不断改善换气性能和提高高速适应性。配气机构随着内燃机的发展出现了多种配气机构形式。

3.1.2 气门式配气机构的布置形式

（1）按凸轮轴的布置位置，气门式配气机构可分为凸轮轴下置式、凸轮轴中置式和凸轮轴上置式。

（2）按曲轴和凸轮轴的传动方式，气门式配气机构可分为齿轮传动式、链条传动式和齿形带传动式。

（3）按每缸气门数目，气门式配气机构有二气门式、三气门式、四气门式和五气门式。

顶置气门、下置凸轮轴配气机构（OHV），如图3-1所示。顶置气门、下置凸轮轴配气机构的凸轮轴位于气缸体侧部，或位于V型发动机气缸体的V型夹角内。气门通过挺柱、推杆、摇臂传递运动和力。下置凸轮轴离曲轴近，凸轮轴的驱动常通过一对齿轮实现。这种配气机构因传动环节多、路线长，在高速运动下，整个系统容易产生弹性变形，影响气门运动规律和开启、关闭的准确性，因此多用于转速较低的发动机。

顶置气门、中置凸轮轴式配气机构中的凸轮轴位于气缸体的上部，与凸轮轴下置式配气机构的组成相比，这种配气机构减少了推杆，从而减轻了配气机构的往复运动质量，增大了机构的刚度，更适用于较高转速的发动机。

顶置气门、上置凸轮轴配气机构（OHV/OHC）如图3-2所示。顶置气门、上置凸轮轴配气机构的凸轮轴安装在气缸盖上，它可以直接驱动沿气缸体纵向排成一列的两个气门，也可以通过摇臂驱动气门，如图3-2（b）所示。为了减小气门的侧向力，凸轮轴与气门杆顶部间设有气门导管或摇臂，如图3-2所示。

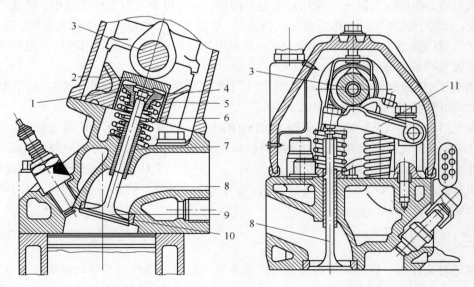

（a）凸轮直接驱动气门　　　　　（b）凸轮通过摇臂驱动气门

1—垫片；2—挺柱；3—凸轮轴；4—气门弹簧座；5—锁片；6—气门弹簧；7—气门导管；

8—气门杆；9—气门头部；10—气门座圈；11—摇臂

图3-2　顶置气门、上置凸轮轴配气机构示意图

如果两个气门沿气缸体纵向分别排成两列，则可采用顶置气门、双摇臂、上置凸轮轴的配气机构，如图3-3所示。该配气机构用一个凸轮轴通过进、排气凸轮和两个摇臂分别控制进、排气门。

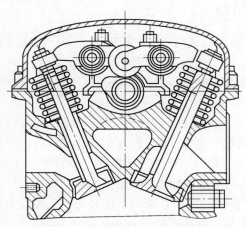

图 3-3　顶置气门、双摇臂、上置凸轮轴配气机构示意图

上置/中置凸轮轴配气机构布置紧凑，减少了传动环节，高速性能很好，但凸轮轴离曲轴较远，如用齿轮传动则较复杂。在中小功率发动机上，齿形带的开发，可容易解决远距离的凸轮轴驱动问题。每缸两个气门的发动机，虽然尽量加大气门，特别是进气门头部直径，但因受燃烧室空间的限制，气门直径一般不能超过气缸直径的一半，因而不能保证高速内燃机良好的换气品质。目前在一些气缸直径小于 100 mm 的内燃机，特别是高速汽油机中，较多的采用每缸四气门结构或三气门、五气门结构。采用多气门结构后，能够让尽可能多的新鲜混合气或空气进入气缸内，使单位气缸工作容积发出更多的功；同时每个气门直径的减小，能适当降低气门的温度，有利于减轻气门的热负荷与机械负荷，提高了气门的刚度与工作可靠性。试验证明，四气门比二气门能增大功率和转矩约15%，油耗可降低约5%。由于气门的相位角和重叠角减小，有害废气排放可减少。

如奥迪 1.8T 四缸汽油机，每缸从两个气门增加为四个气门（二进二排），进气面积增加30%，排气面积增加50%，功率增大25%。

顶置气门、上置双凸轮轴配气机构（OHV/DOHC），如图3-4所示。顶置气门、上置双凸轮轴配气机构是放在气缸盖上的两根凸轮轴通过气门导管或气门调整盘，分别控制气缸盖上两列进气门和排气门（同名气门是沿气缸体纵向排列的）。这种配气机构没有传动环节，其高速性最佳。

对于每缸采用三气门（两进一排）或五气门（三进两排）的发动机，其气门的驱动方式与四气门驱动方式类似。

3.1.3　配气机构的传动

曲轴通过齿轮副、链传动或齿形带传动来驱动凸轮轴，凸轮轴再带动摇臂或直接推动进、排气门。

由于曲轴与凸轮轴之间驱动方式不同，配气机构的传动有齿轮驱动、链条驱动和齿形带驱动三种。四冲程发动机每完成一个工作循环，曲轴旋转两周，凸轮轴只旋转一周，各缸的进、排气门各开启一次，故曲轴与凸轮轴转速之比（即传动比）应为2:1。

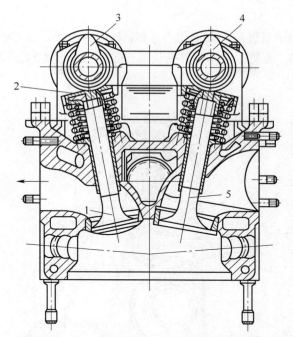

1—排气门；2—气门调整盘；3—排气凸轮轴；4—进气凸轮轴；5—进气门

图3-4　顶置气门、上置双凸轮轴配气机构示意图

1. 齿轮驱动形式

采用齿轮副来驱动凸轮轴时，凸轮轴正时齿轮的齿数为曲轴正时齿轮齿数的 2 倍。凸轮轴下置时，两轴距离较近，一般都采用齿轮副驱动。若两轴距离稍远时，可加装中间齿轮。为了啮合平稳，减小噪声，在中、小功率发动机上，可采用斜齿轮传动，曲轴正时齿轮用钢来制造，而凸轮轴正时齿轮则用铸铁或夹布胶木制造，如图3-5所示。

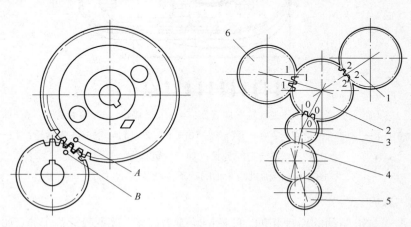

（a）一对正时齿轮的传动　　　（b）加中间惰轮的齿轮传动

A—凸轮轴正时齿轮记号；B—曲轴正时齿轮记号

1—喷油泵正时齿轮；2、4—中间惰轮；3—曲轴正时齿轮；5—机油泵传动齿轮；6—凸轮轴正时齿轮

图3-5　齿轮传动及正时记号

2. 链条驱动形式

链条式驱动是指曲轴通过链条来驱动凸轮轴，如图3-6所示。这种驱动形式一般多用于凸轮轴上置的远距离传动。为使在工作时链条具有一定的张力而不致脱链，通常装有导链板14、张紧轮装置2、11等。

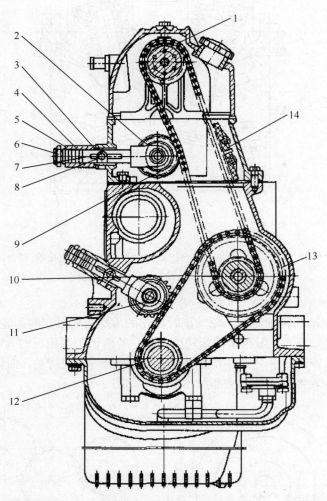

1—凸轮轴链轮；2—上链条张紧轮；3—张紧轮导向套筒；4—压紧弹簧；5—锁紧螺母；6—张力调整螺钉；
7—张紧轮导向销；8—导向销锁紧螺母；9—上链条；10—下链条；11—下链条张紧轮；12—曲轴链轮；
13—中间链轮；14—导链板

图3-6　汽油机凸轮轴的链条传动装置示意图

3. 齿形带驱动形式

这种驱动形式与链驱动的原理相同。只是链轮改为齿轮，链条改成齿形带，如图3-7所示。这种齿形带用氯丁橡胶制成，中间夹有玻璃纤维和尼龙织物，以增加强度。齿形带驱动与链条驱动相比具有齿形带伸长量小、噪声低、质量轻、成本低、工作可靠和不需要润滑等优点。因此，现代轿车高速发动机大多数采用齿形带传动。为了确保传动可靠，齿形带要保持一定张紧力，为此，需在齿形带传动机构中设置张紧装置。

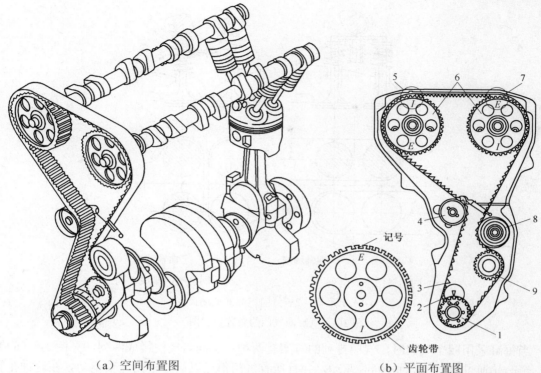

（a）空间布置图　　　　　　　　　　（b）平面布置图

1—曲轴正时齿带轮；2—正时对正记号；3—齿形带；4—张紧轮；5—进气凸轮正时记号；

6—凸轮轴正时齿带轮；7—排气侧正时记号；8—导向轮；9—水泵齿带轮

图3-7　双顶置凸轮轴的齿形带传动布置图

3.1.4 发动机每缸气门数

1. 每缸两个气门方式

一台四冲程发动机每缸最少应有两个气门，即一个进气门和一个排气门。这种结构在可能的条件下应尽量加大气门的直径，特别是进气门的直径，以改善气缸的换气条件。但是，由于燃烧室尺寸的限制，从理论上讲，最大气门直径一般不超过气缸直径的一半。当气缸直径较大，活塞平均速度较高时，每缸一进一排的气门结构就不能满足发动机对换气的要求。当每缸用两气门时，大多数采用所有气门沿机体纵向轴线排成一列的方式，这样，相邻两缸的同名气门就有可能合用一个气道，以使气道简化并得到较大的气道通过截面；另一种是将进、排气门交替布置，每缸单独用一个气道，这样有助于气缸盖冷却均匀。

2. 每缸四个气门方式

很多汽车发动机上已经采用每缸四气门的结构，即两个进气门和两个排气门，如图3-8所示。采用这种形式后，进气门总的通过断面较大，充气效率较高，排气门的直径可适当减小，使其工作温度相应降低，提高了工作可靠性。采用直接喷射式燃烧室或预燃室式燃烧室的大功率高速柴油机，如果采用每缸四气门的结构特别有利。预燃室式柴油机可将喷油器或预热室布置在气缸盖的中央位置，使混合气形成和燃烧更好，气缸盖的结构布局更为合理。此外，采用四气门后还可适当减小气门升程，改善配气机构的动力性，四气门的汽油机还有利于改善排放。

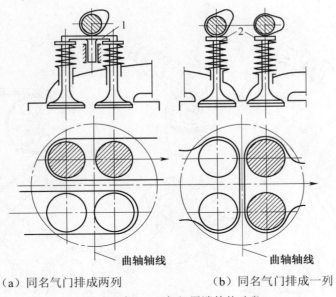

（a）同名气门排成两列　　　　　　（b）同名气门排成一列

1－T形杆；2－气门尾端的从动盘

图 3-8　气缸四气门的布置示意图

当每缸采用四个气门时，气门排列的方案有两种：①同名气门排成两列（见图 3-8（a）），由一个凸轮通过 T 形驱动杆同时驱动，并且所有气门都可以由一根凸轮轴驱动。在这种布置中，两同名气门在气道中的位置不同，可能会使二者的工作条件和工作效果不一致。②同名气门排成同一列（见图 3-8（b））则弥补了上述缺点，但一般要用两根凸轮轴。

3. 每缸五个气门方式

与四气门相比，采用每缸五气门的发动机其气门流通截面更大，充气效率更高。在四气门发动机缸盖和五气门发动机缸盖上，气门可能的最大直径是不相同的。对于四气门缸盖，气门的最大可能直径受火花塞和气门之间棱宽的限制，而对于五气门缸盖，气门的最大可能直径则主要受气门自身间棱宽的限制。由于气门和火花塞的间距增大，就有可能在铸件设计时把火花塞座和排气道分开，从而使整个区域的冷却得到显著改善，这就确保五气门发动机不仅气缸充气效率高，而且爆燃敏感性却极小。因此每缸采用五个气门，为满足高性能指标要求提供了条件，可以实现燃油消耗低、转矩大及排污少的要求，比四气门发动机达到的性能指标更好。此外，如果将五气门技术与增压技术相结合，其性能指标的优势将更加明显。

当每缸采用五气门时，气门排列的方案通常是同名气门排成一列，分别用进气凸轮轴和排气凸轮轴驱动。捷达 EA113 型发动机的五气门采用了铝合金材料铸造而成的整体式缸盖，燃烧室采用了紧凑浴盆式，火花塞位于燃烧室中心，如图 3-9 所示。

3.1.5　气门间隙

发动机工作时，气门将因温度升高而膨胀，如果气门及其传动件之间，在冷态时无间隙或间隙过小，则在热态时，气门及其传动件的受热膨胀势必引起气门关闭不严，造成发动机在压缩和做功行程中漏气，而使功率下降，严重时甚至不易起动。为了消除这种现象，通常在发动机冷态装配时，在气门与其传动机构中，留有适当的间隙，以补偿气门受热后的膨胀量，这一间隙通常称为气门间隙。有的发动机采用液力挺柱，挺柱的长度能自动变化，随时补偿气门的热膨胀量，故不需要预留气门间隙。

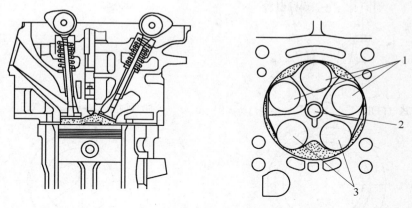

1—进气门（3 个）；2—火花塞孔；3—排气门（2 个）

图 3-9　五气门发动机燃烧室断面和气门布置示意图

气门间隙的大小由发动机制造厂根据试验确定。一般在冷态时，进气门的间隙为 0.25～0.35mm，排气门的间隙为 0.30～0.35mm。如果气门间隙过小，发动机在热态下可能因气门关闭不严而发生漏气，导致功率下降，甚至气门烧坏。如果气门间隙过大，则使传动零件之间以及气门和气门座之间产生撞击响声，并加速磨损，同时，也会使气门开启的持续时间减少，气缸的充气以及排气情况变坏。

3.2　配气相位

在四冲程发动机的简单工作循环中，为了方便，曾把进、排气过程都看作是在活塞的一个行程内（即曲轴转 180° 内）完成的，即气门开关时刻是在活塞的上下止点处，但实际情况并非如此。由于发动机转速很高，一个行程的时间极短，如四冲程发动机转速为 3000r/min 时，一个行程时间只有 0.01s，再加上用凸轮驱动气门开启需要一个过程，气门全开的时间就更短了，这样短的时间难以做到进气充分、排气彻底。为了改善换气过程，提高发动机性能，实际中发动机的气门开启和关闭并不恰好在活塞的上下止点，而是适当地提前和迟后，以延长进排气时间。也就是说，气门开启和关闭过程中曲轴转角都大于 180°。

用曲轴转角表示的进、排气门开闭时刻和开启持续时间，称为配气相位。配气相位的各个角度可用配气相位图（见图 3-10）来表示。

3.2.1　进气门的配气相位

1. 进气提前角

在排气冲程接近终了，活塞到达上止点之前，进气门便开始开启。从进气门开始开启到活塞到达上止点间所对应的曲轴转角称为进气提前角（或早开角），用 α 表示。α 一般为 10°～30°。进气门早开，使得活塞到达上止点开始向下运动时，因进气门已有一定开度，所以可较快地获得较大的进气通道截面，减少进气阻力。

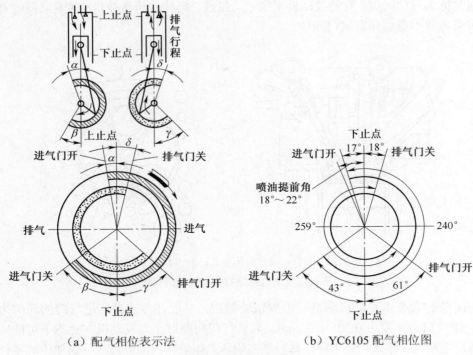

（a）配气相位表示法　　　（b）YC6105 配气相位图

图 3-10　配气相位图

2. 进气迟后角

在活塞越过下止点后，活塞又重新上行一段，进气门才关闭。从活塞到达下止点到进气门关闭所对应的曲轴转角称为进气迟后角（或晚关角），用 β 表示，β 一般为 $40°\sim80°$。进气门晚关，是因为活塞到达下止点时，由于进气阻力的影响，气缸内的压力仍低于大气压，且气流还有相当大的惯性，仍能继续进气。下止点过后，随着活塞的上行，气缸内压力逐渐增大，进气气流速度也逐渐减小，至流速等于零时，进气门便关闭的 β 角最适宜。若 β 过大便会将进入气缸内的气体重新又压回进气管。

由此可见，进气门开启持续时间内的曲轴转角，即进气持续角为 $\alpha+180°+\beta$。

3.2.2　排气门的配气相位

1. 排气提前角

在做功行程的后期，活塞到达下止点前，排气门便开始开启。从排气门开始开启到活塞到达下止点所对应的曲轴转角称为排气提前角（或早开角），用 γ 表示，γ 一般为 $40°\sim80°$。排气门恰当地早开，气缸内还有 $300\sim500\mathrm{kPa}$ 的压力，做功作用已经不大，可利用此压力使气缸内的废气迅速地自由排出，等活塞到达下止点时，气缸内只剩 $110\sim120\mathrm{kPa}$ 的压力，使排气冲程所消耗的功率大为减小。此外，高温废气的早排，还可以防止发动机过热。但 γ 角若过大，则将得不偿失。

2. 排气迟后角

在活塞越过上止点后，排气门才关闭。从活塞到达上止点到排气门关闭所对应的曲轴转角称为排气迟后角（或晚关角），用 δ 表示，δ 一般为 $10°\sim30°$。由于活塞到达上止点时，

气缸内的压力仍高于大气压,且废气气流有一定的惯性,所以排气门适当晚关可使废气排得较干净。

由此可见,排气门开启持续时间内的曲轴转角,即排气持续角为 $\gamma+180°+\delta$。

由于进气门关闭时,活塞上行距下止点已较远,其速度已相当大,因而进气迟后角的变化对气缸内的容积及充气量的影响较大。所以,在配气相位的四个角中,进气迟后角的大小对发动机性能的影响最大。

3.2.3 气门的叠开

由于进气门早开和排气门晚关,就出现了一段进排气门同时开启的现象,称为气门叠开。进、排气门同时开启的角度,即进气门早开与排气门晚关角的和 $(\alpha+\delta)$,称为气门叠开角。

由于气门叠开时开度较小,且新鲜气体和废气流的惯性要保持原来的流动方向,所以只要叠开角适当,就不会产生废气倒排回进气管和新鲜气体随废气排出的问题。发动机的结构不同、转速不同,配气相位也就不同。

有些增压柴油机的配气相位,其叠开角度较一般柴油机要大得多。这是因为进气压力高,一方面不会发生废气倒流进入进气管的现象,另一方面除可使充气量更大外,新鲜空气可将气缸内的废气扫除干净。虽有一部分新鲜空气会从排气门排出,但并不消耗燃油。

同一台发动机转速不同也应有不同的配气相位,转速愈高,提前角和迟后角也应愈大,然而这在结构上很难满足。现在都是按发动机的性能要求,通过试验来确定某一常用转速下较合适的配气相位,自然它也只能对这一转速最为有利。

随着电子技术的发展,一些可变配气相位和可变气门升程的控制机构已在轿车发动机上得到应用。

3.3 气门传动组

气门传动组的主要机件有凸轮轴及其驱动装置,包括挺柱、推杆、摇臂及摇臂轴等(见图 3-1 至图 3-4)。

3.3.1 凸轮轴

1. 凸轮轴的功用与材料

凸轮轴是气门传动组中最主要的零件,用来驱动和控制各缸气门的开启和关闭,使其符合发动机的工作顺序、配气相位及气门开度的变化规律等要求。此外,有些汽油机还用它来驱动汽油泵、机油泵和分电器等。

凸轮是凸轮轴的主要工作部分,它在工作时承受气门弹簧的张力和传动件的惯性力。由于凸轮轴与挺柱(或摇臂)的接触近于线接触,接触面积小,单位压力很大,磨损较快,因而应有较高的耐磨性,并要特别注意两者之间材料及其热处理的组合,否则很容易在这对摩擦副的工作面上发生刮伤和剥落等损伤。为了保证气门开闭规律的正确性,凸轮轴还应有足够的刚度。

为了满足工作条件的要求,凸轮轴多用优质碳钢或合金钢锻制,也可采用合金铸铁和球墨铸铁铸造。凸轮轴上的轴颈和凸轮工作表面经表面高频淬火(中碳钢)或渗碳淬火(低碳钢)处理后精磨,以改善其耐磨性。

2. 凸轮轴的构造

凸轮轴主要由凸轮、凸轮轴轴颈等组成。下置式凸轮轴的汽油机还具有用以驱动机油泵、分电器轴的螺旋齿轮（见图 3-11）。

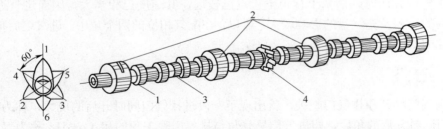

1—凸轮；2—凸轮轴轴颈；3—驱动汽油泵的偏心轮；4—驱动机油泵等的螺旋齿轮

图 3-11　六缸发动机凸轮轴

（1）凸轮。凸轮的轮廓应保证气门开启和关闭的持续时间符合配气相位要求，且有合适的升程及其升降过程的运动规律。凸轮的轮廓形状如图 3-12（a）所示。O 为凸轮轴的轴心，圆弧 EA 为凸轮的基圆，圆弧 AB 和 DE 为凸轮的缓冲段，缓冲段中凸轮的升程（升程即轮廓型线上某点较基圆半径凸出的量）变化速度较慢，圆弧 BCD 为凸轮的工作段，此段升程变化速度较快，C 点时升程最大（图 3-12（a）中 a 值），它决定了气门的最大开度。不同机型凸轮的升程变化规律不同。

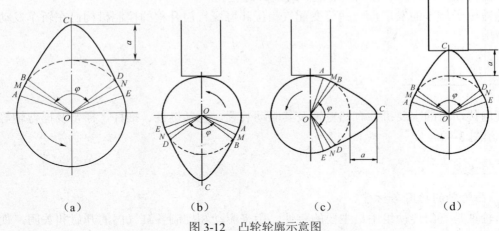

（a）　　　　　　　（b）　　　　　　　（c）　　　　　　　（d）

图 3-12　凸轮轮廓示意图

以下置式凸轮轴为例，凸轮的工作过程如下：当凸轮按图中方向转过 EA 时，如图 3-12（b）所示，挺柱处于最低位置不动，气门处于关闭状态。凸轮转至 A 点时，如图 3-12（c）所示，挺柱开始移动。继续转动，在缓冲段 AB 内的某点 M 处消除气门间隙，气门开始开启，至 C 点时气门开度最大，如图 3-12（d）所示，而后逐渐关小，至缓冲段 DE 内某点 N 时，气门完全关闭。

此后，挺柱继续下落，出现气门间隙，至 E 点时挺柱又处于最低位置。

由于气门开始开启和最后关闭时均在凸轮升程变化较慢的缓冲段内，这就使气门杆尾端在消除气门间隙的瞬间和气门头落座的瞬间的冲击力均较小，有利于减小噪声和磨损。

  MCN 所夹的角 φ 为气门开启持续过程中凸轮轴的转角，它等于配气相位中气门开启持续角的一半。

  由以上内容可知，当气门间隙变小时，M 和 N 两点下移，φ 角增大，配气相位增大，反之亦然。

  由图 3-11 可以看出，同一气缸的进、排气凸轮的相对角位置是与既定的配气相位相适应的。发动机各个气缸的进气（或排气）凸轮的相对角位置应符合发动机各气缸的发火次序和发火间隔时间的要求。因此，根据凸轮轴的旋转方向以及各进气（或排气）凸轮的工作次序，就可以判定发动机的发火次序。六缸四冲程发动机每完成一个工作循环，曲轴需旋转两周而凸轮轴只旋转一周，在这一期间内，每个气缸都要进行一次进气（或排气），且各缸进气（或排气）的时间间隔相等，即各缸进（或排）气门的凸轮彼此间的夹角均为 $60°$。对于图 3-11 中着火次序为 1—5—3—6—2—4 的六缸四冲程发动机的凸轮轴，从前端向后看凸轮轴旋转方向，任何两个相继发火的气缸进（或排）气凸轮间的夹角为 $360°/6=60°$。

  （2）凸轮轴轴颈。由于凸轮轴是通过凸轮轴轴颈支承在凸轮轴轴承孔内的，因此凸轮轴轴颈数目的多少是影响凸轮轴支承刚度的重要因素。如果凸轮轴刚度不足，工作时将发生弯曲变形，这会影响配气定时。下置式凸轮轴每隔 1～2 个气缸设置一个凸轮轴轴颈。上置式凸轮轴基本上是每隔一个气缸设置一个凸轮轴轴颈。

  上置式凸轮轴的轴承若为剖分式结构，各凸轮轴轴颈的直径均相等。下置式凸轮轴轴颈的直径由风扇端向飞轮端依次减小，目的是便于安装。

  （3）凸轮轴轴承。凸轮轴轴承一般做成衬套压入整体式的座孔内，最后再加工，与轴颈配合。其材料多与曲轴轴承相同，由低碳钢背内浇减摩合金制成，也有的用粉末冶金衬套或铜套。

  （4）凸轮轴的轴向限位。为了防止凸轮轴在工作中产生轴向窜动和承受斜齿轮产生的轴向力，凸轮轴都有轴向限位装置。

  上置式凸轮轴通常利用凸轮轴轴承盖的两个端面和凸轮轴轴颈两侧的凸肩进行轴向定位（见图 3-13（a））。其间的间隙 $\Delta=0.1～0.2mm$，也就是凸轮轴的最大允许轴向移动量。

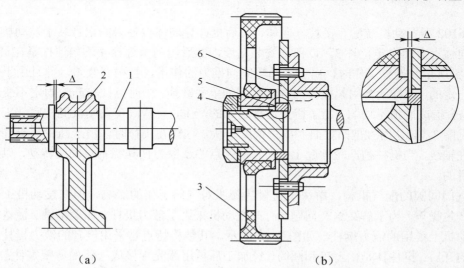

（a）   （b）

1—凸轮轴；2—凸轮轴承盖；3—凸轮轴正时齿轮；4—螺母；5—调节环；6—止推板

图 3-13 凸轮轴轴向定位方式

中置式和下置式凸轮轴的轴向定位通常采用止推板式限位装置，如图 3-13（b）所示。在凸轮轴前轴颈与正时齿轮之间，压装有调节环 5，调节环外面松套一止推板 6，止推板用螺钉固定于气缸体前端面，调节环 5 的厚度大于止推板 6 的厚度，二者之差称为凸轮轴的轴向间隙，其间隙为 0.08～0.20mm。这种装置既能使止推板限制凸轮轴的轴向窜动，又能使凸轮轴自由转动。但轴向间隙过大时，除一般限位效能降低外，对于斜齿轮传动的凸轮轴来说还会由于轴移量过大，使轴产生角移动，而影响配气正时的正确性。

3.3.2　气门挺柱

挺柱的功用是将凸轮的推力传给推杆或气门，并承受凸轮轴旋转时所施加的侧向力。气门顶置式配气机构的挺柱一般制成筒式（见图 3-14（a）），以减轻质量。图 3-14（b）所示为滚轮式挺柱，其优点是可以减小摩擦所造成的对挺柱的侧向力。这种挺柱结构复杂，重量较大，一般多用于大缸径柴油机上。挺柱常用镍铬合金铸铁或冷激合金铸铁制造。其摩擦表面应经热处理后精磨。有的发动机的挺柱直接装在气缸体上相应处镗出的导向孔中，也有的发动机的挺柱装在可拆式的挺柱导向体中。

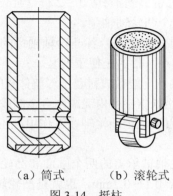

（a）筒式　　　（b）滚轮式

图 3-14　挺柱

CA6102 型发动机装配有挺柱导向体，前后挺柱导向体按各自的记号装于发动机上，每个挺柱导向体上有两个定位环 3，以保证安装精度，然后用两个螺栓 4 均匀地拧紧在气缸体上，如图 3-15 所示。挺柱工作时，由于受凸轮侧向推力的作用，会稍有倾斜，并且由于侧向推力方向是一定的，这样就会引起挺柱与导管之间的单面磨损，同时挺柱与凸轮固定不变地在一处接触，也会造成磨损不均匀。为了避免这种现象的产生，有些汽车发动机挺柱底部工作面制成球面（见图 3-14），而且把凸轮面制成带锥度形状。这样在工作时，由于凸轮与挺柱的接触点偏离挺柱轴线，当挺柱被凸轮顶起上升时，接触点的摩擦力使其绕本身轴线转动，以达到磨损均匀的目的。

有气门间隙的配气机构，解决了材料热膨胀对气门工作的影响，但在发动机工作时发生撞击而产生噪声。为了解决这一问题，有些发动机采用了液力挺柱，如桑塔纳、捷达和奥迪轿车的发动机上采用的液力挺柱，如图 3-16 所示。其结构特点是采用倒置的液力挺柱，直接推动气门的开启；挺柱体是由上盖和圆筒，经加工后再用激光焊接成一体的薄壁零件；单向阀采用钢球、弹簧式结构。

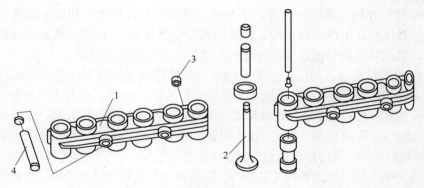

1—挺柱导向体；2—气门；3—定位环；4—螺栓

图 3-15　可拆式挺柱导向体

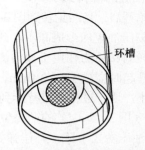

图 3-16　液力挺柱总成外形图

液力挺柱结构由挺柱体、油缸与柱塞、柱塞回位补偿弹簧等几部分组成。挺柱体是液力挺柱的基础，由低碳合金钢制造而成。挺柱体上加工有环形油槽，缸盖上的上油道通过量油孔 3 和斜油孔 4 与该油槽对齐（见图 3-17），机油可沿该油路经过挺柱体 9 背面的键形槽进入柱塞 11 上面的低压油腔。这时缸盖主油道 2 与液力挺柱的低压油腔形成一个通路。油缸 12 和柱塞 11 是一对精密偶件。柱塞下端是一个球形阀座，外径与油缸内孔相配合，顶部与挺柱体背面接触。

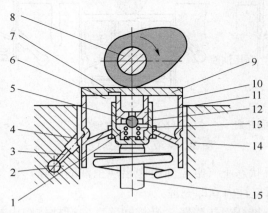

1—高压油腔；2—缸盖油道；3—量油孔；4—斜油孔；5—球阀；6—低压油腔；7—键形槽；8—凸轮轴；
9—挺柱体；10—柱塞焊缝；11—柱塞；12—油缸；13—补偿弹簧；14—缸盖；15—气门杆

图 3-17　液力挺柱

柱塞和球阀的开闭可将挺柱分成两个油腔。球阀开启，两油腔相通，球阀关闭，两油腔分开，上部是低压腔，下部是高压腔。柱塞回位补偿弹簧 13 的作用是使挺柱顶面对凸轮轮廓线保持接触，当凸轮基圆与挺柱顶面接触时，可消除并补偿气门间隙。

液力挺柱的工作原理：当凸轮由基圆部分与挺柱接触逐渐转到凸轮尖与挺柱接触时，机油通过缸盖上油道 2、量油孔 3、斜油孔 4 进入挺柱的环形油槽，再由环形油槽中的一个油孔进入挺柱低压油腔，挺柱向下移动，柱塞随之下移，高压油腔的油压升高，使球阀紧压在柱塞座上，低压油腔与高压油腔完全隔离。由于机油的不可压缩性，油缸和柱塞就形如一个刚性整体。随着凸轮轴的转动，气门便逐渐被打开。在凸轮的回程，在气门弹簧和凸轮的共同作用下，高压油腔依然关闭直至凸轮回程结束，当凸轮基圆再次与挺柱顶端相遇时，缸盖主油道中的压力油经量油孔、斜油孔、挺柱环形槽中的进油孔进入挺柱低压油腔。气门在气门弹簧的作用下关闭。这时在高压油和柱塞回位补偿弹簧的作用下，柱塞向上移动，高压油腔的压力下降，球阀打开，高、低压油腔相通，高压油腔的油得到了补充，即起到了补偿气门间隙的作用。

液力挺柱的工作过程：气门开始开启，当凸轮转到图 3-18（a）所示位置时，凸轮开始压下液力挺柱，单向阀（球阀）封闭，高压油腔内形成高压。此时，液力挺柱犹如一刚性部件推动气门运动。当气门开启时，由于凸轮直接将力作用于液力挺柱上，高压油腔少量高压油沿配合间隙泄漏，由于这一原因，挺柱在升起时会被压缩 0.1mm。这是专门设计的，以使液力挺柱能自身调节凸轮轴与气门间的尺寸大小，这一过程一直持续到图 3-18（b）所示的凸轮位置。

气门间隙的平衡：气门关闭后（图 3-18（c）的凸轮位置）气门间隙的平衡开始，凸轮不再给液力挺柱作用力，高压油腔的油压随之下降。补偿弹簧 13（见图 3-17）迫使挺柱上移，直到凸轮与挺柱间无间隙存在。单向阀开启后，液力油从储油室进入高压油腔，其流入量取决于气门间隙的大小。当发动机达到正常工作温度时，在气门开启周期内，挺柱与凸轮完全保持平衡状态。

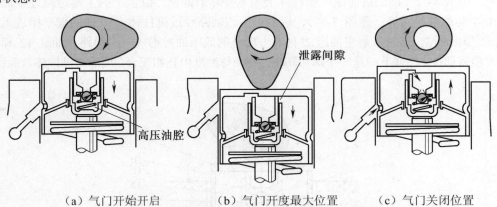

（a）气门开始开启　　　　　（b）气门开度最大位置　　　　（c）气门关闭位置

图 3-18　液力挺柱的工作过程

为防止在发动机停机状态下气缸盖油道中出现空油的现象，在气缸盖上设有一回油道，以确保发动机重新起动时挺柱内立即充油。

由此可知，若气门、推杆受热膨胀，挺柱回落后向挺柱体腔内补油的过程便会减少补油量（工作过程中）或使挺柱体腔内的油液从柱塞与挺柱体间隙中泄漏一部分（停车时），从而使挺柱自动"缩短"，因此不留气门间隙仍能保证气门关闭。相反，若气门、推杆冷缩，则向

挺柱体腔内补油的过程，便会增加补油量（工作过程中）或在柱塞弹簧作用下将柱塞上推，吸开单向阀向挺柱体腔内补油（停车时），从而使挺柱自动"伸长"，因此仍能保持配气机构无间隙传动。

采用液力挺柱，可消除配气机构中的间隙，减小各零件的冲击载荷和噪声，同时凸轮轮廓可设计得比较陡些，使气门开启和关闭更快，以减小进排气阻力，改善发动机的换气，提高发动机的性能，特别是高速性能。

3.3.3 推杆

推杆的作用是将从凸轮轴经过挺柱传来的推力传给摇臂，它是气门机构中最易弯曲的零件，需要有很高的刚度。在动载荷大的发动机中，推杆应尽量地做得短些。

对于缸体与缸盖都是铝合金制造的发动机，其推杆最好用硬铝制造。推杆的两端焊接成压配有不同形状的端头，下端头通常是圆球形，以使其与挺柱的凹球形支座相适应；上端头一般制成凹球形，以便与摇臂上的气门间隙调整螺钉的球形头部相适应。推杆可以是实心或空心的。钢制实心推杆（见图 3-19（a）），一般同球形支座锻成一个整体，然后进行热处理。图 3-19（b）表示硬铝棒制成的推杆，推杆两端配以钢制的支承。图 3-19（c）、（d）都是钢管制成的推杆。前者的球头直接锻成，然后经过精磨加工；后者的球支承则是压配的，并经淬火和磨光，以提高其耐磨性。

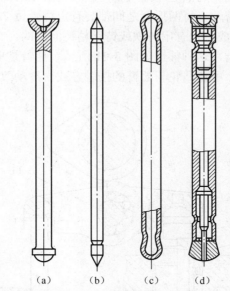

a—钢制实心推杆；b—硬铝棒推杆；c、d—钢管制成的推杆

图 3-19 推杆

3.3.4 摇臂

摇臂的功用是改变推杆和凸轮传来的力的方向，作用到气门杆端以推开气门。摇臂实际上是一个双臂杠杆，如图 3-20（b）所示。摇臂 6 的两边臂长的比值（称为摇臂比）为 1.2～1.8，其中长臂一端是推动气门的。端头的工作表面一般制成圆柱形，摇臂摆动时可沿气门杆

3
Chapter

端面滚滑，这样可使两者之间的力尽可能沿气门轴线作用。摇臂内还钻有润滑油道和油孔。在摇臂的短臂一端装有用以调节气门间隙的调节螺钉 14 及锁紧螺母 13（见图 3-20（a）），螺钉的球头与推杆顶端的凹球座相接触。

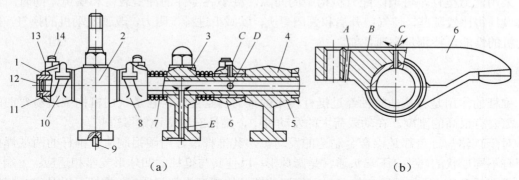

（a）　　　　　　　　　　　　　（b）

1—垫圈；2、3、4—摇臂轴支座；5—摇臂轴；6、8、10—摇臂；7—定位弹簧；9—定位销；11—锁簧；
12—堵头；13—锁紧螺母；14—调节螺钉；A、C、D、E—油孔；B—油槽

图 3-20　摇臂及摇臂组结构示意图

摇臂通过衬套空套在摇臂轴 5 上，而后者又支承在支座 2 上，摇臂上还钻有油孔。摇臂轴为空心管状结构，机油从支座的油道经摇臂轴内腔和摇臂中的油道流向摇臂两端进行润滑。为了防止摇臂的窜动，在摇臂轴上每两摇臂之间都装有定位弹簧 7。

摇臂多是用 45 钢锻压而成，也有用铸铁或铸钢精铸而成的。

另外还有一种浮动式摇臂，这种摇臂如图 3-21 所示。摇臂是单臂杠杆，其支点在摆臂的一端。为了减小摩擦和磨损，可将凸轮与摇臂的接触方式由滑动改为滚动。

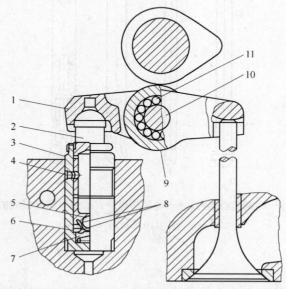

1—浮动摇臂；2—柱塞；3—壳体；4—进油孔；5—单向阀；6—柱塞弹簧；7—高压腔；
8—单向阀保持架及单向阀弹簧；9—滚轮；10—销轴；11—滚针

图 3-21　浮动式摇臂

摇臂的一端安装在气缸盖的液力挺柱上，另一端安装在气门杆的端部，凸轮则抵在摇臂的中部。

3.4 气门组

气门组的主要机件有气门、气门弹簧、弹簧座、气门座圈、气门导管及锁片等零件（见图 3-22）。

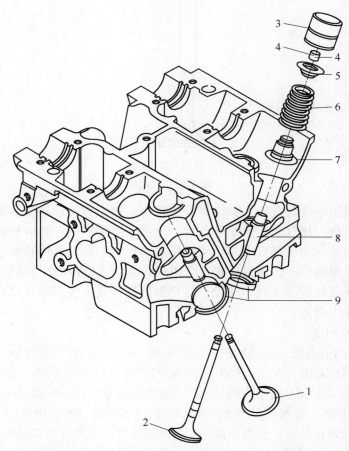

1—进气门；2—排气门；3—液力挺柱；4—气门锁片；5—气门弹簧座；6—气门弹簧；
7—气门弹簧垫；8—气门导管；9—进、排气门座圈
图 3-22　气门组结构示意图

3.4.1 气门

气门是由头部 2 和杆部 1 组成的（见图 3-23）。头部用来封闭气缸的进、排气通道，杆部则主要为气门的运动导向。

1. 气门的工作条件与材料

气门的头部直接与气缸内燃烧的高温气体接触，受热严重，而散热（热量主要靠头部落

座时由气门座传递散失，其次通过与杆部接触的气门导管传递散失）很困难，因而工作温度较高。排气门由于高温废气的冲刷可达 800～1100K，进气门由于新鲜气体的冲刷冷却，温度较低，但也可达 600～700K。气门头部承受落座时的惯性冲击力，接触气缸内燃烧生成物中的腐蚀介质，润滑困难，因此要求气门必须具有足够的强度、刚度、耐热和耐磨能力。

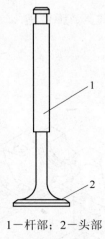

1—杆部；2—头部

图 3-23　气门

进气门通常采用中碳合金钢，如铬钢、镍铬钢、铬钼钢等；热负荷较大的进气门可采用耐热钢，如硅铬钢。排气门由于热负荷大，一般采用耐热钢，如硅铬钢、硅铬钼钢、硅铬锰钢等。有的排气门为了降低成本，头部采用耐热钢，而杆部用较便宜的和进气门一样的合金钢，二者对焊而成，尾部再加装一个耐磨合金钢（CA6102 发动机）。还有些排气门在头部锥面堆焊或通过等离子技术喷涂一层钨钴等特种合金覆盖层，以提高耐腐蚀性和耐高温性，延长其使用寿命。

2. 气门的一般构造

气门头部的形状有凸顶、平顶和凹顶。图 3-24（a）所示为凸顶气门，其刚度大，受热面积也大，用于某些排气门；图 3-24（b）所示为平顶气门，其结构简单、制造方便，受热面积小，应用最多；图 3-24（d）所示为凹顶气门，也称漏斗顶气门，其质量小、惯性小，头部与杆部有较大的过度圆弧，使气流阻力小，且具有较大的弹性，对气门座的适应性好（又称柔性气门），容易获得较好的磨合，但受热面积大，易存废气，容易过热及受热易变形，所以仅用作进气门；图 3-24（c）所示为凹顶气门，其刚性和弹性居于平顶气门和漏斗顶气门之间，对气门座口也有较好的适应性，应用也较多。

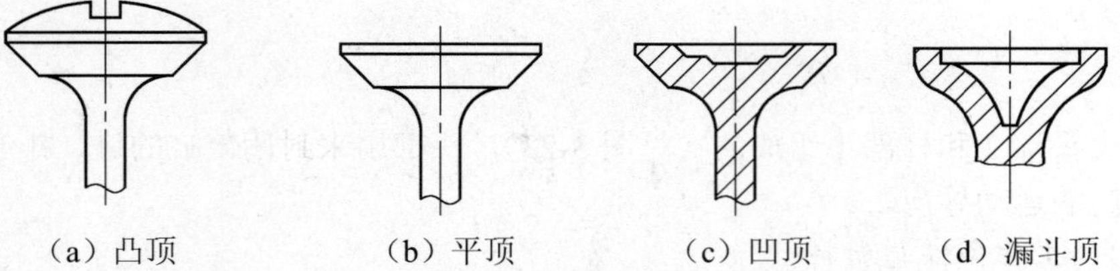

（a）凸顶　　　　　（b）平顶　　　　　（c）凹顶　　　　　（d）漏斗顶

图 3-24　气门的顶部形状

气门头部与气门座接触的工作面是与杆部同心的锥面。通常将这一锥面与气门顶平面的夹角称为气门锥角（见图 3-25）。常用的气门锥角为 30°和 45°。当气门升程相同时，气门锥角越大，气流通过的截面就越小，但是锥角越大，落座压力越大，密封和导热性也越好。另外，锥角大时，气门头部边缘的厚度大，不易变形。进排气门的工作情况不同，往往锥角也不同。进气门主要是为了获得大的通道截面，其本身热负荷较小，往往采用较小的锥角，多用 30°，有利于提高充气效率；排气门则因热负荷较大而用较大的锥角，通常为 45°。也有的发动机为了制造和维修方便，二者都用 45°。气门头部的边缘应保持一定厚度，一般为 1~3mm，以防止工作中由于气门与气门座之间的冲击而被损坏或被高温气体烧蚀，为了减少进气阻力，提高充气效率，多数发动机进气门的头部直径比排气门的大。为保证良好密封，装配前应将气门头与气门座二者的密封锥面互相研磨，研磨好的零件不能互换。为了改善气门头部的耐磨性和耐腐蚀性，有的发动机在排气门密封锥面上堆焊一层含有大量的镍、铬、钴等金属元素的特种合金，以提高其硬度。

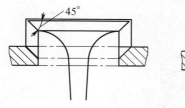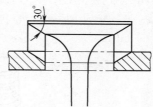

图 3-25　气门锥角

3．气门的杆部

气门杆部有较高的加工精度和较低的粗糙度，与气门导管保持较小的配合间隙，以减小磨损，并起到良好的导向和散热作用。

气门尾端的形状决定于气门弹簧座的固定方式。剖分成两半且外表面为锥面的气门锁片可用来固定气门弹簧座（见图 3-26（a）），结构简单，工作可靠，拆装方便，因此得到了广泛的应用。解放 CA6102 型发动机采用圆柱销 8 来固定气门弹簧座（见图 3-26（b）），相应地在气门尾端钻有安装圆柱销的径向孔。

发动机高速化后，进气管中的真空度显著地增高，气门室中的机油会通过气门杆与导管之间的间隙被吸入进气管和气缸内，除增加机油的消耗外，还会造成缸内积炭，因此发动机的气门杆上部都设有气门油封。

某些高度强化的发动机上采用中空气门杆的气门，旨在减轻气门质量和减小气门运动的惯性力。为了降低排气门的温度，增强排气门的散热能力，许多汽车发动机上采用钠冷却气门（见图 3-27）。可在排气门封闭内腔充注钠，钠在约 1243K 时变为液态，具有良好的热传导能力，通过液态钠的来回运动，热量很快从气门头部传到根部，从而可使温度降低约 100℃，排气门的这种内部冷却方式同时也降低了混合气自燃的危险，从而提高了气门的使用寿命。使用中值得注意的是：为了保护环境，不允许将排气门直接作为废品扔掉，必须在排气门中部用铁锯锯开一个缺口，在此期间不能用水接触气门。将这样处理过的排气门扔入一个充满水的桶中，排气门中的钠一旦与水接触，就会立即发生化学反应，充注在其内部的钠发生燃烧，经过上述处理后的排气门才能作为普通废品处理。

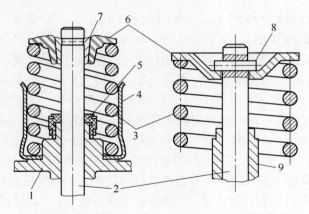

（a）气门锁片固定　　　　（b）圆柱销固定

1—气缸盖；2—气门杆；3—气门弹簧；4—气门弹簧振动阻尼器；5—气门油封；
6—气门弹簧座；7—气门锁片；8—圆柱销；9—气门导管

图 3-26　气门弹簧座的固定方式

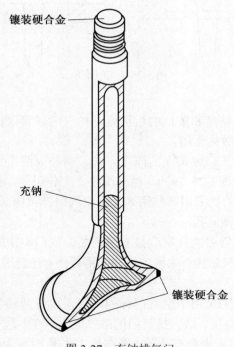

图 3-27　充钠排气门

3.4.2　气门导管

　　气门导管的功用是给气门的运动导向，并为气门杆传热。气门导管通常单独制成零件，再压入缸盖（或缸体）的孔中。由于润滑较困难，导管一般用含石墨较多的铸铁或粉末冶金制成，以提高自润滑性能。

　　气门导管的外形如图 3-28 所示。其外表面有较高的加工精度、较低的粗糙度，与缸盖的配合有一定的过盈量，以保证良好地传热且防止松脱。有的发动机对气门导管用卡环定位。气门杆与气门导管之间一般留有 0.05～0.12mm 间隙，使气门杆能在导管中自由运动。

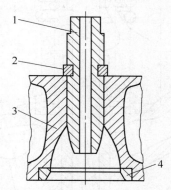

1—气门导管；2—卡环；3—气缸盖；4—气门座

图 3-28　气门导管和气门座

3.4.3　气门座

气缸盖的进、排气道与气门锥面相结合的部位称为气门座。气门座的锥角是与气门锥角相适应的，以保证二者紧密座合，可靠地密封。

有些发动机的气门座是在缸盖上直接加工出来的，而大多数发动机的气门座是用耐热合金钢或合金铸铁单独制成座圈，然后压入气缸盖中，以提高使用寿命和便于修理更换（见图 3-28）。为使气门座圈压入气缸盖更容易，有的座圈还制有一定的锥度，还有的汽油机只镶排气门座。这是因为一方面排气门座热负荷大，另一方面发动机常在部分负荷下工作，进气管中真空度大，会从气门导管间隙内吸进少量机油，对进气门座进行润滑。相反，有的柴油机只镶进气门座，这是由于柴油机的废气往往在排气过程中还有未燃完的柴油，可对排气门座进行润滑。因为柴油机没有节气门，所以无论负荷大小，进气管内真空度都比较小，难以从进气门导管处吸进机油对进气门座润滑。增压柴油机则完全排除了这种可能，进气门就更需要镶座。对于铝合金气缸盖来说，由于其耐磨、耐热性差，双座必须都镶气门座圈。

3.4.4　气门弹簧

气门弹簧的作用是使气门自动回位关闭，并保证气门与气门座的座合压力，另外，还用于吸收气门在开启和关闭过程中各种传动零件所产生的惯性力，以防止各种传动件彼此分离而破坏配气机构正常工作。气门弹簧是圆柱形螺旋弹簧（见图 3-29），其一端支承在气缸盖上，而另一端则压靠在气门杆端的弹簧座上，弹簧座用锁片固定在气门杆的末端。

气门弹簧承受着频繁的交变载荷。为保证可靠地工作，气门弹簧应有合适的弹力，足够的强度和抗疲劳强度。因此气门弹簧是采用优质冷拔弹簧钢丝制成的，并经热处理。为提高抗疲劳强度，钢丝表面一般经抛光或喷丸处理。弹簧的两端面经磨光并与弹簧轴线相垂直。此外，为了避免弹簧的锈蚀，弹簧的表面应进行镀锌、镀铜、磷化或发蓝处理。

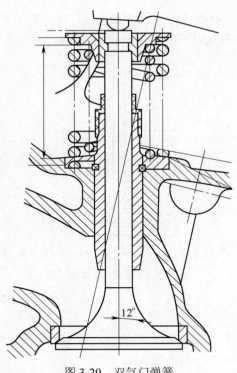

图 3-29　双气门弹簧

当气门弹簧的工作频率与其自然振动频率相等或成某一倍数时，将会发生共振。为了防止这一现象的发生，在安装弹簧时，应使两根弹簧的旋向相反，当一根弹簧折断时，另一根可维持工作，还可防止折断的弹簧圈卡入另一个弹簧圈内，还能使气门弹簧的高度减小；也可提高气门弹簧的自然振动频率，即提高气门弹簧自身刚度；或采用不等螺距的圆柱弹簧，这种弹簧在工作时，螺距小的一端逐渐叠合，有效圈数逐渐减小，自然频率逐渐提高，可避免共振现象发生。

为了改善气门和气门座密封面的工作条件，可设法使气门在工作中能相对气门座缓慢旋转。这样可使气门头沿圆周温度均匀，减小气门头部热变形。气门缓慢旋转时在密封锥面上产生轻微的摩擦力，有阻止沉积物形成的自洁作用。气门旋转机构如图 3-30 所示。在图 3-30（a）所示的自由旋转机构中，气门锁片并不直接与弹簧座接触，而是装在一个锥形套筒中，后者的下端支承在弹簧座平面上，套筒端部与弹簧座接触面上的摩擦力不大，而且在发动机运转振动力作用下，在某一短时间内可能为零，这就使气门有可能自由地做不规则的转动。有的发动机采用图 3-30（b）所示的强制旋转机构，使气门每开一次便转过一定角度。在壳体 4 中，有六个变深度的槽，槽中装有带回位弹簧 5 的钢球 6。当气门关闭时，气门弹簧的力通过支承板 2 与碟形弹簧 3 直接传到壳体 4 上。当气门升起时，不断增大的气门弹簧力将碟形弹簧压平而迫使钢球沿着凹槽的斜面滚动，带着碟形弹簧、支承板、气门弹簧和气门一起转过一个角度。在气门关闭过程中，碟形弹簧的载荷减小而恢复原来的碟形，钢球即在回位弹簧 5 作用下回到原来的位置。

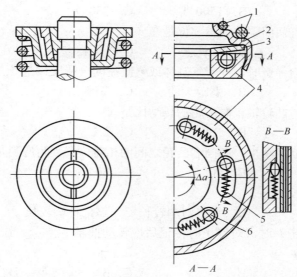

（a）低摩擦型自由旋转机构　　　（b）强制旋转机构

1—气门弹簧；2—支承板；3—碟形弹簧；4—壳体；5—回位弹簧；6—钢球

图 3-30　气门旋转机构示意图

本章小结

　　配气机构使发动机在各种工况下工作时获得最佳的进气量，配气机构分为顶置气门、下置凸轮轴配气机构（OHV），顶置气门、上置凸轮轴配气机构（OHV/OHC），顶置气门、双摇臂、上置凸轮轴配气机构（OHV/OHC），顶置气门、上置双凸轮轴配气机构（OHV/DOHC）等形式。

　　配气机构有三种传动方式：齿轮驱动、链驱动和齿形带驱动。四冲程发动机曲轴与凸轮轴之比（即传动比）应为 2:1，即曲轴旋转两周，凸轮轴旋转一周。现代汽车发动机采用多气门布置和排列方式，进、排气门配气相位早开晚关，以改善进、排气状况。凸轮轴上主要配置有各缸进、排气凸轮，凸轮的轮廓保证气门开启和关闭的持续时间符合配气相位的要求，凸轮轴有轴向定位装置。轿车发动机采用液力挺柱，可消除配气机构中的间隙，减小各零件的冲击载荷和噪声。

 知识训练

一、选择题

1．一般发动机的凸轮轴轴颈是（　　）设置一个。
　　A．每隔一个汽缸　　　B．每隔两个汽缸
2．四冲程发动机曲轴，当其转速为 3000r/min 时，同一汽缸的进气门在 1min 时间内开闭次数应该是（　　）。

A．3000 次　　　　　B．1500 次　　　　C．750 次

3．顶置式气门的气门间隙的调整部位是在（　　　）。

A．挺柱上　　　　　　B．推杆上　　　　C 摇臂上

4．安装不等距气门弹簧时，向着气缸体或气缸盖的一端应该是（　　　）。

A．螺距小的　　　　　B．螺距大的　　　C．无所谓

5．曲轴正时齿轮与凸轮轴正时齿轮的传动比是（　　　）。

A．1:1　　　　　　　B．1:2　　　　　C．2:1

6．对于四冲程六缸发动机，各同名凸轮之间的相对位置夹角应当是（　　　）。

A．120°　　　　　　B．90°　　　　　C．60°

7．摇臂的两端臂长是（　　　）。

A．等臂的　　　　　　B．靠气门端较长　C．靠推杆端较长

8．更换正时链（带）时，对好正时标记后应转动曲轴（　　）周，进一步检查正时标记是否对正。

A．1　　　　　　　　B．2　　　　　　C．3　　　　　　　D．4

9．正时齿形皮带的更换里程要求是（　　　）万千米。

A．2　　　　　　　　B．10　　　　　C．20

10．气门间隙的检查与调整必须在气门完全关闭状态时进行，此时活塞应处于（　　　）行程上止点。

A．进气　　　　　　　B．压缩　　　　　C．排气

二、判断题（对的打"√"，错的打"×"）

1．采用顶置式气门时，充气系数可能大于 1。（　　　）

2．正时齿轮装配时，必须使正时标记对准。（　　　）

3．气门间隙是指气门与气门座之间的间隙。（　　　）

4．挺柱在工作时，既有上下往复运动，又有旋转运动。（　　　）

5．进气门头部直径通常要比排气门的头部大，而进气门锥角有时比排气门的小。（　　　）

6．凸轮轴的转速比曲轴的转速快一倍。（　　　）

7．所有的发动机都需要调整气门间隙。（　　　）

三、填空题

1．根据_____不同，配气机构的布置形式分为_____、_____两种。

2．顶置式气门配气机构的凸轮轴有_____、_____、_____三种布置形式。

3．顶置式气门配气机构的气门传动组由_____、_____、_____、_____、_____等组成。

4．气门弹簧座一般是通过_____或_____固定在气门杆尾端的。

5．顶置式气门配气机构的挺柱一般是_____或_____式。

6．摇臂是通过空套在_____上，并用_____防止其轴向窜动。

7．曲轴与凸轮轴的正时传动方式有_____、_____、_____三种形式。

8．采用双气门弹簧时，两个弹簧的旋向必须相_____。

四、简答题

1．配气机构的作用是什么？
2．气门导管的作用是什么？
3．现代汽车发动机为何几乎都采用顶置式气门配气机构？
4．为什么有的配气机构中采用两个套装的气门弹簧？
5．为什么要预留气门间隙？气门间隙过大、过小为什么都不好？
6．气门为什么要早开迟闭？

配气机构的拆装

一、实训的目的和要求

（1）学会正确使用常用工具和专用工具。
（2）掌握发动机配气机构的正确拆装方法。

二、实训的设备及工具

（1）设备：桑塔纳 2000GLi AFE 发动机、发动机台架、工作台、平台、零件车若干。
（2）普通工具：组合工具、维修手册。
（3）专用工具与量具：扭力扳手（定扭矩扳手）、楔形木棒或塑料棒等。

三、配气机构拆卸步骤及操作方法

1．准备工作
（1）将工位清理干净，准备好相关的器材。
（2）将发动机固定在可翻转的台架上。
2．气门传动组拆卸
AFE 型发动机配气机构的组成如图 3-31 所示。配气机构气门传动组主要包括曲轴齿形带轮、中间轴齿形带轮、张紧轮、凸轮轴齿形带轮、正时齿形带、凸轮轴、液力挺柱等。
按前所述气缸盖拆卸的操作工艺拆卸下气缸盖，分解发动机气门传动组。
汽车凸轮轴的拆卸可按以下方法：
（1）拆下空气滤清器，拆下润滑油加注口盖。
（2）拆下气门罩盖，拧下气门罩盖的螺母，依次取下支架、压条、气门罩盖、气门罩盖衬垫和润滑油反射罩。
（3）拆下齿形带上的防护罩。
（4）转动曲轴使凸轮轴齿形带轮位于第一缸上止点标记处。凸轮轴齿形带轮上的标记必须对准齿形带防护罩上的箭头。
（5）转动曲轴到第一缸上止点，检查并做好正时记号。
（6）松开半自动张紧轮，从凸轮轴齿形带轮上拆下齿形带。

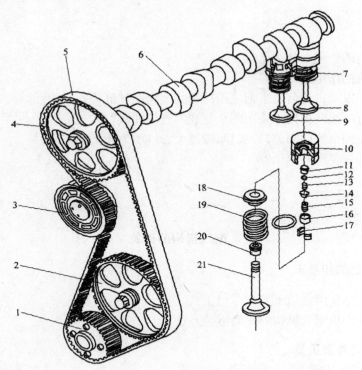

1—曲轴齿形带轮；2—中间轴齿形带轮；3—张紧轮；4—凸轮轴齿形带轮；5—正时齿形带；

6—凸轮轴；7—液力挺柱组件；8—排气门；9—进气门；10—挺柱体外壳；11—柱塞；

12—单向阀钢球；13—小弹簧；14—托架；15—回位弹簧；16—液压缸；17—气门锁片；

18—上弹簧座；19—气门弹簧；20—气门油封；21—气门

图 3-31　AFE 型发动机配气机构的组成

（7）先拆第 1、3、5 号轴承盖，然后对角交替松开第 2、4 号轴承盖。

3．气门组的拆卸

（1）拆下气门挺柱，并按正确的顺序摆放气门挺柱。

（2）用专用修理工具压缩气门弹簧并拆下 2 个定位锁片，取下气门。拆下弹簧座圈、气门弹簧，如图 3-32 所示。

（3）用尖嘴钳取出油封，如图 3-33 所示。

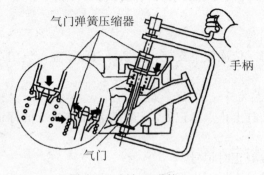

图 3-32　拆气门弹簧

图 3-33　取气门油封

（4）用压缩空气和磁性棒，吹气并卸下弹簧，如图 3-34 所示。按正确的顺序放好气门、气门弹簧、弹簧座和弹簧座圈。

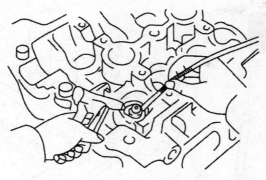

图 3-34　取气门弹簧

（5）气门组零件的放置。气门组零件拆卸后，应将整套气门组零件按顺序放置好，如图 3-35 所示。

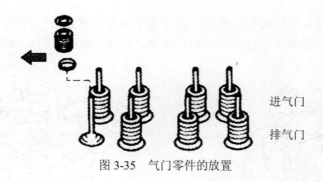

进气门

排气门

图 3-35　气门零件的放置

四、配气机构装配步骤和操作方法

1. 气门组的安装

（1）用专用维修工具推入新油封，注意进气门油封是灰色的，排气门油封是黑色的，如图 3-36 所示。

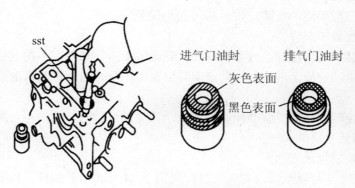

sst

进气门油封　　排气门油封

灰色表面

黑色表面

图 3-36　气门油封的安装与识别

（2）安装气门、弹簧座、气门弹簧和弹簧座圈，如图 3-37 所示。

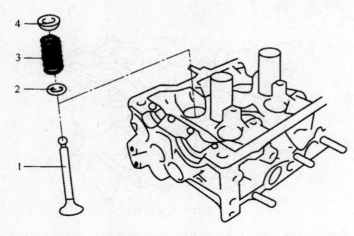

1—气门；2—气门座圈；3—气门弹簧；4—气门座圈

图 3-37　气门组的安装

（3）用专用维修工具压缩气门弹簧，并将 2 个锁片放置在气门杆周围，如图 3-38 所示。

（4）用塑料贴面的锤子轻轻敲打气门杆尾端，以保证配合完好，如图 3-39 所示。

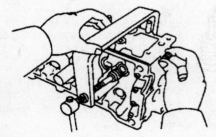
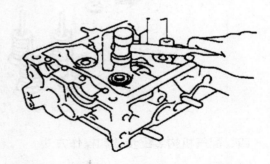

图 3-38　用专用维修工具压缩气门弹簧　　　图 3-39　用塑料贴面的锤子轻轻敲打气门杆尾端

（5）用手检查气门挺柱，气门挺柱应转动自如，再安装气缸盖。

2. 气门传动组的安装

（1）对于气门传动组的安装，按拆卸时的相反顺序操作。

（2）清洗、校验零部件。

（3）按原位装入气门组件、液力挺柱、凸轮轴轴承盖等部件，不得装错。

（4）安装凸轮轴前放上轴承盖，确定安装位置（注意孔的上下两半部要对准，如图 3-40 所示）。

（5）安装凸轮轴时，第一缸凸轮必须朝上。凸轮轴转动时，曲轴不可置于上止点位置，否则会损坏气门和活塞顶部。

（6）润滑凸轮轴轴承表面。

（7）先安装 2、4 号轴承盖，对角交替拧紧第 2、4 号轴承盖螺栓，拧紧力矩为 20N·m。

（8）再安装 1、3、5 号轴承盖，对角交替拧紧第 1、3、5 号轴承盖，其螺栓拧紧力矩 20N·m。

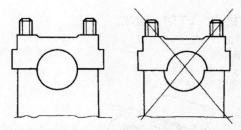

图 3-40 凸轮轴轴承盖安装位置

（9）装入凸轮轴齿形带轮并紧固，拧紧力矩为 80N·m。

（10）安装齿形带（调整配气相位）时注意使凸轮轴齿形带轮上的标记与气门罩盖平面平齐，转动曲轴使凸轮轴齿形带轮位于第一缸上止点标记处。

（11）按与拆卸相反的顺序安装其他零部件。

（12）安装好凸轮轴后，发动机在约 30min 之内不得起动，以便液力挺柱的补偿元件进入状态，否则气门将敲击活塞。

（13）在对配气机构进行装配后，应小心地转动曲轴至少两圈，检查正时标记是否对好，以防止发动机起动时活塞顶气门。

五、清洁整理

将实习场地所必要的物品留下，依照规定的合理位置放置，并明确标示，将不必要的物品清除掉；对垃圾进行分类处理，将实习场地清扫干净，使每位成员养成良好习惯，遵守规则做事。

智能可变气门正时机构

一、智能可变气门正时机构（VTT-i）概述

为了进气充分，排气彻底，发动机不同工况要求有不同的配气相位，合理的配气相位可使发动机的功率、转矩、燃油经济性和净化性得到提高。配气相位角中，进气门晚关角度的大小，对充气效率影响最大，其次就是重叠角的大小，它的大小，影响废气排出的多少和回火的发生。

VTT-i 是 Variable Valve Timing-intelligent 的缩写，翻译成汉语后意思是智能可变气门正时机构，它是通过控制进气门开启提前角和滞后角来调节进气量，以达到提高发动机动力性的最终目的。VVT-i 系统用来控制进气凸轮轴在 40°曲轴转角范围内，保持最佳的气门正时，以适应发动机工作状况，从而实现在所有速度范围提高转矩和燃油经济性，减少废气排放量。这种结构只是改变进气门开、关时间的早晚，配气相位角值不变（时间平移——早开、早关、晚开、晚关），不改变进气门升程的大小。该机构的相位角调节范围宽，工作可靠，功率可提高10%～20%，油耗可降低 3%～5%。

二、智能可变气门正时机构（VTT-i）组成

VVT-i 系统组成如图 3-41 所示。

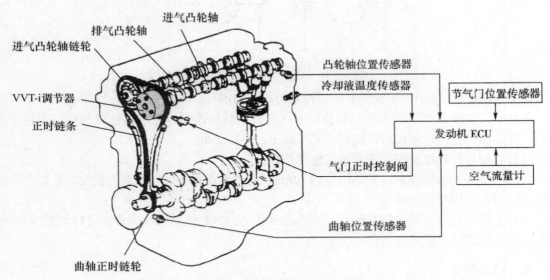

图 3-41　智能可变气门正时系统结构图

调节器组成如图 3-42 所示，叶轮通过凸轮轴上的传动销与凸轮轴连接在一起，叶轮可以带动凸轮轴转动，进气链轮和可变气门正时机构调节器的后盖制成一体，曲轴通过链条驱动凸轮正时链轮转动，后盖套在凸轮轴轴颈上，可以绕凸轮轴轴颈转动，调节器壳体通过螺栓与前盖连接在一起，锁销将叶轮和链轮连接在一起，弹簧压紧锁销，当油压高时锁销左移解除锁止，链轮和叶轮可以相对转动，密封条、张紧弹簧安装在叶轮和壳体之间，起到密封的作用，叶轮与凸轮轴用螺栓连接，防止叶轮与凸轮轴轴向移动，前盖安装到壳体上，螺栓将后盖、壳体和前盖连接在一起。

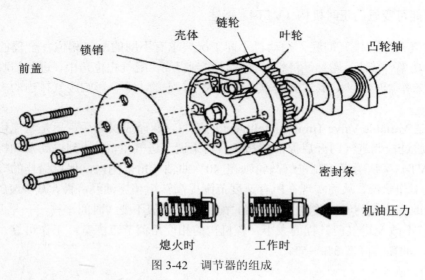

图 3-42　调节器的组成

　　图 3-43 是控制油路示意图，系统的工作油压来自发动机的润滑系，来自主油道的润滑油通过滤清器过滤，经过滤清的压力油通过油道进入 VVT 电磁阀，VVT 电磁阀是一个占空比控制的频率阀，A 口是来自主油道的进油孔，B 口是滞后腔的回油孔，经滞后腔调节后的压力油由此孔流回油底壳，C 口提前腔的回油孔，D 口是电磁阀提前腔出油口，从提前腔出油口出来的压力油通过缸盖上的油道进入凸轮轴，E 口是电磁阀滞后腔出油口，从滞后腔出油口出来的压力油通过缸盖上的油道进入凸轮轴，凸轮轴上钻有径向油道和轴向油道，从凸轮轴上出来的压力油进入调节器，调节器里设有提前腔和滞后腔。

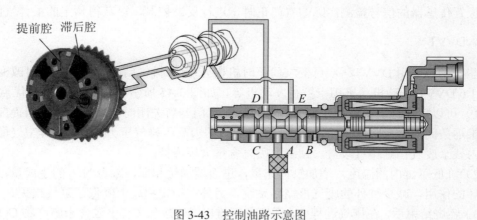

图 3-43　控制油路示意图

三、智能可变气门正时机构（VTT-i）工作原理

　　根据来自发动机 ECU 的提前、滞后或保持信号，凸轮轴正时机油电磁控制阀选择控制通路，它的功率调节范围为 1 300～3 600r/min，即 ECU 是用不同的电流值调节滑阀的位置，随着发动机工况的变化，有"保持""提前""迟后"等状态，故称"智能化"配气正时机构。

　　1. 提前时

　　参见图 3-44（a），在中等负荷工况下，根据来自发动机 ECU 的提前信号，凸轮轴正时机油电磁控制阀导通的电流值最大。总油压作用到正时提前转子油腔，使凸轮轴向正时提前方向转动，改善缸内废气排出性能，提高功率。

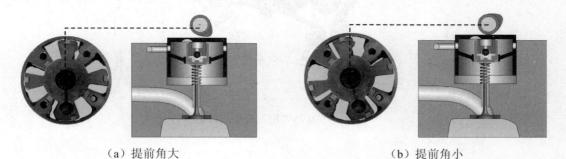

（a）提前角大　　　　　　　　　　　　（b）提前角小

图 3-44　VVT-i 工作原理示意图

　　2. 滞后时

　　参见图 3-44（b），在怠速和大负荷工况下，根据来自发动机 ECU 的滞后信号，电磁控制

阀断电，总油压作用到正时滞后转子油腔，使凸轮轴向正时滞后方向转动，防止回火，提高充气效率和转矩。

3．保持时

发动机 ECU 根据移动状况计算出预定的正时角，预定正时角被设置后，电磁控制阀控制电流值即变得较小，使滑阀处在空挡位置，保持气门正时，直到移动状况改变。

根据发动机转速、进气量、节气门位置和水温，在每个传动条件下，发动机 ECU 计算出一个最优气门正时来控制电磁控制阀工作。此外，发动机 ECU 还根据来自凸轮轴位置传感器和曲轴位置传感器的信号检测实际的气门正时，进行反馈控制，以获得预定的最佳气门正时。

四、DVVT

有些发动机采用 DVVT（双可变气门正时机构），进、排气门的开闭时间都可改变，如奇瑞瑞虎 1.6 DVVT 发动机、丰田卡罗拉发动机等，如图 3-45 所示。采用 DVVT 的优点：

（1）可以灵活地调节气门正时，调整进、排气门开启关闭时刻，形成进气门提前开启、排气门推迟关闭的特定时间窗口，借助增压使进气压力高于排气压力，利用新鲜空气最大程度地将缸内残余废气扫到排气歧管，使缸内废气含量大幅降低。

（2）降低了缸内的温度，增加缸内充量，进而增加缓和期，减少 NO_x 的生成量，起到废气再循环的作用，减少缸外的废气再循环系统，另外在一定程度上降低了泵气损失。

（3）燃烧结束后，在排气过程中，活塞上行排出燃烧废气（其中包含未燃产物 CO、HC），使其在排气总管中与扫出的新鲜空气混合发生氧化反应，减少排放污染物。

（4）未燃产物（CO、HC）在排气总管中燃烧，为涡轮增压提供额外的能量，从而提供增压压力，可以较好地改善进气流量，增加发动机的充气效率，进而提升低速大负荷下的性能。

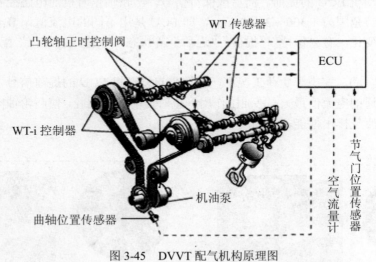

图 3-45　DVVT 配气机构原理图

4

汽油机燃料供给系

1. 掌握汽油及其使用性能;
2. 掌握混合气浓度的表示方法,分析发动机各工况对混合气成分的要求;
3. 重点掌握电控汽油喷射系统的分类、组成、工作原理;
4. 熟悉智能型电子节气门、汽油机缸内直喷系统;
5. 掌握汽油机排放的主要污染物及采用的缸内外净化措施。

1. 掌握汽油机燃料供给系总成及各零部件的结构、构造原理、拆装步骤要领;
2. 了解汽油机燃料供给系的维护及保养知识;
3. 能够熟练使用常用工具、量具及相关设备,掌握燃油供给系统拆卸、装配等基本能力;
4. 培养学生团结合作,观察、分析及综合归纳能力。

汽油在气缸内燃烧,须先形成雾状,并进行适当蒸发,与适量空气均匀混合。这种按一定比例混合的汽油与空气的混合物,称为可燃混合气。可燃混合气中燃油含量的多少称为可燃混合气的浓度(成分)。

汽油机燃料供给系的作用是不断地输送滤清的燃油和清洁的空气,根据发动机各种不同工作情况的要求,配制出不同的可燃混合气,使其进入气缸燃烧,在活塞做功后将废气排入大气。

4.1 汽油与可燃混合气

4.1.1 汽油及其使用性能

汽油是汽油机的主要燃料。汽油是由石油提炼而得的密度小又易于挥发的液体燃料。汽油一般为黄色或橙色（国外的汽油有些为蓝色、天蓝、红或绿色），汽油的相对密度约为0.72。手上蘸有汽油后有发凉的感觉，蒸发后皮肤变白。汽油由多种碳氢化合物组成，其基本成分是：碳的体积分数为85%，氢的体积分数为15%。按照提炼的方法，汽油可分为直馏汽油和裂化汽油等。将石油加热，在40℃至210℃的温度范围内蒸发出来的轻馏分蒸气冷凝后即成为直馏汽油。汽油裂化法有热裂化、催化裂化等，目前使用较多的是催化裂化法。催化裂化汽油是在催化剂的作用下使石油中的大分子烃受热裂化为小分子烃并改变其分子结构而得。利用催化裂化法可以从石油中获得更多的优质汽油。

汽油性能的优劣，对汽油发动机的动力性、经济性、可靠性及使用寿命等均有很大影响。汽油的使用性能指标主要是蒸发性、抗爆性、安定性、防腐性、清洁性和热值。

1. 汽油的蒸发性

汽油由液体状态转化为气体状态的性能称为汽油的蒸发性。在发动机内，汽油必须首先经过汽化，同一定比例的空气均匀混合后进入燃烧室被点燃燃烧。因此，汽油良好的蒸发性，可保证发动机在各种条件下易于起动、加速及正常运转。汽油的蒸发性越好，就越易汽化，在冷车或低温条件下就能使发动机顺利起动和正常工作。反之，若汽油的蒸发性差，则会使汽油汽化不完全，难以形成具有足够浓度的混合气，不但使发动机起动性变差，而且混合气中有一些悬浮的油滴会进入燃烧室中。这就将导致发动机工作不稳定、燃烧不完全，使油耗升高、排放污染增加。此外，没有完全燃烧的油滴，还会因活塞环密封不严而附于气缸壁上，破坏润滑油膜，甚至渗入曲轴箱内，稀释润滑油，增加机件的磨损。

同时汽油的蒸发性过强也是不合适的，一方面，会使汽油在储运过程中轻质馏分损耗过多；另一方面在温度较高时，汽油在油道中，易于蒸发形成油气，使得油泵、输油管等曲折处或油管较热部位产生气泡，阻滞汽油流通，使供油不畅甚至中断，造成发动机熄火，这种现象通常称为"气阻"。因此，所用汽油的蒸发性应适中。

2. 汽油的抗爆性及其评价指标

（1）汽油的抗爆性。它是指汽油在发动机中燃烧时，不发生爆燃的能力。爆燃是发动机工作时的一种不正常现象。

汽油在发动机中正常燃烧时，火焰的传播速度大致为50m/s，气缸内温度与压力都均匀上升。但当使用抗爆性差的汽油时，燃烧情况就不同了，当混合气被点燃后，火焰前锋以一定速率扩散传播，但火焰前锋尚未到达的那部分混合气，在气缸内高温、高压的作用下，生成大量的过氧化物。过氧化物是一种极不稳定的化合物，积聚量达一定值时，不等火焰前锋传播到，它就会自行分解，导致爆炸燃烧，形成压力冲击波，使气缸内产生清脆的金属敲击声，这种不正常燃烧现象就称为爆燃。

（2）汽油抗爆性的评价指标。汽油抗爆性可用汽油的辛烷值来评价。辛烷值是代表点燃式发动机燃料抗爆性的一个约定数值。在规定条件下，在一台连续可变压缩比的单缸发动机试验上，把试样与已知辛烷值的参比燃料的爆震倾向进行比较。参比燃料是由异辛烷（辛烷值为100）和正庚烷（辛烷值为0）混合而成的。与试样爆震强度相当的参比燃料中所含的异辛烷的体积百分数，就是该试样的辛烷值。汽油的辛烷值越高，它的抗爆性就越好，发动机的动力性与经济性就越能得以体现。

3. 汽油的安定性及其评价指标

（1）汽油的安定性及其对发动机工作的影响。汽油在其正常的储存与使用过程中，保持

其性质不发生永久变化的能力，称为汽油的安定性。安定性差的汽油，在储存及运输过程中易发生氧化反应，生成胶状与酸性物质，使辛烷值降低，酸值增加。汽油中生成的胶质过多，会使发动机工作时，油路易被阻塞，供油不畅，混合气变稀，气门被黏着而关闭不严；还会使积炭增加，导致散热不良而引起爆震和早燃；沉积于火花塞上的积炭，还可能造成点火不良，甚至不能产生电火花。以上所述，都会造成发动机工作不正常，油耗增加。

影响汽油氧化安定性的因素就汽油本身而言，主要是汽油的烃组成和性质，沉积物含量一般随烯烃含量、芳烃含量、胶质和90%蒸发温度的升高而增加。

（2）评定汽油安定性的指标。评定汽油安定性的指标主要有实际胶质与诱导期。

4. 汽油的防腐性及其评价指标

汽油成分中的各种烃类都是没有腐蚀性的，而引起腐蚀的物质是硫、硫化物、有机酸、水溶性酸、碱等。由于汽油要与各种金属器件接触，如有腐蚀性，就会对储油容器及发动机机件产生腐蚀。所以，在汽油的国家标准中，对汽油的腐蚀性有严格的要求。汽油防腐性一般用硫含量、铜片腐蚀试验、水溶性（或酸碱度）试验等指标来评定。

5. 汽油的清洁性及其判定

汽油的清洁性主要指汽油中是否含有机械杂质及水分。炼油厂炼制出的成品汽油中是不含机械杂质与水分的，但在储运及使用过程中，汽油不可避免地受到外界污染，使得机械杂质及水分进入汽油中。

检查汽油中是否含有机械杂质及水分，一般是将试样注入 100mL 的玻璃量筒中静置 8～12h 后观察，试样透明，则说明没有悬浮和沉降的机械杂质及水分。

6. 燃料的热值

燃料的热值是指 1kg 燃料完全燃烧后所产生的热量，汽油的热值约为 44000kJ/kg。

4.1.2 汽油机可燃混合气

1. 可燃混合气成分的表示法

可燃混合气中空气与燃油的比例称为可燃混合气成分或可燃混合气浓度，通常用过量空气系数和空燃比表示。

（1）过量空气系数。燃烧 1kg 燃油实际供给的空气质量与理论上完全燃烧 1kg 燃油所需空气质量之比为过量空气系数，记作 α，即

α=燃烧 1kg 燃油实际供给的空气质量/理论上完全燃烧 1kg 燃油所需的空气质量

α=1 的可燃混合气称为理论混合气；α<1 的可燃混合气称为浓混合气；α>1 的可燃混合气称为稀混合气。

（2）空燃比。可燃混合气中空气的质量与燃油质量之比为空燃比，记为 λ，即

$$\lambda=空气质量/燃油质量$$

按照化学反应方程式的当量关系，可求出 1kg 汽油完全燃烧所需空气质量约为 14.7kg。显然，λ=14.7 的可燃混合气为理论混合气；λ<14.7 的为浓混合气；λ>14.7 的为稀混合气。空燃比 λ=14.7 称为理论空燃比或化学计量空燃比。

2. 不同成分的混合气对发动机性能的影响

（1）标准混合气（α=1）。这只是理论上完全燃烧的混合比，实际上这种成分的混合气在气缸中不能得到完全的燃烧，这是由于：

1）气缸中混合气的成分，由于混合时间和空间的限制，不可能均匀地分布，有可能使部分燃料来不及和空气化合就排出气缸。

2）由于气缸中总有一小部分的废气排不出去，它阻碍了汽油分子与空气分子的结合，影响了火焰中心的形成和火焰的传播。

（2）稀混合气（α>1）。这为实际上可能完全燃烧的混合气，它可保证所有汽油分子获得足够的空气而完全燃烧，因而经济性最好，故称经济成分混合气，α值多在1.05～1.15范围内。但是空气过量后燃烧速度减小，热量损失加大，平均有效压力和发动机功率稍有下降。若混合气过稀时（α>1.15），空气量过多，燃烧速度减小，热量损失加大，可导致发动机过热、加速性能变坏，排气管中出现突噜声。

（3）浓混合气（α<1）。因汽油的含量较多，汽油分子密集，火焰传播快，它可保证汽油分子迅速找到空气中的氧分子相结合而燃烧。α值在0.85～0.95范围内时，燃烧速度最快，热量损失小，平均有效压力和发动机功率大。因此，此时的混合气又称功率成分混合气。但是，浓混合气燃烧不完全，经济性降低。

过浓的混合气（α<0.85），由于燃烧不完全，产生大量的一氧化碳，在高温高压的作用下析出自由碳，导致发动机排气管冒黑烟（碳渣）、放炮、燃烧室积炭、功率下降、耗油量显著增大，排放污染严重。

（4）燃烧极限。可燃混合气太浓（α<0.4）或太稀（α>1.4）时，发动机虽能着火，但火焰无法传播，将导致发动机熄火，此α值为燃烧上极限或下极限。

通过试验表明：在发动机转速一定和节气门全开的条件下，改变可燃混合气的成分，测绘出相应的发动机功率（P_e）和耗油率（g_e）曲线（见图4-1）。曲线的形状，就是P_e和g_e随α变化的规律。它直观地表明了以下三点。

1）功率点和经济点是不对应的，动力性和经济性存在着矛盾，不能同时得到。

2）混合气过浓或过稀，动力性和经济性都不理想。

3）混合气成分在0.88～1.11范围内最有利，不获得动力性就获得经济性，或两者都较好。

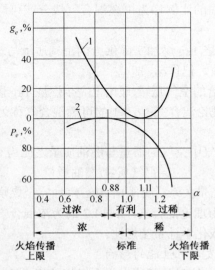

1—发动机耗油率（g_e）；2—发动机功率（P_e）

图4-1　可燃混合气成分对发动机性能的影响（发动机转速不变，节气门全开）

4.1.3　发动机工况和负荷的概念

发动机工况是其工作情况的简称，它包括发动机的转速和负荷情况。发动机的负荷就是汽车所施加给发动机的阻力矩 M_Q。这一阻力矩包括匀速运转的阻力矩和变速运转的惯性阻力矩，它随汽车工作情况（如道路状况、车速、装载量等）的变化而变化，发动机发出等量的转矩与之平衡。而发动机的转矩（M_e）是随节气门的开度而变化的，所以节气门开度的大小就代表了负荷的大小。负荷的大小多用百分数表示，如节气门全关负荷为零，全开负荷为 100%，半开为中等负荷，其间有无限个工况（负荷）。

汽车用的发动机工作特点是：

（1）工况变化范围很大，负荷可以从 0 变化到 100%，转速可以最低稳定转速变到最高转速，有时工况变化非常迅速。

（2）工况间的变化是连续的，中间并没有一个实际界限，工况的变换过程只是表现在节气门的开度和发动机转速高低的过程中。

（3）在汽车行驶的大部分时间内，发动机是在中等负荷下工作的。轿车发动机负荷经常是 40%～60%，而货车则为 70%～80%。

发动机多种工况要求有多种混合气成分，以满足不同工况对其动力性、经济性和排放的不同要求。

4.1.4　不同工况对可燃混合气成分的要求

1．正常工况

发动机的正常工况是指发动机已经完成预热，转入了正常运转。发动机正常工况按负荷大小可分为：怠速和小负荷、中等负荷、大负荷和全负荷三个范围。它在发动机全部工作时间内占的比重最大，对发动机的动力性和经济性要求也较高。

（1）怠速。怠速是指发动机对外无功率输出的工况。这时可燃混合气燃烧后对活塞所做的功全部用来克服发动机内部的阻力，使发动机以低转速稳定运转。目前，汽油机的怠速转速为 700～900r/min。在怠速工况，节气门接近关闭，吸入气缸内的混合气数量很少。在这种情况下气缸内的残余废气量相对增多，混合气被废气严重稀释，使燃烧速度减慢甚至熄火。为此要求供给 $\alpha=0.6\sim0.8$ 的浓混合气，以补偿废气的稀释作用。

（2）小负荷。小负荷工况中，节气门开度在 25% 以内。随着进入气缸内的混合气数量的增多，汽油雾化和蒸发的条件有所改善，残余废气对混合气的稀释作用相对减弱。因此，应该供给 $\alpha=0.7\sim0.9$ 的混合气。虽然比怠速工况供给的混合气稍稀，但仍为浓混合气，这是为了保证汽油机小负荷工况的稳定性，如图 4-2 中曲线 3 的小负荷段所示。

（3）中负荷。中负荷工况下节气门的开度在 25%～85% 范围内。汽车发动机大部分时间在中等负荷下工作，因此应该供给 $\alpha=1.05\sim1.15$ 的经济混合气，以保证发动机有较好的燃油经济性。从小负荷到中等负荷，随着负荷的增加，节气门逐渐开大，混合气逐渐变稀（图 4-2 曲线 3 的中负荷段）。

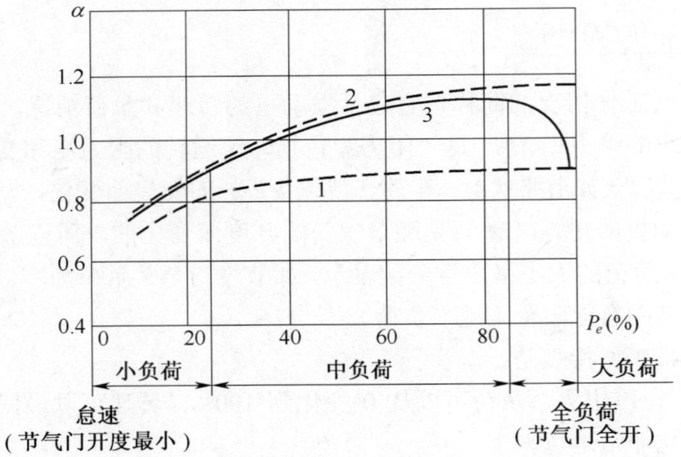

1—相应于最大功率时的α值；2—相应于最低燃油消耗率时的α值；3—理想α值曲线

图 4-2　混合气浓度与负荷的关系

（4）大负荷和全负荷。发动机在大负荷或全负荷工作时，节气门接近或达到全开位置。这时需要发动机发出最大功率以克服较大的外界阻力或加速行驶。为此应该供给 α=0.85～0.95 的功率混合气。从中等负荷转入大负荷时，混合气由经济混合气加浓到功率混合气，如图 4-2 中曲线 3 的大负荷段所示。

2．过渡工况

（1）冷起动工况。发动机在冷起动时，因温度低汽油不容易蒸发汽化，再加上起动时转速低（50～100r/min），致使进入气缸的混合气中汽油蒸气太少，混合气过稀，不能着火燃烧。为使发动机能够顺利起动，要求供给 α 为 0.2～0.6 的浓混合气，以使进入气缸的混合气在火焰传播界限之内。

（2）暖机工况。发动机低温起动后，转速逐渐升高并趋于稳定，但由于此时发动机的温度还比较低，仍存在汽油蒸发不良等问题，为了使发动机正常运转，仍需继续提供较浓的混合气。随着发动机温度的逐渐升高，混合气的浓度逐渐变稀，转速逐渐降低，最终到正常怠速。

（3）加速工况。汽车在行驶过程中，有时需要在短时间内迅速提高车速（急加速，如超车）。为此，驾驶员要猛踩加速踏板，使节气门突然开大，以期迅速增加发动机功率。考虑到检测空气流量信号的滞后及节气门开大，进气歧管的压力增加，不利于汽油的蒸发汽化。因此，在节气门突然开大时，将会出现混合气瞬时变稀的现象。这不仅不能使发动机功率增加、汽车加速，反而有可能造成发动机熄火。为了避免发生此种现象，在节气门突然开大空气流量迅速增加的同时，额外快速地供给一定数量的汽油（异步喷射），使变稀的混合气得到重新加浓。

（4）急减速工况。汽车急减速时，节气门在短时间内快速关闭，进气量迅速减小，要求减少喷油量，甚至停喷（急减速断油）以避免增加发动机有害物排放量和催化转换器的负担。

综上所述，对于经常在中等负荷下工作的汽车发动机，为了保持其正常的运转，从小负荷到中等负荷，要求其能随着负荷的增加，供给由浓逐渐变稀的混合气，直到供给经济混合气，

以保证发动机工作的经济性。从大负荷到全负荷阶段，又要求混合气由稀变浓，最后加浓到功率混合气，以保证发动机发出最大功率。

4.2　汽油机燃料供给系的分类与组成

4.2.1　汽油机燃料供给系的分类

　　按汽油机燃料供给方式的不同，汽油机燃料供给系可分为化油器式燃料供给系和电控汽油喷射式（电子控制汽油喷射系统 EFI）燃料供给系。

　　化油器式燃料供给系由于难以满足排放法规和对动力性、经济性的要求，已被淘汰。

　　电控汽油喷射式燃料供给系是利用安装在发动机不同部位上的各种传感器所测得的信号，按电子控制单元（电控单元，ECU）中设定的控制程序，通过对汽油喷射时间的控制，调节喷入进气管或气缸中的喷油量，从而改变混合气成分，使发动机在各种工况下都能获得与所处工况相匹配的最佳混合气，发动机功率得到提高，燃油消耗降低，废气排放量减少，使汽车冷车起动更容易，暖机更迅速，应用广泛。

4.2.2　电控汽油喷射系统的分类

　　1. 按控制方式分

　　（1）流量型喷射系统（L-Jetronic）是指在空气滤清器与节气门体之间装有计量空气量的空气流量计，通过它将空气量的物理量转变成电信号输送到电控单元，电控单元依此信号控制喷油量。L 型汽油喷射系统的空气流量计有热线式、热膜式、卡门涡流式，如图 4-3 所示。

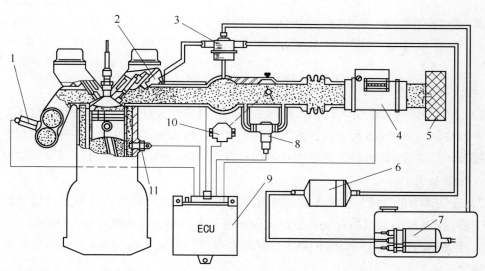

1—氧传感器；2—喷油器；3—油压调节器；4—热线式空气流量计；5—空气滤清器；6—汽油滤清器；
7—电动汽油泵；8—怠速空气调节器；9—电控单元；10—节气门位置传感器；11—冷却液温度传感器

图 4-3　L 型电控汽油喷射系统

（2）压力型喷射系统（D-Jetronic，D 来源于德文 Druck（压力）的第一个字母）是电控单元根据进气管压力和发动机转速计算出每一循环的进气空气量，并由此计算出循环基本喷油量。这种方式测量方法简单，喷油量调整精度容易控制，如图 4-4 所示。

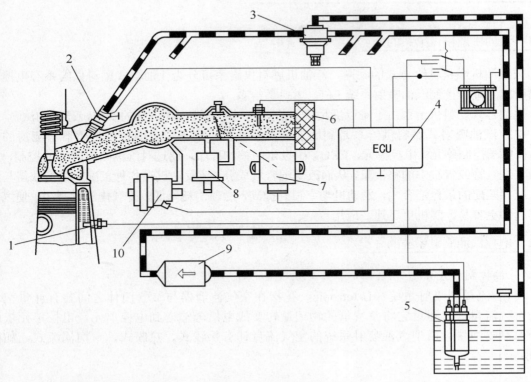

1—冷却液温度传感器；2—喷油器；3—油压调节器；4—电控单元；5—电动汽油泵；6—空气滤清器；
7—节气门位置传感器；8—怠速空气调节器；9—汽油滤清器；10—进气压力传感器

图 4-4　D 型电控汽油喷射系统

2.　按喷射位置分

（1）节气门体喷射系统（TBI）：也称为单点喷射系统（SPI），是指在节气门体上安装一个或两个喷油器，如图 4-5 所示，向进气总管中喷油，形成可燃混合气，在进气行程中，可燃混合气被吸入气缸内。这种喷射系统因喷油器位置在节气门体上集中喷射，所以也称为集中喷射系统（Ford 公司 CFI）。

（2）进气管喷射系统：也称为多点喷射系统（MPI），是指在每一个气缸的进气门前都安装一个喷油器，各缸喷油器按照发动机点火顺序在一定的曲轴转角内分别进行喷油（也称为顺序喷射），燃油喷射在进气门外侧，形成可燃混合气，如图 4-3 和图 4-4 所示。这种喷射系统能较好地保证各缸混合气的均匀。

（3）缸内直喷系统：在压缩行程开始前或后将汽油直接喷入气缸内。这项技术用于稀薄燃烧的汽油机。喷射压力较高（3～5MPa），因此对供油装置要求较高。

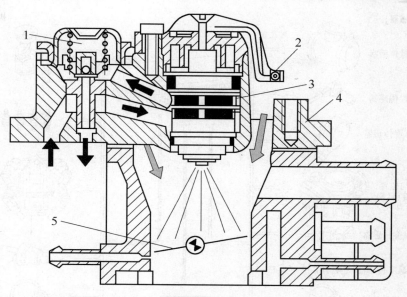

1—油压调节器；2—进气温度传感器；3—喷油器；4—节气门体；5—节气门

图 4-5　节气门体喷射系统

4.2.3　电控汽油喷射系统的组成

　　电控汽油喷射系统尽管形式多样，但它们都具有相同的控制原则，即以电子控制单元（ECU）为控制核心，以空气流量和发动机转速为控制基础，以喷油器为控制对象，保证发动机在各种工况下获得最佳的混合气浓度，以满足发动机动力性、经济性和排放要求。电控汽油喷射系统都由以下三个子系统组成：空气供给系统、燃油供给系统和电子控制系统。

　　1．空气供给系统

　　空气供给系统的作用是向发动机提供与负荷相适应的清洁空气，同时测量和控制进入发动机气缸的空气量，使它们在系统中与喷油器喷出的汽油形成符合要求的可燃混合气。该部分主要包括空气滤清器、空气流量计（进气压力传感器）、节气门体、怠速控制阀、进气歧管等。在节气门体中有一正圆形的节气门，由驾驶员直接或间接控制其开度大小，改变进入发动机空气量的多少，达到改变发动机动力性的目的。

　　2．燃油供给系统

　　燃油供给系统的功用是用电动汽油泵向喷油器提供足够压力的汽油，喷油器根据来自ECU 的控制信号，向进气歧管内进气门上方喷射定量的汽油。该部分主要包括汽油箱、电动汽油泵、汽油滤清器、压力调节器、分配管、喷油器、油管等。

　　3．电子控制系统

　　电子控制系统的主要作用是根据发动机和汽车不同的运行工况，对喷油时刻、喷油量以及点火时刻等进行确定和修正，检测各传感器的工作，并将工作参数储存和输出。该部分主要包括传感器、开关信号、电控单元和执行器等，如图 4-6 所示。

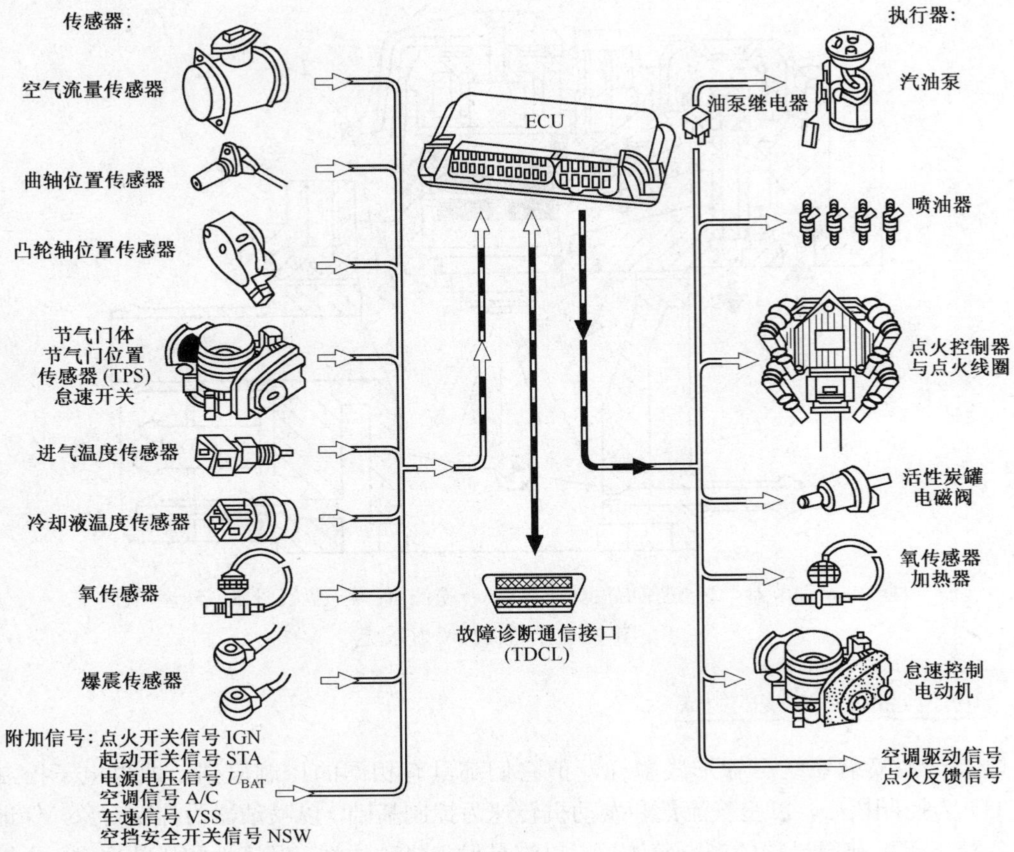

传感器：

空气流量传感器

曲轴位置传感器

凸轮轴位置传感器

节气门体
节气门位置
传感器 (TPS)
怠速开关

进气温度传感器

冷却液温度传感器

氧传感器

爆震传感器

附加信号：点火开关信号 IGN
起动开关信号 STA
电源电压信号 U_{BAT}
空调信号 A/C
车速信号 VSS
空挡安全开关信号 NSW

ECU

执行器：

油泵继电器

汽油泵

喷油器

点火控制器
与点火线圈

活性炭罐
电磁阀

氧传感器
加热器

怠速控制
电动机

空调驱动信号
点火反馈信号

故障诊断通信接口
(TDCL)

图 4-6　电子控制系统的组成

4.3　电控汽油喷射的空气供给系统

空气供给系统由空气滤清器、空气流量计（压力型电控汽油喷射系统安装的是进气压力传感器）、节气门体、怠速控制阀、进气歧管等组成。发动机工作时，驾驶员通过操作加速踏板控制节气门的开度，以此来改变进气量，控制发动机的转速。空气供给系统结构如图 4-7 所示。

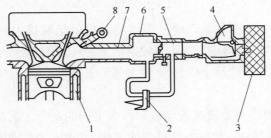

1—发动机；2—怠速空气调节器；3—空气滤清器；4—空气流量计；5—节气门体；

6—进气总管；7—进气歧管；8—喷油器

图 4-7　电控汽油喷射发动机的空气供给系统

4.3.1 空气滤清器

在发动机运转中，燃烧每升汽油就需要近 $10m^3$ 的空气。空气中含有的各种粒状异物被吸入气缸，会加快活塞环、气缸壁以及气门和气门座的早期磨损；若混入发动机的润滑油中，则会造成各轴承摩擦部位的磨损，影响发动机的寿命，所以空气滤清器的作用就是滤去空气中的粒状杂质。此外，空气滤清器还起着降低吸气噪声的作用。当然，空气滤清器也会增加进气阻力，导致功率的损失。

各类汽车发动机上广泛采用的干式纸质空气滤清器一般由滤芯和壳体组成，如图 4-8 所示。空气从空气滤清器进气短管 1 经滤网 3 进入滤清器底部，再经纸滤芯 5 和空气滤清器出气短管 7 流出滤清器，进入进气歧管。空气中粗大的杂质被滤网阻留，而细微杂质则被滤芯滤除。

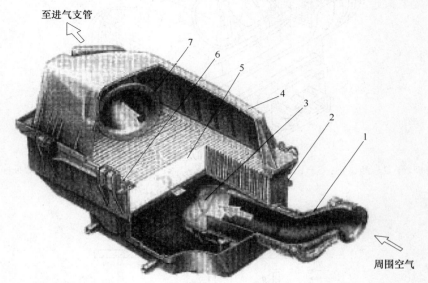

1—空气滤清器进气短管；2—下壳体；3—滤网；4—上壳体；5—纸质滤芯；
6—密封圈；7—空气滤清器出气短管

图 4-8 干式纸质空气滤清器

干式纸质空气滤清器有质量轻、成本低和滤清效果好等优点。纸质滤芯由经过树脂处理的微孔滤纸制成，可反复使用。

4.3.2 空气计量装置

空气计量装置的作用是对进入气缸的空气流量进行直接或间接地计量，并把空气流量的信息输送到 ECU。在电控汽油喷射系统中有空气流量计和进气压力传感器两种方式测量进入气缸的空气量。

1. 空气流量计

在电控汽油喷射发动机中使用的空气流量计主要有热线式、热膜式和卡门涡流式。

（1）热线式空气流量计。其构造如图 4-9 所示。测试管 2 置于空气流道的中央，空气流道装有金属防护网 1，并用卡环固定在壳体 7 上。在测试管内的支承环上固定一根直径为 70μm

的铂金属丝 3，在工作中铂金属丝被电流加热至 100℃以上，故称之为热线。支承环前端装有铂薄膜温度补偿电阻 4，支承环后端黏结有精密电阻，而控制电路板上则装有高阻值电阻。铂热线、温度补偿电阻、精密电阻和高阻值电阻构成惠斯通电桥电路中的四个臂（见图 4-10）。混合电路用来调节供给四个臂的电流使电桥保持平衡。

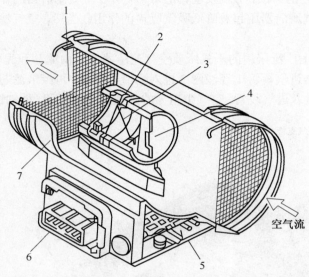

1—金属防护网；2—测试管；3—铂热线；4—温度补偿电阻；5—控制电路板；6—电源插座；7—壳体

图 4-9　热线式空气流量计

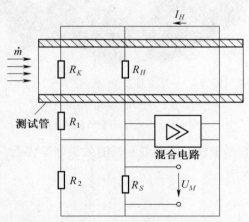

R_H—铂热线；R_K—温度补偿电阻；R_1、R_2—高阻值电阻；R_S—精密电阻；

U_M—电压输出信号；I_H—加热电流；m—空气流量

图 4-10　热线式空气流量计电路

当空气流过热线式空气流量计时，铂热线向空气散热，温度降低，铂热线的电阻减小，使电桥失去平衡。这时混合电路将自动增加供给铂热线的电流，以使其恢复原来的温度和电阻值，直至电桥恢复平衡。流过铂热线的空气流量越大，混合电路供给铂热线的加热电流也越大，即加热电流是空气流量的单值函数。加热电流通过精密电阻产生的电压降作为电压输出信号传

输给电控单元，电压降的大小即是对空气流量的度量。

温度补偿电阻的阻值随进气温度的变化而变化，起到一个参照标准的作用，用来消除进气温度的变化对空气流量测量结果的影响。一般将铂热线通电加热到高于温度补偿电阻温度 100℃。

热线式空气流量计无机械运动件，进气阻力小，反应快，测量精度高。但在使用中，铂热线表面受空气中灰尘的污染而影响测量精度。为此，电控单元中装有自洁电路，在发动机熄火后，自动将铂热线加热至 1000℃ 并维持 1s 时间，烧掉沾附在铂热线上的灰尘。

（2）热膜式空气流量计。其测量原理与热线式空气流量计相同，它是利用热膜与空气之间的热传递现象来测量空气流量的。热膜是由铂金属片固定在树脂薄膜上而构成的。用热膜代替热线提高了空气流量计的可靠性和耐用性，并且热膜不会被空气中的灰尘沾附。

热膜式空气流量计及其桥式电路如图 4-11 所示。

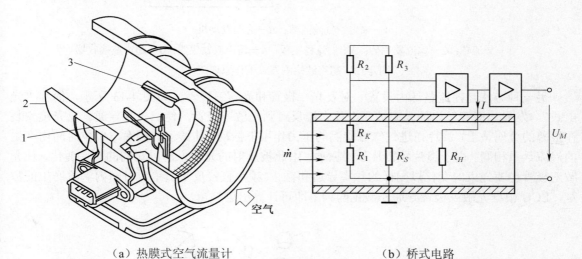

　　（a）热膜式空气流量计　　　　　　　　　　　（b）桥式电路

1—热膜；2—空气流量计壳体；3—测量管；R_H—热膜电阻；R_K—温度补偿电阻；

R_1、R_2、R_3—高阻值电阻；R_S—精密电阻；U_M—电压输出信号；I—加热电流；m—空气流量

图 4-11　热膜式空气流量计及其桥式电路

（3）卡门涡流式空气流量计。卡门涡流式空气流量计是利用卡门涡流理论来测量空气流量的。在卡门涡流式空气流量计进气气道的正中间有一个流线型或三角形涡流发生体。当空气流过这个涡流发生体时，发生体后方的气流中会产生一系列不对称却十分规则的空气旋涡。根据卡门理论旋涡依次沿气流流动的方向向后移动，其移动速度与空气流速成正比。因此，在单位时间内通过发生体后方某点的旋涡数量与空气流速成正比，即通过测量单位时间内旋涡的数量就可以计算出空气流速和流量。

测量单位时间内旋涡数量的方法有两种。一种方法是在卡门涡流式空气流量计后半部分的两侧设置一对超声波发生器和接收器，如图 4-12 所示，简称"超声波检测方式"。发动机运转时，超声波发生器不断地向接收器发出一定频率的超声波。当超声波通过进气气流到达接收器时，由于受到气流中旋涡的影响，超声波的频率的相位发生变化。接收器测得这一相位的变化，ECU 根据相位变化的频率计算出单位时间内产生的旋涡数量，从而计算出空气的流速和流量。

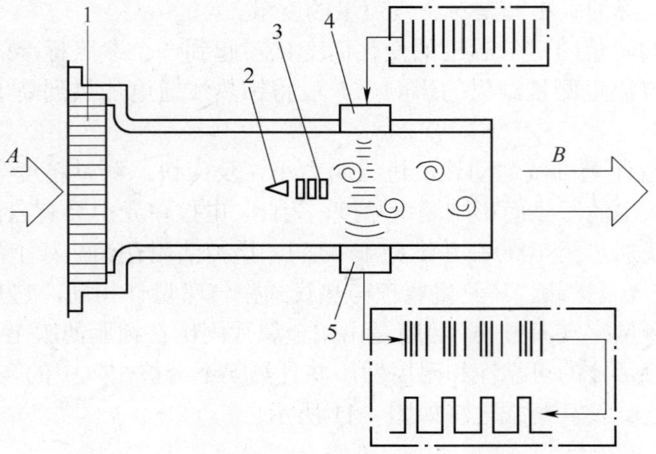

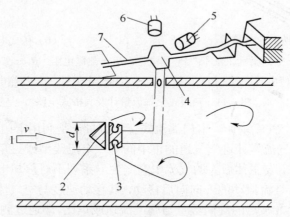

A—来自空气滤清器；B—流向发动机

1—导流罩；2—涡流发生体；3—涡流稳定板；4—超声波发生器；5—超声波接收器

图4-12 超声波检测方式工作原理图

　　另一种方法是在流量计内设置一对发光二极管和光敏三极管，如图4-13所示，简称"光电式"。发光二极管发出的光束被一个反光镜反射到光敏三极管，使三极管导通。反光镜安装在很薄的金属簧上，簧片在进气气流旋涡的压力作用下振动，其振动的频率与单位时间内产生的涡流数量相同。由于镜片随簧片一同振动，因此被反射的光束方向以相同的频率变化，使光敏三极管也随光束的变化以同样的频率导通和截止。频率直接反映出单位时间内涡流产生的数量，ECU根据光敏三极管导通和截止的频率即可计算出进气量。

1—来自空气滤清器；2—涡流发生体；3—导压孔；4—反光镜；

5—光敏三极管；6—发光二极管；7—板弹簧

图4-13 反光镜检测方式工作原理图

　　卡门涡流式空气流量计的响应速度在几种空气流量计中最快，它能几乎同步地反映出涡流流速的变化，此外，它还有测量精度高、进气阻力小、无磨损等优点。但它的成本高，只有少数高档车型使用这种空气流量计。

2. 进气压力传感器 MAP（Manifold Absolute Pressure Sensor）

在 D 型汽油喷射系统中不设空气流量计，而是采用进气压力传感器测量节气门后进气管内的绝对压力，利用该绝对压力和发动机转速来计算吸入气缸的空气量并以此作为电控单元计算喷油量的主要参数。在发动机工作时，节气门开大，进气量增多，进气管压力相应增加。因此，进气管压力的大小反映了进气量的多少。

进气压力传感器由压力转换元件和把转换元件输出信号进行放大的集成电路（IC）及真空室构成。压力转换元件是利用半导体的压电效应制成的硅膜片，如图 4-14 所示。硅膜片的一面是真空室，另一面导入进气压力。由于硅膜片的一侧是真空室，因此在进气压力作用下硅膜片产生变形，使扩散在硅膜片上电阻的阻值发生变化。进气管内压力越高，硅膜片的变形量越大。利用惠斯通电桥可将硅膜片的电阻变化转换成电压信号。因为输出的电压信号很微小，所以需用集成电路进行放大。经 IC 放大处理后的电信号，作为进气压力信号送到 ECU，ECU 根据此信号和转速信号，即可计算进气量。

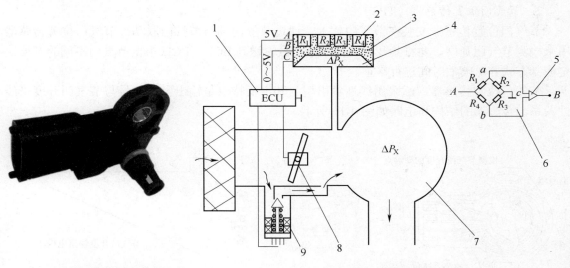

（a）进气压力传感器实物　　　　　　　　　　　（b）结构原理图

1—电控单元（ECU）；2—压敏电阻；3—硅膜片；4—压力室；5—差动放大器；6—桥式电路；

7—进气主管；8—节气门位置传感器 TPS；9—怠速空气调节器 IAC

图 4-14　进气压力传感器

进气压力传感器一般通过真空软管与节气门后方的进气管相通，也有些车将其直接装在节气门体上，这样可以避免真空软管漏气而造成的故障。

4.3.3　节气门体

节气门体位于空气流量计之后的进气管上，它包括节气门、节气门位置传感器及怠速控制机构，如图 4-15 所示。

1. 节气门

节气门是正圆形的，怠速时节气门完全关闭或由怠速控制机构控制而使其微开。

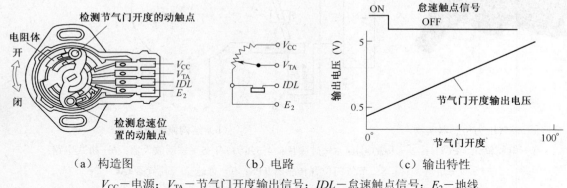

1—回位弹簧；2—操纵臂；3—节气门；4—旁通空气道；5—怠速控制阀；6—节气门位置传感器

图 4-15　节气门体

2. 节气门位置传感器（TPS）

节气门位置传感器安装在节气门体上，通过节气门轴与节气门联动。节气门位置传感器用来检测节气门开度，并将其开度转换成电信号输送到 ECU，ECU 根据节气门不同的开度决定控制方式并对喷油时间进行修正。

节气门位置传感器广泛采用线性输出型。其主要特点是输出电压信号与节气门开度呈线性关系。传感器的结构和电路如图 4-16 所示。

（a）构造图　　　　　　（b）电路　　　　　　（c）输出特性

V_{CC}—电源；V_{TA}—节气门开度输出信号；IDL—怠速触点信号；E_2—地线

图 4-16　线性输出型节气门位置传感器

传感器有两个与节气门联动的可动电刷触点。一个触点在电阻体上滑动，利用变化的电阻值，测得与节气门开度对应的线性输出电压，根据输出的电压值，可知节气门开度。另一个电刷触点在节气门全关闭时与怠速触点 IDL 接触，给 ECU 提供怠速信号，用于发动机急减速时断油控制和点火提前角的修正。由图 4-16（c）传感器输出特性可看出传感器输出电压随节气门开度增大而呈线性增大。有些发动机上的节气门位置传感器输出电压与节气门开度成反比。

3. 怠速控制机构

怠速控制机构通常安装在节气门体上，其作用是自动控制发动机怠速；在发动机热机、

有额外负荷（如开空调、动力转向起作用、自动变速器 P/N 挡开关进入运行挡位、全车电器投入使用等）时，调节进气量，从而调节发动机转速和动力。怠速控制机构有两种控制形式：怠速旁通道式和节气门直动式。

（1）怠速旁通道式。怠速旁通道式广泛采用步进电机式怠速控制阀，它安装在节气门体上或进气总管上，控制节气门前后的怠速旁通道的开度大小来增减怠速进气量，以达到调整怠速的目的。怠速控制阀由电控单元控制，能自动将怠速保持在设定的最佳转速上。

步进电机式怠速控制阀是将步进电机与怠速控制阀做成一体，由步进电机、旁通气阀阀芯、阀座以及把旋转运动变成直线运动的进给丝杆等组成，如图 4-17 所示。步进电机是一种非连续转动的转角控制执行机构，并且可根据控制信号实现正、反转。

如图 4-18 所示，步进电机的转子用永久磁铁制成，N 极和 S 极在圆周上相间排列，形成八对磁极。定子有 A、B 两个，上下重叠，内绕 A、B 两组线圈。每个定子各有八对爪极，每对爪极之间的间距为一个爪极宽度，A、B 两定子爪极相差一个爪极宽度，构成一体安装在外壳上，如图 4-19 所示。

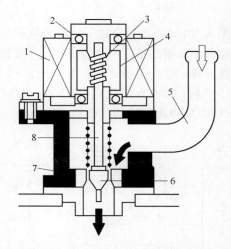

1—定子线圈；2—轴承；3—进给丝杆；4—转子；5—旁通空气道；6—阀芯；7—阀座；8—阀轴

图 4-17　步进电机式怠速控制阀

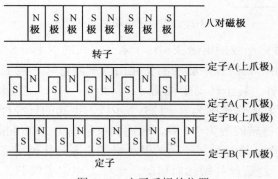

图 4-18　定子爪极的位置

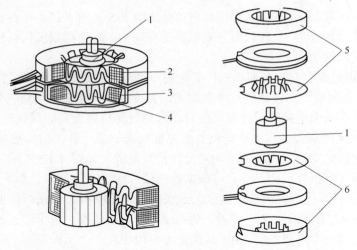

1—转子；2—线圈 A；3—线圈 B；4—爪极；5—定子 A；6—定子 B

图 4-19　定子爪极结构

　　相线绕组的控制电路见图 4-20，A、B 两个定子绕组分别由 1、3 相绕组和 2、4 相绕组组成，ECU 通过晶体三极管控制各相绕组的搭铁，交替变换定子爪极极性，使步进电机转子产生步进式转动，如欲使步进电机正转，相线控制脉冲按 1—2—3—4 相序滞后 90°相位角，使定子上的 N 极向右移动，则转子正转。如欲使步进电机反转，相线控制脉冲按 1—2—3—4 相序依次超前 90°相位角，定子上的 N 极向左移动，则转子反转。

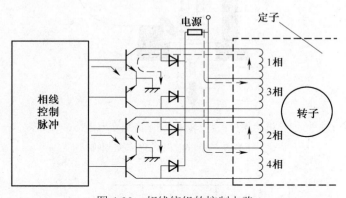

图 4-20　相线绕组的控制电路

　　转子的转动是为了使定子线圈电磁铁和转子永久磁铁的 N 极、S 极互相吸引到最近距离。当定子的爪极极性由于相线控制脉冲的变化而改变时，转子也随之转动，始终保持转子的 N 极与定子的 S 极对齐。转子转动 1 圈需 32 个步级，每一个步级转动 1 个爪的角度（即 11.25°），步进电机的正常工作范围为 0～125 个步级。锥阀的直线行程为 0.8mm，125 步级锥阀的总行程为 10mm，旋转圈数为 3.9 圈，转速调节范围为 300r/min。应该说明：它的实际工作范围多在 50 步级以内，这是为了不同的发动机排量系列化使用。

　　当步进电机转动时，进给丝杆做轴向移动。丝杆上固定着阀芯，丝杆上下移动时，带动阀芯关小或开大旁通气道。ECU 通过控制步进电机的转动方向和转角，就可以控制丝杆的移动方向和移动距离，从而达到控制旁通气阀开度，调整怠速进气量的目的。

　　热机过程中，ECU 控制步进电机转动，使怠速控制阀从刚起动时的最大开度逐渐减小。当冷却液温度达到 70℃时，暖机控制结束，怠速控制阀恢复到正常怠速开度。

　　（2）节气门直动式。怠速转速的控制方式为节气门直动式时，取消了节气门旁通道，由节气门控制组件对发动机的怠速进行综合控制。

　　节气门控制组件由怠速开关、怠速节气门位置传感器、怠速控制电机和节气门位置传感器等组成，如图 4-21 所示。

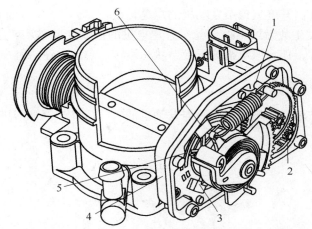

1—应急弹簧；2—怠速控制电机；3—节气门位置传感器怠速开关信号输出端子；
4—整体式怠速空气调节装置；5—怠速开关；6—怠速节气门位置传感器
图 4-21　节气门直动式怠速控制机构

　　节气门位置传感器和怠速节气门位置传感器都起着节气门位置传感器的作用。怠速控制电机起着控制怠速的作用，能适当开大或关小节气门。

　　怠速开关、怠速节气门位置传感器以及节气门位置传感器的功用是向电控单元提供节气门当前位置信息。在怠速范围内，电控单元将这些信息以及转速信号、冷却液温度信号、额外负荷信号等，与规定值比较后，得到偏差修正量，调节喷油量和空气量的多少。怠速控制电机（可正反转）经过两级降速后直接驱动节气门动作，完成高怠速和低怠速空气量的调节。节气门控制组件是智能化节气门体的原始雏形。

　　节气门位置传感器直接连接在节气门轴上，与驾驶员操纵的加速踏板联动。通过安装在节气门轴一端的电刷触点在电位计电阻上滑动，可将节气门开度转换为电信号输送给电控单元，在发动机工作转速范围内，向电控单元提供当时的节气门位置信号，作为电控单元判断发动机运转工况的依据。

　　怠速节气门位置传感器安装在节气门体内，与怠速控制电机连接在一起，可将节气门的开度、怠速控制电机的位置信号输送给电控单元，当怠速节气门位置传感器到达调节范围极限时，不再移动，节气门仍可继续开启。当怠速节气门位置传感器的信号中断时，节气门控制组件将利用应急弹簧进入应急状态工作，将节气门拉开到固定位置，使怠速转速升高。

　　怠速开关与节气门位置传感器一起安装在节气门轴上，向电控单元提供怠速状态信息。

当节气门关闭时，怠速开关触点闭合，电控单元判定发动机处于怠速状态，从而按怠速工况要求控制喷油量；当节气门打开时，怠速开关触点断开，电控单元根据这一信号控制从怠速到小负荷的过渡工况的喷油量。怠速开关信号还可作为电控单元判断是否进行怠速自动控制和急减速断油控制的依据。当怠速开关信号中断时，电控单元将把节气门位置传感器的信号与怠速节气门位置传感器的信号进行比较，根据两个电位计的相互位置来判别出节气门的怠速位置。

怠速控制电机在怠速调节范围内，通过齿轮传动机构来操纵节气门，使其开度增大或减小。当发动机怠速工作时，怠速节气门位置传感器将其阻值变化转换为电信号输入电控单元，电控单元接收到该信号后，根据信号电压高低确定节气门的位置，再控制怠速控制电机，通过怠速电机微量调节节气门开度来调节发动机的怠速转速。

当怠速控制电机发生故障或电控单元对怠速电机的控制失灵时，应急弹簧将把节气门拉到一个特定的应急位置，使怠速电机处于应急状态运转，怠速转速将升高。

4.3.4　进气总管和进气歧管

进气总管和进气歧管位于电控汽油喷射发动机的节气门体与气缸盖进气道之间，如图4-22所示。

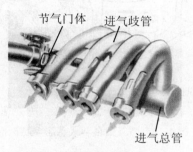

图 4-22　进气总管与进气歧管

为了提高充气效率、降低流动损失，进气总管和进气歧管壁面力求光滑。采用多点喷射的汽油机，进气管阻力小、充气效率高；可充分利用进气管内的空气动力效应，进一步提高不同工况下的进气量，改善发动机的转矩输出特性。许多多点喷射汽油机采用长进气歧管，将进气歧管设计成具有较大的弧度，以充分利用进气管内高速气流的惯性，增加充气量，这种进气管也称为香蕉形进气管。

除了利用气流惯性效应外，为了利用气流的波动效应，现代轿车发动机常采用谐振进气歧管，即通过选择适当的支管长度来对进气的压力波动进行"调谐"，使其在不过分损失能量的情况下，使支管内产生所希望的谐振波。当进气门打开时，压力波正好到达进气门口处，这就有助于燃烧室的扫气和过后充气。通常谐振进气歧管是调校到当发动机工作接近最高转速或在最高转速时发生谐振，这可对由高转速引起的充气效率下降进行补偿。

现代汽车发动机进气管和进气歧管一般都是铝合金压铸件，这是因为铝合金导热性好、质量轻、内壁可制造得很光滑。除铝合金外，也有不少进气歧管是用合成树脂压制成的，质量更轻，内壁更光滑。

多点汽油喷射发动机在进气歧管出口处有喷油器座，安装喷油器，汽油直接喷射到进气门附近，与空气混合，形成可燃混合气。

4.4　电控汽油喷射的燃油供给系统

电控汽油喷射的燃油供给系统由汽油箱、电动汽油泵、汽油滤清器、燃油分配管、回油管、油压调节器、喷油器等组成，如图 4-23 所示。

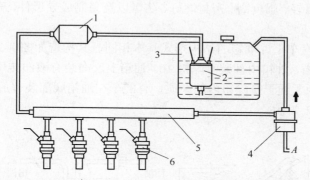

1－汽油滤清器；2－电动汽油泵；3－汽油箱；4－油压调节器；5－燃油分配管；6－喷油器；

A－接进气歧管

图 4-23　燃油供给系统

发动机工作时，电动汽油泵把汽油从油箱中泵送出去，经汽油滤清器除去杂质和水分后，汽油流入燃油分配管，然后分送到各个喷油器。燃油分配器上装有油压调节器，根据进气管内气体的压力对燃油压力进行调整，多余的燃油经油压调节器流回油箱。有些发动机在燃油输送通道中还装有燃油压力脉动减振器，用以削减燃油的脉动现象。

另外有许多车辆发动机采用无回油管路的单管路供油系统，将燃油滤清器、压力调节器、燃油油位传感器和燃油切断阀一体的模块式燃油泵总成安装在汽油箱中，如图 4-24 所示。该系统的燃油分配管内的压力是恒定的，喷油器两端的压力是变化的，多余的燃油在油箱内就完成了回流，能防止燃油箱内部温度升高，减少燃油蒸气排放量。在固定的喷射时间内喷油量是变化的，但发动机电控单元可根据进气压力传感器和氧传感器的信号，对喷油量进行修正和补偿，因此喷油量同样会精确。

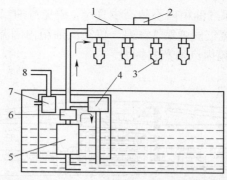

1－燃油分配管；2－脉动衰减器；3－喷油器；4－油压调节器；5－电动汽油泵；

6－汽油滤清器；7－单向阀；8－至炭罐

图 4-24　单管路供油系统

4.4.1　汽油箱

汽油箱用以储存汽油。普通汽车只有一个汽油箱，越野汽车则常有主、副两个汽油箱。货车的油箱通常装在车架外侧、驾驶员座下或货箱下面。轿车的油箱多装在后排座椅下。

油箱体的材料有两种：一种是用薄钢板冲压件焊接而成；另一种是用高分子高密度聚乙烯吹塑制成，具有重量轻、强度高、密封性好、防爆以及易制成异形件，充分利用空间的优点，因此被轿车广泛采用。

各种不同型号的汽车上，油箱的结构形式基本相同，其构造如图4-25所示。为防止油液面由于行车振荡而外溢，油箱内部装有隔板10。油箱上表面装有液面传感器4，底部有辅助油箱7，内有滤网9。为了便于排除箱内的杂质，有的车在油箱底部装有放油螺塞8。油箱加油口用带阀门的油箱盖1封闭。

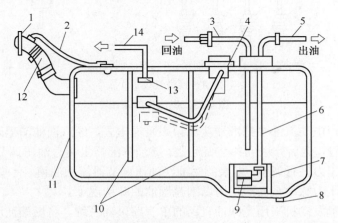

1—油箱盖；2—通气软管；3—回油管；4—液面传感器；5—出油管；6—燃油连接管；7—辅助油箱；
8—放油螺塞；9—滤网；10—隔板；11—油箱体；12—燃油进口软管；13—单向阀；14—通活性炭罐

图4-25　汽油箱

油箱盖（见图4-26）用以防止汽油的溅出及减少汽油挥发，它由空气阀4和蒸气阀6组成。空气阀用较弱的空气阀弹簧5压住，当油箱内油面下降，压力低于某一数值时，空气阀打开，使空气进入汽油箱，确保汽油箱内不致产生真空，避免汽油箱受到内外空气压力差的作用而被损坏。蒸气阀用较硬的蒸气阀弹簧3压住，仅在汽油箱内因温度过高、压力超过规定值时才开启，因而有利于减少油箱内汽油蒸气挥发。

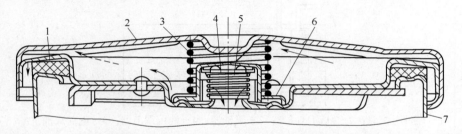

1—密封垫圈；2—盖壳；3—蒸气阀弹簧；4—空气阀；5—空气阀弹簧；6—蒸气阀；7—汽油箱加油口

图4-26　闭式汽油箱盖

有些发动机上装有活性炭罐，以吸收汽油箱内产生的燃油蒸气，这种形式的汽油箱盖上只有空气阀，没有蒸气阀，装有转矩限制器，确保密封。

4.4.2 电动汽油泵

电动汽油泵的作用是将汽油从油箱内吸出，加压后经喷油器喷入发动机进气管。电动汽油泵主要有滚柱式、内齿轮式、涡轮式等。

1. 滚柱式电动汽油泵

滚柱式电动汽油泵主要由电动机、滚柱泵、单向阀、限压阀、滤网和阻尼稳压器等组成，其结构如图 4-27（a）所示。

滚柱泵主要由转子、与转子偏心的定子（即泵体）以及在转子和定子之间起密封作用的滚柱等组成，如图 4-27（b）所示。泵体的一端是进油口，另一端是出油口。进油口一侧的滚柱式油泵由泵壳中间的直流电机驱动。当油泵旋转工作时，由于离心力的作用，转子槽内的滚柱紧靠在偏心设计的泵体内壁上。滚柱随转子一同旋转时泵腔容积发生变换，燃油进口处容积越来越大，出口处容积越来越小，使燃油经过入口的滤网被吸入油泵，加压后经过电机周围的空间从出口泵出。油泵出口处有一单向阀，在油泵不工作时阻止燃油倒流回油箱。若因汽油滤清器堵塞等原因使油泵出口一侧油压上升，与油泵一体的限压阀即被顶开，使部分燃油回到进油口一侧，以防止电动汽油泵输出油压过高。

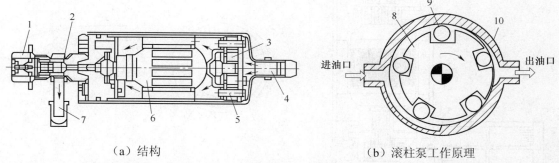

（a）结构　　　　　　　　　　　　　　（b）滚柱泵工作原理

1—脉动衰减器；2—单向阀；3—滚柱；4—进油管；5—滚柱泵；6—电动机；

7—出油管；8—转子；9—滚柱；10—壳体

图 4-27　滚柱式电动汽油泵

滚柱式电动汽油泵的特点是：泵油压力高，流量大；油压脉动大，必须与燃油压力脉动衰减器配合使用；运转噪音大，滚柱和定子磨损快。

2. 内齿轮式电动汽油泵

内齿轮式电动汽油泵主要由主动齿轮、从动齿轮和泵体组成，如图 4-28 所示。

直流电动机带动主动齿轮旋转，并由其带动从动齿轮旋转。由于主、从动齿轮的齿数不同且旋转中心不重合（存在偏心距），两齿轮转动时就会产生速度差和容积差。在进油口处内、外齿轮所围合的油腔容积逐渐变大，成为低压吸油腔，将汽油自吸油口吸入；而出油口处的容积逐渐减小，成为高压泵油腔，将汽油从出油口排出。

内齿轮式电动汽油泵的特点是：泵油压力高、流量大；燃油压力脉动大；磨损和噪音较小，比较适合在乘用车上使用。

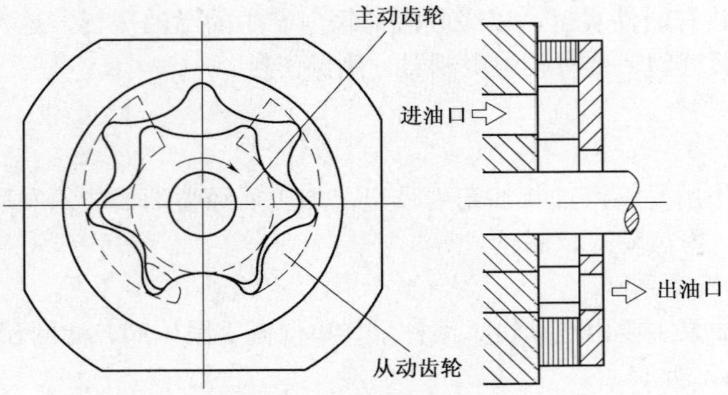

主动齿轮
进油口
出油口
从动齿轮

图 4-28　内齿轮式电动汽油泵

3. 涡轮式电动汽油泵

涡轮式电动汽油泵由电机、涡轮泵、单向阀、限压阀及滤网等组成，如图 4-29 所示。其涡轮泵大都采用叶片式的，故也叫叶片式电动汽油泵。

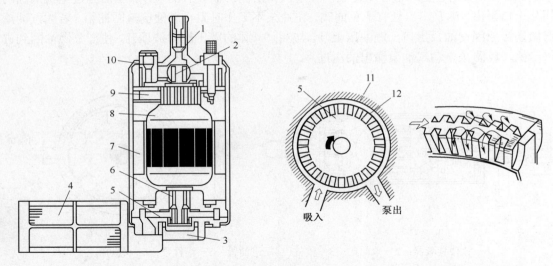

1
2
10
9
8
7
6
5
4
3
11
5
12
吸入
泵出

1—单向阀；2—轴承；3—橡胶缓冲垫；4—滤网；5—涡轮；6—轴承；7—磁铁；8—电枢；
9—电刷；10—限压阀；11—泵体；12—叶片沟槽

图 4-29　叶片式电动汽油泵

电机驱动油泵运转时，涡轮泵转子圆周槽内的燃油随转子一起高速旋转，在离心力作用下，使燃油出口处油压增高，同时在进口处产生一定的真空，从而使燃油从进口被吸入并经单向阀泵向出口。设置单向阀可使发动机熄火后油路内燃油仍保持一定压力，减少气阻现象，便于发动机热起动。而限压阀是一种保护装置。在电动汽油泵中，当出口及下游油路出现堵塞，油泵工作压力大于 0.4MPa 时，限压阀自动打开，使油泵的高压侧与吸入侧连通，燃油仅在泵和电动机内部循环，避免发生管路破损和燃油泄漏事故。多点喷射系统压力为 200～350kPa；单点喷射系统压力为 100kPa。

这种电动汽油泵的优点是：运转噪声小，出油压力脉动小，转子无磨损，使用寿命长。

电控汽油喷射系统对汽油泵运转控制基本要求是：只有当发动机处于运转状态时，汽油

泵才运转，若发动机不工作，即使接通点火开关，汽油泵也不工作或只工作 1～2s。

4.4.3　汽油滤清器

汽油滤清器的作用是滤去汽油中的杂质。它是一次性使用，定期更换，一般是 15000km 里程就需要更换。

如图 4-30 所示，汽油滤清器为内压式纸质滤芯，呈双层袋状卷筒，套在芯管上，有 12～16 圈，袋口在进油端，袋底在出油端。

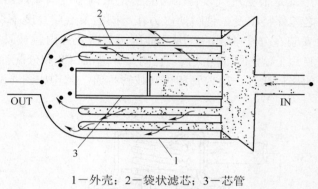

1—外壳；2—袋状滤芯；3—芯管

图 4-30　袋状汽油滤清器

内压式袋状滤芯的滤清面积远大于外压式波折状滤芯，内压式袋装滤芯滤清面积达 1500cm^2，过滤面积增大 40 倍，保证了畅通供油。它对安装方向有严格的要求，防止挤扁滤芯，造成供油不畅，加速无力，并对油泵造成负载过大，绕组发热，丧失泵油能力。

4.4.4　脉动衰减器

由于汽油泵工作时油泵内容积的变化形成"泵油脉动"，回油时油压调节器阀门开闭形成"回油脉冲"，喷油器间歇喷油形成"喷油脉冲"等原因，汽油在分配管内呈脉动状态。为此，在燃油分配管进口处或油泵处的出油口设有脉动衰减器，利用其膜片和弹簧的变形使容积随压力的大小而变化，缓和衰减分配管内油压的脉动，使油压稳定，保证了燃油准确地计量，如图 4-31 所示。

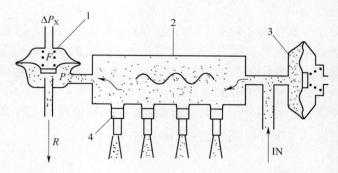

1—油压调节器；2—分配管；3—脉动衰减器；4—喷油器

图 4-31　脉动衰减器

4.4.5 油压调节器

喷油器喷油量的大小取决于针阀开启时间的长短，对于采用回油管的供油系统，其前提是喷油器喷孔内外的压力差保持不变。即

$$喷油压力=燃油压力-进气歧管压力$$

实际上，进气歧管压力随节气门开度不同而改变，则造成喷油压力不断变化，导致 ECU 无法通过控制喷油时间的长短来精确地控制喷油量。

油压调节器的作用就是根据进气歧管压力的变化来调节进入喷油器的燃油压力，使燃油压力与进气歧管压力之差保持不变，使喷油压力在不同的节气门开度下保持定值。

油压调节器一般安装在分配油管的一端。油压调节器壳体内腔被膜片分成两个小室。上方内有一弹簧紧压在膜片上，使回油阀关闭。它的一个进油口 8 和分配油管相通，下方的回油口 9 接回油管，上方的接口通过一根软管和进气歧管相通，结构如图 4-32 所示。

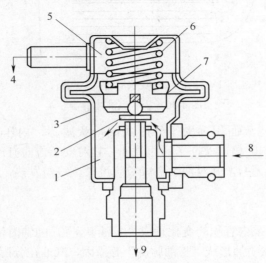

1—燃油室；2—回油阀；3—壳体；4—真空管接口；5—弹簧室；6—弹簧；7—膜片；8—进油口；9—回油口

图 4-32　油压调节器

膜片下方燃油压力超过膜片上方压力时，就推动膜片向上压缩弹簧，打开回油阀，使超压的燃油经回油管流回油箱。

由于膜片上方除了弹簧压力之外还作用着进气歧管压力（负压），因此燃油向上推动膜片打开回油阀所需的燃油压力为弹簧压力+进气歧管压力，即喷油器的喷油压力等于数值为定值的油压调节器弹簧预紧力。即不论进气歧管真空度如何变化，油压调节器都能使喷油压力保持恒定，喷油压力一般为 0.25~0.35MPa。

无回油管路的单管路供油系统压力调节器安装在汽油箱中模块式燃油泵总成上，其结构上没有真空管接口，燃油分配管内的压力是恒定的。

4.4.6 喷油器

喷油器是在 ECU 的控制下，将汽油呈雾状喷入进气总管或支管内，是电控汽油喷射系统

中一个重要的执行元件。

　　电控汽油喷射系统中都使用电磁式喷油器。其按用途可分为单点喷射系统用和多点喷射系统用；按燃料的进入位置可分为上方供油式和侧方供油式；按喷口形式可分为轴针式和孔式；按电磁线圈阻值可分为低阻式和高阻式；按驱动方式可分为电流驱动和电压驱动两种。

　　单点喷射系统的喷油器位于节气门上方进气管处；多点喷射系统的喷油器安装在各进气歧管或进气道附近的缸盖上，并用分配管固定。

　　多点喷射系统采用的轴针式喷油器结构如图 4-33 所示。它的一端为进油口，与分配油管连接；另一端为喷油口，插入进气歧管中，两端分别用 O 形密封圈密封。喷油器由喷油器体、衔铁、针阀、电磁线圈、回位弹簧等组成。

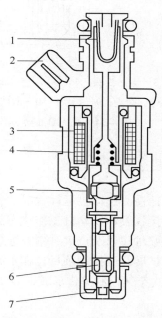

1—滤网；2—接线座；3—电磁线圈；4—回位弹簧；5—衔铁；6—针阀；7—轴针

图 4-33　轴针式喷油器

　　喷油器内部有一个电磁线圈，经线束与电控单元连接。喷油器头部的针阀与衔铁连接为一体。当电磁线圈有电流通过时，便产生吸力，将衔铁和针阀吸起，打开喷孔，燃油经针阀头部的轴针与喷孔之间的环形间隙高速喷出，并被粉碎成雾状，喷入进气歧管，与空气混合，在进气冲程中被吸入气缸。电磁线圈无电流通过时，磁力消失，弹簧将衔铁和针阀下压，关闭喷孔，停止喷油。ECU 利用脉冲的宽度来控制喷油器每次打开喷油的时间，从而控制喷油量。一般喷油器每次打开喷油的时间为 2～10ms。时间愈长，喷油量就愈大。

　　孔式喷油器的针阀端部有锥形或球形（见图 4-34）两种形状，采用球形端部的喷油器，通常称为球阀式喷油器。孔式喷油器一般采用 1～2 个喷孔，喷孔直径为 0.15～0.30mm。孔式喷油器由于喷孔较小，因此汽油的雾化质量较好，有利于提高汽油汽化速度，但由此带来的不足是喷孔容易堵塞。另外，球形端部针阀的质量仅为轴针式针阀的一半左右，因此球形端部针阀具有很好的动态响应特性。

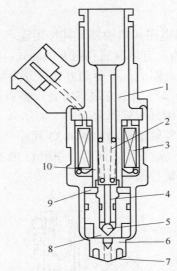

1—喷油器体；2—弹簧；3—电磁线圈；4—针阀；5—钢球；6—护套；7—喷孔；
8—阀座；9—挡块；10—衔铁

图 4-34 孔式喷油器

4.5 电控汽油喷射的控制系统

电控汽油喷射的控制系统包括检测发动机运行状况的各种传感器、电控单元（ECU）和执行器。电子控制系统的作用是接收表示发动机工作状态的各个传感器输送来的信号，根据 ECU 预置的程序，对喷油时刻、喷油量以及点火时刻等进行确定和修正。

随着计算机控制功能的不断扩展，其控制项目也在不断增加，如怠速控制、废气再循环控制、发动机闭环工作控制、二次空气控制等，形成了多功能控制的集中管理控制系统。

4.5.1 检测发动机运行状况的传感器

检测发动机运行状况的传感器包括空气流量计（或进气压力传感器）、节气门位置传感器、发动机曲轴位置及转速传感器、发动机的热状态传感器、进气温度传感器、汽车的车速传感器和发动机是否处于起动状态的开关信号传感器等。

1. 发动机曲轴位置及转速传感器

空气流量计检测的是单位时间内的空气流量，为确定每次循环符合最佳空燃比的喷油量，应求得每次循环吸入的空气量。在已知单位时间空气流量的基础上，还需检测发动机转速。另外，为确定各缸的喷射时刻和顺序，还需知道基准气缸的活塞位置。在电控汽油喷射系统中，这两个参数（发动机转速和活塞位置）的检测是由转速传感器和曲轴位置传感器来完成的，它们都属于主控参数。

有些发动机上还安装凸轮轴位置传感器，它的作用是向 ECU 提供关于发动机基准气缸所处的工作行程和活塞运动方向的信号，一般称为判缸信号。在采用顺序喷射方式的电控汽油喷射系统中，表明基准气缸所处工作行程和活塞位置的判缸信号是 ECU 进行喷油正时和顺序控制的唯一依据。

电控汽油喷射系统中使用的曲轴位置传感器和转速传感器，按它们的结构有磁电脉冲式、霍尔效应式和光电感应式三种类型，这三种类型的传感器可以不同的组合方式，完成各自承担的参数采集任务。

（1）磁电脉冲式传感器。它由磁电感应式传感器和脉冲盘等组成，对于其安装位置，有的在曲轴前端的皮带盘上，或曲轴后端的飞轮处，也有的装在分电器内，如图4-35（a）所示。磁电感应式传感器内部装有绕在永久磁铁上的感应线圈。它安装在缸体一侧靠近飞轮处，用来检测曲轴转角和发动机转速。脉冲盘安装在曲轴后端，位于飞轮与曲轴之间，脉冲盘在圆周上等分地布置着60个转子齿，其中空缺2个转子齿，供ECU识别曲轴位置，作为喷油、点火正时的参照基准。发动机运转时，脉冲盘上的转子齿每通过传感器一次，便在传感器内的感应线圈中感应出一个交变电压信号，而在缺齿处产生一个畸变的交变电压信号，如图4-35（b）所示。ECU根据这些交变电压信号和畸变的电压信号就可计算出发动机的转速和曲轴位置。

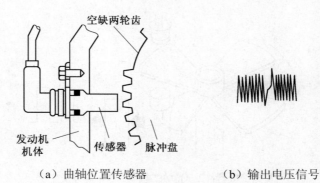

（a）曲轴位置传感器　　　　　（b）输出电压信号

图4-35　磁电脉冲式传感器

（2）霍尔效应式传感器。霍尔效应式曲轴位置传感器是利用霍尔效应原理对曲轴位置进行检测的一种传感器。

霍尔式传感器的基本原理是：当电流 I_V 通过放在磁场中的半导体基片，且电流方向与磁场方向垂直时，在垂直于电流与磁场的半导体基片的横向侧面上，即产生一个与电流和磁场强度成正比的霍尔电压 U_H，如图4-36（a）所示。霍尔电压 U_H 与霍尔半导体材料的特性、基片厚度、通过电流的大小及磁场强度等因素有关。对于一定的结构，当电流为定值时，霍尔电压与磁场强度成正比。

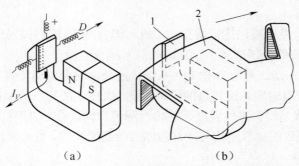

（a）　　　　　　　　（b）

I_V—霍尔元件上所加的电流；1—霍尔组件；2—叶轮

图4-36　霍尔效应式曲轴位置传感器

利用霍尔效应原理制成的霍尔效应式传感器的基本结构如图 4-36（b）所示。传感器由带有叶片或触发轮齿的信号轮（叶轮）2 和包括永久磁铁、导磁板及霍尔集成电路的霍尔信号发生器（霍尔组件）1 组成。霍尔效应式传感器具有输出电压不受发动机转速高低影响的优点，但由于叶片或触发轮齿数量受自身结构的限制，存在分度较粗的缺陷。

（3）光电感应式传感器。光电感应式传感器的基本结构及工作原理如图 4-37 所示。传感器由带有叶片的信号轮和包括发光二极管 1、光敏二极管 2 及放大整形电路的信号发生器 3 组成。信号轮转动时，每当叶片进入发光二极管和光敏二极管之间的空隙，发光二极管射向光敏二极管的光束被遮挡，光敏二极管的电压为零。当叶片离开两者之间的空隙时，发光二极管的光束照射到光敏二极管上，光敏二极管因感光而产生电压。随着信号轮的旋转，信号发生器向 ECU 输出与叶片数相等的电压脉冲信号。光电感应式传感器具有分度精度高、输出数字脉冲信号的优点，但也存在对使用环境要求较高的缺陷。

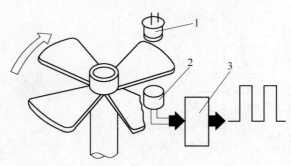

1—发光二极管；2—光敏二极管；3—信号发生器

图 4-37　光电感应原理

2. 温度传感器

（1）冷却液温度传感器。它安装在发动机缸体水套或冷却液管路中，与冷却液接触，用来检测发动机的冷却液温度，如图 4-38（a）所示。

ECU 中的电阻与冷却液温度传感器的负温度系数热敏电阻串联。热敏电阻阻值变化时，其分电压值随之改变。

冷却液温度较低时，燃油蒸发性差，应供给较浓的混合气。由于冷却液温度低，负热敏电阻阻值大，ECU 检测到的分压值就高。根据这个信号，ECU 增加燃油喷射量，使发动机的冷机运转性能得以改善。

冷却液温度高时，发动机已达正常工作温度，混合气形成条件较好，可燃用较稀混合气。这时，ECU 检测到相应的分压值较小，并依此信号减少喷油量。

（2）进气温度传感器。无论 D 型 EFI 系统，还是采用卡门涡旋式空气流量计的 L 型 EFI 系统，均应考虑空气密度对实际进气量的影响。空气密度是随空气的温度和压力而变化的。进气温度传感器的作用就是检测进气温度，并将检测信息输送给 ECU 作为修正喷油量的参考依据之一。进气温度传感器的原理结构与冷却液温度传感器相同，也是采用负温度系数的热敏电阻，如图 4-38（b）所示。

D 型 EFI 系统中进气温度传感器安装在空气滤清器之后的进气总管上；L 型 EFI 系统中的进气温度传感器装在进气总管或空气流量计内。

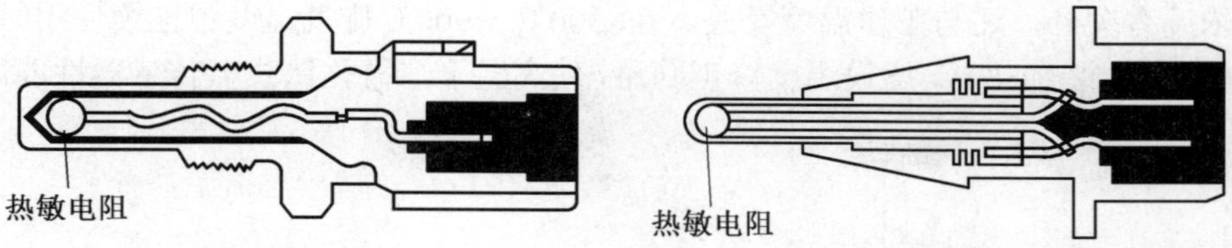

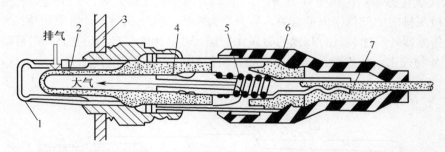

热敏电阻　　　　　　　　　　　　　热敏电阻

　　　（a）冷却液温度传感器　　　　　　　　（b）进气温度传感器

图 4-38　温度传感器

3. 氧传感器

氧传感器又称λ传感器，它安装在排气管上。氧传感器是发动机燃油喷射闭环控制的重要检测元件。它探测排出的气体中的氧浓度，并将其转化为电信号输入 ECU，主要有氧化锆式和氧化钛式两种形式。

（1）氧化锆式氧传感器。这种传感器体内有一个由氧化锆陶瓷制成的一端封闭的管状体，称为锆管，如图 4-39 所示。锆管的内外表面各自覆盖着一层透气的多孔性薄铂层作为电极。锆管内表面电极与大气相通，外表面则与废气接触。锆管外部套有一个带缝槽的耐热金属套管，对锆管起保护作用。

排气

大气

1—导入排气孔罩；2—锆管；3—排气管；4—电极；5—弹簧；6—绝缘套；7—导线

图 4-39　氧化锆式氧传感器

发动机运转时，排出的废气从氧传感器锆管外表面流过，在高温状态下氧分子发生电离。由于锆管内外表面上氧分子浓度不同，因而使氧离子从浓度大的锆管内表面向浓度小的锆管外表面移动，从而在锆管内外表面的两个电极之间产生一个微小的电压。当混合气的实际空燃比小于理论空燃比，即发动机以较浓的混合气运转时，排气管中缺氧，锆管中氧离子移动较快，并产生 0.9V 左右的电压；当混合气的实际空燃比大于理论空燃比，即发动机以较稀的混合气运转时，废气中有一定的氧分子，锆管中氧离子的移动能力减弱，只产生约 0.1V 的电压。因此，这种氧传感器输出的电压信号是随混合气成分不同而变化的，并以理论空燃比（约 0.45V）为界产生突变，如图 4-40 所示。

氧化锆在温度超过 300℃后，才能进行正常工作。大部分汽车使用带加热器的氧传感器。在这种传感器内有一个电加热元件，可在发动机起动后的 20～30s 内迅速将氧传感器加热至工作温度。这种传感器有四根接线：一根接 ECU，一根接电加热元件，另外两根分别接地。

（2）氧化钛式氧传感器。氧化钛式氧传感器是利用二氧化钛材料的电阻值随排气管中氧的浓度变化的特性而制成的一种氧传感器，二氧化钛材料是在室温下具有很高电阻值的半导体，随排出的气体中氧含量减少（混合气变浓时）材料电阻值随之下降。该传感器电阻特性除了与氧的浓度有关外，还与工作温度有关。在 300℃～900℃排气温度中连续使用时，必须进行温度补偿，即内装加热器，增设温度修正回路，使高温下二氧化钛式氧传感器性能比较稳定。

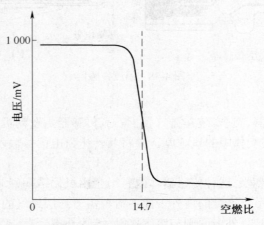

图 4-40 氧化锆式氧传感器特性

氧化钛式氧传感器结构如图 4-41 所示。它具有两个氧化钛元件，一个是多孔性二氧化钛陶瓷，用来检测排出的气体中氧的含量，另一个为实心二氧化钛陶瓷，用来加热调节，补偿温度的误差。传感器外端加装具有孔槽的金属保护层，可以让废气自由进出，同时可防止二氧化钛元件受到外物撞击，传感器接线端用橡胶材料密封，以防外界气体渗入。

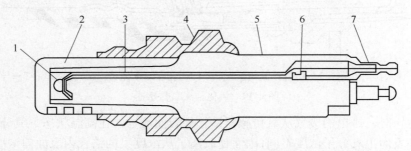

1—二氧化钛元件；2—金属保护管；3—导线；4—金属外壳；5—陶瓷绝缘材料；

6—陶瓷元件；7—接线头

图 4-41 氧化钛式氧传感器

因此，通过氧传感器探测废气中含氧量的多少，能获得上次喷油时间过长或不够的信号，供 ECU 对本次喷油时间修正。在发动机混合气闭环控制过程中，氧传感器相当于一个氧浓度开关，根据混合气空燃比向 ECU 输出脉冲变化的电压脉冲信号。ECU 根据氧传感器输入信号控制喷油量的增减，把空燃比精确地控制在理论值空燃比附近。

氧化钛式氧传感器的特性如图 4-42 所示。

（3）宽带型氧（λ）传感器。窄带型氧传感器在内外有氧离子浓度差时，氧离子由高浓度向低浓度扩散形成微电池，当对 ZrO_2 陶瓷加电压时，会在 ZrO_2 陶瓷内外形成氧离子浓度差而形成氧气泵，且电流方向决定氧离子的扩散方向。利用这个原理可把 ZrO_2 陶瓷加电压做成泵气的单元泵。

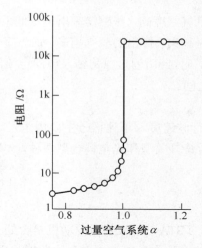

图 4-42　氧化钛式氧传感器特性

宽带型氧传感器就是利用了窄带型氧传感器和单元泵的工作原理，成为一种测量范围较大的气体浓度传感器。

窄带型氧传感器发出的是混合气稀或浓的交替跃变信号，不能直接确定浓稀偏离程度。偏离程度经过多次修正才能在 ECU 内得出。宽带氧传感器可以通过废气流来确定浓稀偏离程度。

在图 4-43 所示的宽带氧传感器的原理图中，废气流通过气室，只有当"气室氧浓度"是标准空燃比 14.7 时，窄带型氧传感器信号输出 0.45V，这时 ECU 控制单元泵不向气室泵气，也不排出气室内的氧气，信号电压在 1.50V 左右。

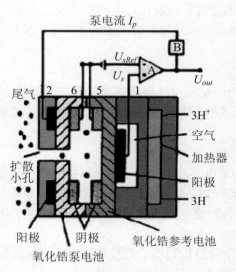

图 4-43　宽带氧传感器工作原理

当混合气浓时，气室中的氧气浓度低，传感器输出电压高于 0.45V，ECU 识别后改变氧化锆泵电池的电流方向，这时向气室中泵入氧气，电流越大，泵入氧气越多，气室中氧气变多，氧气浓度恢复到窄带型氧传感器电压为 0.45V 时，此时通过氧化锆泵电池电流大小即可反映废气中氧的浓度，信号电压在 1.00～1.50V 之间。

当混合气稀时，气室中的氧气浓度高，传感器输出电压低于 0.45V，ECU 识别后再次改变氧化锆泵电池的电流方向，电流越大，排出的氧气越多，而气室中的氧气变少，当氧浓度恢复到窄带型氧传感器电压为 0.45V 时，此时通过氧化锆泵电池电流的大小即可反映废气中氧的浓度，信号电压在 1.50～2.00V 之间。

4. 车速传感器（VSS）

车速传感器用以检测汽车行驶速度。车速信号主要用于发动机怠速和汽车加减速时的空燃比控制。车速传感器主要有舌簧开关型和光电耦合型两种，一般安装在变速器输出轴或组合仪表内。

4.5.2　开关信号

（1）起动信号。起动信号（STA）用来判断发动机是否处于起动状态。起动时，进气管内混合气流速慢，温度低，燃油雾化不良，为改善起动性能，必须增加喷油量以加浓混合气。STA 信号与起动开关连在一起，起动开关接通，ECU 便检测到 STA 信号，确认发动机处于起动状态，并自动增加喷油量。

（2）空调信号。空调信号（A/C）用来检测空调压缩机是否工作。该信号与空调压缩机电磁离合器的电源接在一起，ECU 根据 A/C 信号控制发动机怠速时的点火提前角，并进行怠速喷油量修正等。

（3）空挡起动开关信号。空挡起动开关信号（NSW）主要用于怠速系统的控制。在装有自动变速器的汽车中，ECU 用空挡起动开关信号判定变速器的挡位。识别变速器是处于空挡或停车（N 或 P 挡位）状态，还是处于行驶（O/D、D、2、1 或 R 挡位）状态。ECU 通过对 NSW 信号的识别，对怠速系统进行控制，在发动机过渡工况下，修正喷油量。

（4）其他开关信号。其他开关信号主要包括点火开关 IGN 信号、蓄电池电压信号 U_{BATT} 等。

4.5.3　电控单元

电控单元（ECU）的作用是按照预置程序对各个传感器输入的信息进行运算、处理、判断，然后发出指令，控制有关执行元件（如喷油器等）动作，以达到快速、准确、自动控制发动机工作的目的。

1. 电控单元的组成

它主要由中央处理器（CPU）、随机存储器（RAM）、只读存储器（ROM）、输入和输出接口电路、驱动电路和固化在 ROM 中的发动机控制程序和原始数据等组成（见图 4-44）。

（1）输入回路。它对各种输入信号进行预处理，一般包括除去杂波、把正弦波转换成矩形波及电平转换等。

（2）A/D 转换器。数字计算机只能处理数字信号，A/D 转换器将模拟信号转换成数字信号，再输入给电控单元进行处理。

（3）微机。微机是发动机电控系统的神经中枢，它主要由中央处理器（CPU）、随机存储器（RAM）、只读存储器（ROM）、输入/输出接口（I/O）等组成。

微机根据需要把各种传感器送来的信号用内存的程序和数据进行运算处理，并把处理结果（如喷油脉冲信号、点火控制信号等）送往输出回路。

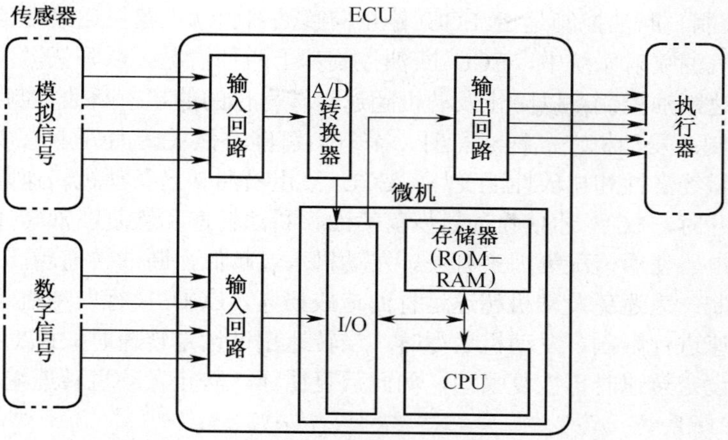

图 4-44　发动机电子控制单元的基本组成

（4）输出回路。输出电路是微机与执行器之间的连接部分，它将微机发出的控制指令，转变成控制信号来驱动执行器工作，起着控制信号生成和放大等作用。微机输出的是数字信号，而且输出信号很小，用这种信号一般不能直接驱动执行器工作，需要输出电路将其转换成可以驱动执行器工作的控制信号，如喷油器驱动信号、点火控制信号、燃油泵控制信号等。

2. 汽油喷射的控制过程

电控汽油喷射系统的工作过程就是对喷油正时和喷油持续时间（即喷油量）的控制过程。

（1）喷油正时控制。正时控制就是对喷油器开始喷油时刻的控制。多点间歇喷射汽油机的喷油时刻控制分为同步喷射和异步喷射两种方式。

同步喷射是指汽油的喷射与发动机运转同步，ECU 根据曲轴的转角位置来控制开始喷射的时刻。在发动机稳定工况的大部分运转时间里，汽油喷射控制系统以同步方式工作。

异步喷射是指 ECU 只是根据传感器的输入信号控制开始喷油时刻，与曲轴转角位置无关。异步喷射方式是一种临时的补偿性喷射，发动机处于起动、加速等非稳定工况时，汽油喷射控制系统以异步喷射方式工作或增加异步喷射对同步喷射的喷油量进行补偿。

（2）喷油持续时间（即喷油量）控制。电控汽油喷射系统对喷油量精确控制就是通过精确地确定和控制喷油的持续时间来实现的。根据发动机的运行特点，喷油持续时间控制分为起动时喷油持续时间的控制和起动后喷油持续时间的控制。

发动机起动时的基本喷油时间不是根据进气量（或进气歧管绝对压力）和发动机转速确定的，这与发动机起动后的控制方式不同。发动机起动时，由于转速低且波动大，因此，ECU 不能用进气量来计算喷油量，而是根据发动机的热状态而定。即 ECU 根据发动机当时的冷却液温度，从预存的水温－喷油时间数据图表中找出相应的基本喷油时间，然后进行进气温度和蓄电池电压修正，得到起动时的喷油持续时间。

有些电控汽油喷射系统为改善发动机起动性能，在起动时，除同步喷射外，还根据起动开关接通状态，ECU 自曲轴位置传感器检测到的第一个转速信号开始，以一个固定的喷油持续时间，同时向各缸进行异步喷射，以补充冷起动过程中对燃油量的额外要求。

发动机起动后喷油持续时间由发动机转速和进气量确定的基本喷油持续时间和发动机运行状态参数决定的修正喷油持续时间构成。

（3）断油控制。断油控制是指 ECU 停止向喷油器驱动电路发送喷油信号，喷油器暂时停止工作。电控汽油喷射系统中，ECU 断油控制基于两种情况：以降低燃油消耗，改善排气污染为目的的减速断油控制；以防止发动机超速运转为目的的超速断油控制。

减速断油控制：发动机在高速运行时，节气门可能突然关闭而处于急减速状态，为避免混合气过浓、燃料经济性和排放性能变坏，ECU 停止喷油。当发动机转速降至预定转速之下或节气门重新打开时，ECU 才使喷油器恢复喷油。断油转速和恢复喷油转速与冷却液温度、空调是否工作、电器使用情况等因素有关。发动机水温越低，断油转速越高。

超速断油控制：为避免发动机超速运行而造成损坏，ECU 执行发动机超速断油控制，对发动机的最高转速进行限制。发动机运行时，当转速超过设定转速时，ECU 停止输出喷油信号，转速下降至设定转速时再恢复喷油，如此反复循环，防止发动机转速继续上升。

3. 故障自诊断系统

现代汽车发动机电控系统中，一般都设有故障自诊断功能，该系统还可监测诊断发动机控制系统工作情况及工作中出现的故障。它一般具有如下功能：

（1）及时地检测出电控系统出现的故障。

（2）将故障信息以代码形式存储在 ECU 的存储器内。

（3）发出故障指示或警告信息，如点亮仪表板上的故障指示灯。

（4）为诊断故障原因提供参考，维修人员可以读取故障码。

一般在仪表板下方或发动机舱内设有一个专用接口（简称 OBD-Ⅱ），即故障诊断接口，该接口直接与 ECU 相连。将解码器或检测设备插入此专用接口，便可将故障码或诊断的传感器、执行器等信号的数据流由此读出，以便在控制系统出现故障时，能及时、快速地查找和排除。

4. 安全保险功能

安全保险功能又叫故障保险功能，它是电控单元检测出故障后，采取的一种保险措施。当某个传感器或执行器出现故障时，如果发动机 ECU 仍然按照正常方式继续控制发动机运转，就有可能使发动机或有关部件出现更严重的问题。安全保险功能主要依靠 ECU 内的软件来实现。当系统诊断出有故障出现时，一方面发出故障警告信号、保存故障码；另一方面 ECU 会自动启用安全保险功能，按照存储器内设定的程序和数据，使控制系统继续工作或强制停机。

5. 后备系统

后备系统也叫后备功能，当 ECU 内电控单元控制程序出现故障时，ECU 把燃油喷射和点火正时控制在预定水平上，作为一种备用功能使车辆仍能继续慢速行驶，回到修理厂，所以，也称之为跛行系统。

图 4-45 是发动机 ECU 后备系统的原理框图。其后备系统为一专用后备电路，由集成电路组成。监视回路中装有监视计数器，正常工作情况下，电控单元定时进行清零。出现异常情况时，例行程序不能正常运行。如果这时计数器的定期清零工作不能进行，计算机显示溢出。当监视器发现计算机溢出时，就能检测出异常情况。当监视器监测出电控单元出现异常情况而满足启用后备系统的条件时，首先点亮发动机故障灯，提示驾驶员发动机已出现故障，需要进行维修，与此同时，ECU 自动转换成简易控制的后备功能。

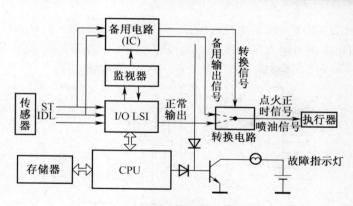

图 4-45　ECU 后备系统原理框图

后备系统只是简易控制，只能维持基本功能，使车辆能够慢速行驶，而不能保证发动机运行在最佳状态，不宜在"后备"状态下长时间行驶，应及时检查修理。

4.5.4　执行器

1. 电动汽油泵

通过电动汽油泵继电器或发动机 ECU 控制电动汽油泵的工作，当发动机处于运转状态时，汽油泵才运转，若发动机不工作，即使接通点火开关，汽油泵也不工作或只工作 1～2s。

2. 喷油器

通过控制喷油器通电的时间（脉冲的宽度）控制喷油器的喷油量，并控制喷油时刻和按喷油顺序喷油。

3. 点火器

通过控制点火器来控制点火线圈初级电流的通断、次级高压的产生、火花塞点火时刻的早晚，即改变点火提前角。

4. 活性炭罐电磁阀

在中小负荷时，打开电磁阀，将活性炭罐中的汽油蒸气与空气混合，使其进入进气管，进入发动机燃烧。

5. 怠速控制阀

自动控制发动机怠速，在发动机热机、有额外负荷（如开空调、动力转向起作用、自动变速器 P/N 挡开关进入运行挡位、全车电器投入使用等）时，调节进气量，从而调节发动机转速和动力。

4.6　智能电子节气门控制系统（ETCS-i）

智能电子节气门控制系统简称 ETCS-i（Electronic Throttle Control System-intelligent）。它是为了满足人们对汽车的动力性、经济性、净化性、舒适性、安全性和方便性提出的更高要求，应运而生的多样化、智能化发动机管理系统。发动机采用无拉索式节气门总成，节气门开启角度不再由加速踏板直接控制，驾驶员通过加速踏板位置传感器把需要的力矩指令，以电压信号的形式输送到电控单元，然后通过电子节气门总成控制节气门的开启角度。这将使发动机怠速

4
Chapter

控制系统、汽车防滑转系统、汽车电控巡航系统等的硬件设备大大简化，控制精度明显提高，使发动机的转速和功率调节进入多功能智能化控制领域，其基本原理如图 4-46 所示。

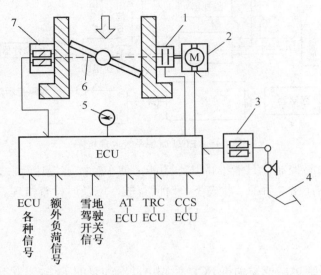

1—电磁离合器；2—节气门位置控制电机；3—加速踏板位置传感器；4—加速踏板；5—故障灯；
6—节气门；7—节气门位置传感器

图 4-46 智能电子节气门控制系统的基本原理

智能电子节气门系统由加速踏板位置传感器、电子节气门总成等电气元件组成。它受发动机 ECU 控制，发动机 ECU 和多个控制系统联网工作，具备了综合智能控制能力。

4.6.1 加速踏板位置传感器

加速踏板位置传感器传送加速踏板的开度和速率变化的电压信号给 ECU。

加速踏板位置传感器的外形如图 4-47（a）所示。有的加速踏板位置传感器直接安装在驾驶室内加速踏板轴处，有的安装在发动机舱内，通过一根拉索接在加速踏板上。

加速踏板位置传感器是一个无触点的双电位器传感器，由电控单元提供 5V 电压，传感器向电控单元发出两路反映加速踏板位置的电压信号，一路是另一路的两倍。电控单元根据此信号可进行驾驶员期望的转矩需求计算，经电控单元内部统一协调后控制电子节气门总成工作。

电控单元收到加速踏板位置传感器信号后，管理如下功能：怠速、加速、减速、中断喷射、临时转速等。

4.6.2 电子节气门总成

电子节气门总成（ETC）的结构和外形如图 4-48 所示。电子节气门一方面执行来自电控单元的指令调节节气门开度以控制进气量，同时可以输出反映节气门位置的信号，供系统监控节气门的实际开度。

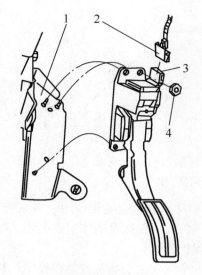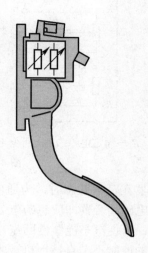

（a）在驾驶室的位置　　　　　（b）内部结构

1—轴承座；2—连接插头；3—加速踏板位置传感器；4—传感器螺母

图 4-47　加速踏板位置传感器

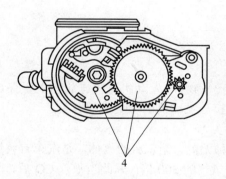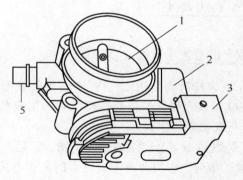

1—节气门；2—电动机；3—双轨道节气门位置传感器；4—传动齿轮；5—燃油蒸气吸入口

图 4-48　电子节气门总成结构

　　电子节气门轴上的双轨道节气门电位计用来检测节气门的准确开度和变化速率，并将其反馈给 ECU，判断其是否满足要求，以便 ECU 对节气门的实际开度进行监控和优化调节修正。如图 4-49 所示，节气门的实际优化开度，并不等同于主观指令开度（应有一定期望范围的冗余度），电子节气门是 ECU 根据行驶工况中各种传感器信号，通过负荷管理系统计算出来的优化实际开度控制参数。电子节气门也是双轨道电位器，保持不间断的电压信号反馈输出，使 ECU 及时地验证、修正、调节，因而，它是智能化的反馈控制系统。

　　节气门位置控制电动机为正反转直流电机，由 ECU 以"占空比"的方式，控制电流的大小和驱动方向，再经减速齿轮组来驱动节气门的开度大小和速率值的高低。

　　节气门开度完全由 ECU 控制，它会根据运行情况计算出最低稳定怠速、高怠速及其他工况所需的进气量，然后调整节气门开度，油耗量和排放污染值自然会达到法规的要求。

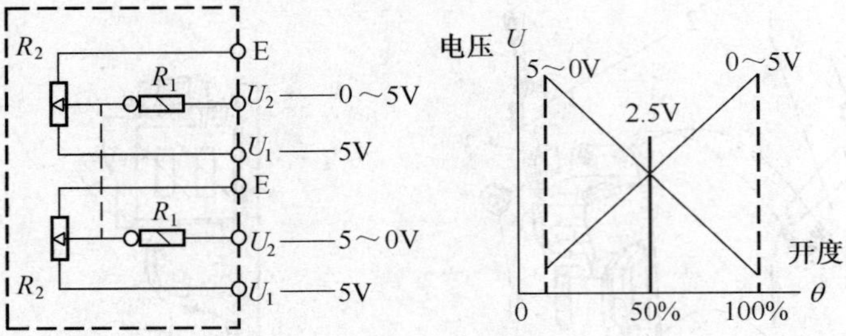

R_1—固定电阻；R_2—可变电阻；U_1—输入电压；U_2—输出电压；E—接地

图 4-49　节气门位置传感器

电磁离合器在正常状态时，为通电常接合驱动状态，起连接作用。当系统有故障时，故障灯即点亮，电磁离合器即应急断电分离。节气门在回位扭簧的作用下关闭（微开 7°），维持高怠速状态，以便汽车能缓慢回家，起失效保护作用。

因节气门的控制不是直接地机械驱动，因此节气门的初始位置需要设定，是让 ECU 准确地得知加速踏板位置与节气门开启程度所对应的实际位置关系是否相符，以便保证系统的全程控制，恢复原设定的记忆功能。

4.7　汽车排放控制

4.7.1　汽车的有害排放物

汽车有害排放物是指尾气排放物、燃油系统蒸发物等。发动机有害排放物主要有 CO、HC、NO_x 和 SO_2，以及微粒等。这些排放物的生成直接与发动机的燃烧过程有关。

1. 一氧化碳（CO）

CO 是燃料不完全燃烧的中间产物。它是一种无色、无刺激的气体，是汽车有害排放物中浓度最大的成分。它与血液中血红素的亲和力是氧气的 300 倍，因此当吸入 CO 后，血液吸收和运送氧的能力降低，导致头晕、头痛等中毒症状。当吸入 CO 气体的体积分数达到 0.3% 时，可致人死亡。

生成 CO 的主要原因是混合气过浓或局部混合气过浓，燃烧温度过低，燃烧室容积过小而使燃烧滞留时间不充分、空气与燃料混合不充分等导致 HC 燃料的不完全燃烧。因此，促进混合气的形成质量，控制燃烧温度，可有效地降低 CO 的生成。

2. 氮氧化合物（NO_x）

NO_x 是氮气和氧气在高温下燃烧的产物，是 NO 和 NO_2 等的总称。NO_x 一般不超过内燃机总排放量的 0.5%，其中绝大部分是 NO（约占 95%），NO_2 次之，其余的含量很少。在燃烧后期或排气过程中，部分 NO 被氧化成 NO_2。

NO_x 对人体健康、大气环境、植物生长有极大的危害。NO 在大气层中与 O_3 反应急速被氧化成 NO_2，直接破坏大气层。此外，NO_2 是呈红褐色的有害气体，沸点为 21.2℃，有特殊刺激性臭味，是内燃机排出的气体中的恶臭成分之一。NO_x 与血色素结合力相当强，是 CO 的 1000 倍。它对人的肺和心肌等都有很强的损害作用，同时，还可与 HC 生成光化学烟雾。

NO_x的生成主要取决于燃烧温度，降低混合气中氧的浓度，降低燃烧温度，缩短混合气在高温燃烧室内的滞留时间，以及改善混合气的形成等可控制NO_x产生。

3. 碳氢化合物（HC）

发动机的HC排放物中有完全未燃烧的燃料，更多的是不完全燃烧产物，还有小部分为润滑油不完全燃烧产物。HC排放物一般也不超过内燃机总排放量的0.5%，大体上可分为不含氧的HC化合物和醛类等含氧的HC化合物两大类。

HC化合物在阳光照射下发生化学反应，产生臭氧（O_3）、PAH（多环芳香族化合物）等具有强氧化特性的物质，形成光化学烟雾。它不仅降低大气能见度，使橡胶开裂、植物受害，刺激人的眼睛和咽喉，而且在HC化合物中的PAH是致癌物质，是导致碳烟的副产物。

HC化合物的产生主要是由燃烧室内的氧气量不足，燃烧室壁面温度过低，以及混合气形成不充分或燃烧室内局部混合气过浓等原因引起的，可采用碳含量少的代用燃料，或改善燃烧，保证混合气的浓度，控制最佳燃烧温度。

4. 微粒（PM）

微粒（又称碳烟）是指存在于接近大气条件的，除掉未化合的水以外的任何分散物质。这些分散物质可能是固态的，也可能是液态的，包括原始的和二次的微粒。原始微粒直接来自内燃机燃烧的产物；二次微粒是在大气条件下，因气态、液态和固态的化学成分之间发生化学或物理变化所产生的微粒，如经催化反应、光化学反应的微粒。

汽油机和柴油机所排放的微粒是不同的。汽油机主要是铅化物、硫酸、硫酸盐和低分子物质；柴油机的微粒数量比汽油机多得多，一般要高30～60倍，其成分也复杂得多，柴油机的微粒是一种类似石墨形式的含碳物质（碳烟），并凝聚和吸附了相当数量的高分子可溶性有机物和硅酸盐等，这些有机物包括未燃烧的燃油、润滑油以及不同程度的氧化和裂解产物。柴油机排出的气体中的微粒尺寸比较小，主要由0.1～10μm的多孔性碳粒构成，可长期悬浮在大气中，不仅降低了大气的可见度，且易于被人吸入肺部，同时微粒中的可溶性有机成分（SOF）具有致癌性。

4.7.2 汽油机排放控制

汽油机尾气排放的控制主要有燃烧控制和三元催化转化两种方法。燃烧控制主要是通过排气再循环来降低NO_x的排放，同时通过氧化催化装置或在排气过程中进行二次空气喷射以降低排出的气体中CO和HC的含量；而三元催化转化因氧传感器和催化转化装置耐久性的提高，以及空燃比电控技术的发展，使其得到了广泛应用，现已成为汽油机排放控制的主要方式。

1. 三元催化转化装置

三元催化转化装置是利用催化剂的作用，将尾气中的CO、HC及NO_x转换为对人体无害的气体的一种排气净化装置，也称作催化净化转化装置。催化转化装置是在催化剂的作用下通过氧化反应、还原反应、水性气体反应和水蒸气改质反应，将尾气中的CO、HC及NO_x三种有害气体转换成无害气体CO_2、N_2、H_2和H_2O。

三元催化转化装置安装在排气消声器前，由三元催化转换芯子和外壳构成，如图4-50所示。大多数三元催化转换器的芯子以蜂窝状陶瓷芯作为催化剂的载体，在陶瓷载体上浸渍铂（Pt）、钯（Pd）、铑（Rh）的混合物作为催化剂。为了提高芯子的抗颠簸性能，芯子的外面通常用钢丝包裹。

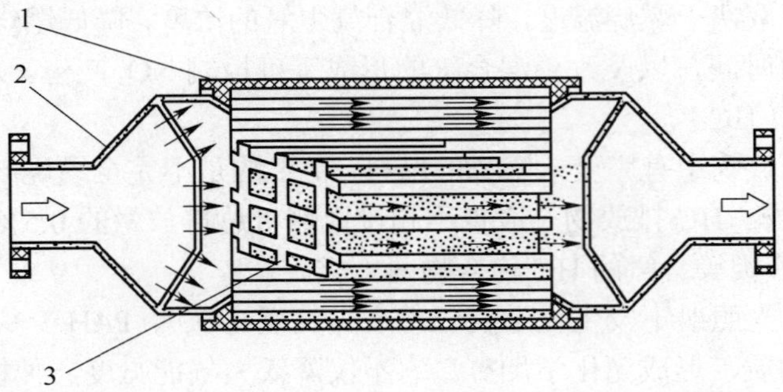

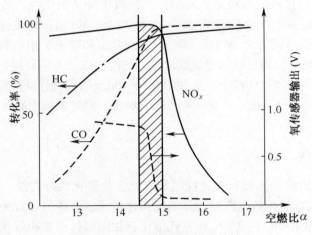

1—隔热层；2—外壳；3—陶瓷蜂窝载体

图 4-50　三元催化转化装置的结构

铂（或钯）和铑作为催化剂，它们不仅能使一氧化碳和碳氢化合物氧化变成二氧化碳和水，而且还能促使氮氧化物与一氧化碳进行化学反应，转变成氮气和二氧化碳。在三元催化转化器的芯子内所进行的化学反应，前者是氧化反应，后者为还原反应。三元催化转化器对 CO、HC 和 NO$_x$ 三种有害物的转换效率与发动机的空燃比有关，只有当发动机的实际空燃比在理论空燃比附近且 A/F=14.7:1 时，三元催化转换器对这三种有害物质才同时具有最高的转换效率，如图 4-51 所示。

图 4-51　三元催化器空燃比特性

2. 废气再循环系统

废气再循环（Exhaust Gas Recirculation，EGR）是目前广泛应用能减少发动机氮氧化物（NO$_x$）生成量的一种较有效的方法。它把发动机排出的一部分废气通过进气系统引入发动机进行再循环，以降低最高燃烧温度，减少氮氧化物（NO$_x$）的生成量。

由 NO$_x$ 的生成机理可知，发动机燃烧过程中 NO$_x$ 的生成量与混合气中氧的浓度、燃烧压力、燃烧温度及高温持续的时间有关，其中氧的浓度和燃烧温度是两个最重要的因素。

采用废气再循环方法能有效抑制 NO$_x$ 生成量。这是因为，废气的主要成分是二氧化碳，虽然二氧化碳本身不能燃烧，但二氧化碳是一种三原子惰性气体，具有比二原子惰性气体大的比热容值，即在温差ΔT 相同的情况下，二氧化碳气体需要吸收更多的热量。在新鲜混合气中掺入适当比例的废气后，二氧化碳气体能够吸收较多的燃烧热量，使最高燃烧温度下降，从而使 NO_x 的生成量减少。

废气再循环中引入的废气量必须适当。若引入废气量太少，对降低 NO_x 生成量的效果不明显；若引入废气量过多，不仅混合气着火性能变差，发动机输出功率下降，而且还会使发动机排放性能恶化。废气再循环过程引入的废气量一般用 EGR 率来表示，EGR 率的定义如下：

$$EGR率 = \frac{再循环排气量}{吸入空气量 + 再循环排气量} \times 100\%$$

对于大多数发动机，废气再循环的 EGR 率控制在 6%～15% 范围内较适宜。另外，虽然适量废气再循环可以有效地降低 NO_x 排放量，但也存在影响混合气着火性能和发动机输出功率的缺憾。因此，一般在发动机 NO_x 排放量较多的运行工况才进行废气再循环，而在发动机的起动、暖机、怠速、低转速小负荷、大负荷或高转速及加速等工况，由于废气再循环将明显影响发动机性能，因此在这些运行工况不进行废气再循环。

废气再循环系统的构成原理如图 4-52 所示。系统由废气再循环阀（EGR 阀）、真空电磁阀及其连接管道和软管组成。进行废气再循环时，一部分废气从排气管经过 EGR 阀进入进气管与新鲜空气混合。EGR 阀的开启和关闭由阀体上方真空室的真空度控制，当需要进行废气再循环时，在 ECU 控制下，真空电磁阀开启，把节气门下游的真空引入 EGR 阀上方的真空室，EGR 阀开启，排气管中的部分废气经过 EGR 阀进入进气管，周而复始地进行再循环。当不需要进行废气再循环时，在 ECU 控制下真空电磁阀关闭，并把节气门上游的进气压力引入 EGR 阀的真空室，EGR 阀在回位弹簧的作用下关闭，废气再循环停止。

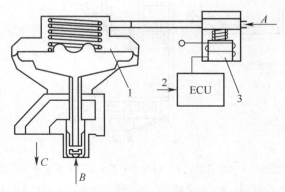

A—进气歧管真空；B—排气管废气；C—至进气管
1—EGR 阀；2—传感器输入信号；3—真空电磁阀

图 4-52　废气再循环系统构成原理

废气再循环的基本概念中曾指出，既要有效地减少 NO_x 的生成量，同时又不能对发动机的其他性能造成较大的不利影响，除了有些工况不能进行废气再循环外，还必须对废气再循环过程的 EGR 率进行控制。事实上，即使在需要进行废气再循环的工况，固定的 EGR 率也是不适宜的，比较理想的情况是，废气再循环过程中 EGR 率随发动机运行工况和状态做相应变化，这样既能有效降低 NO_x 生成量，又能把废气再循环对发动机性能造成的不利影响减小到最低程度。这种较理想的可变 EGR 率废气再循环，只有采用电控技术才能实现。

4.7.3　汽油蒸发控制系统

汽油箱等燃料供给系中的燃料随时都在蒸发汽化，若不加以回收或控制，则当发动机停机时，汽油蒸发物（HC）将逸入大气，造成对环境的污染和燃料的浪费。汽油蒸发控制系统的作用就是将这些汽油蒸发物收集和储存在炭罐内，当发动机工作时再将其送入气缸烧掉。

典型的汽油蒸发控制系统如图 4-53 所示。炭罐外壳一般由塑料制造，内部填充活性炭颗粒。炭罐顶部设有清洗控制阀，用来控制进入进气歧管的汽油蒸气及空气的数量。炭罐 5 内填满活性炭 4，当发动机停机后，汽油箱 1 中的汽油蒸气经单向阀 11 和汽油蒸气滤网 2 进入炭罐 5，汽油蒸气进入炭罐后被其中的活性炭 4 吸附。当发动机起动之后，进气管真空度经真空软管 9 传送到蒸气控制阀 10，在进气管真空度的作用下，清洗控制阀膜片上移而开启。与此同时，新鲜空气自炭罐底部经滤清器 3 及滤网 2 向上流过炭罐，并携带吸附在活性炭表面的汽油蒸气，经蒸气控制阀和汽油蒸气软管 6 进入进气管 7。

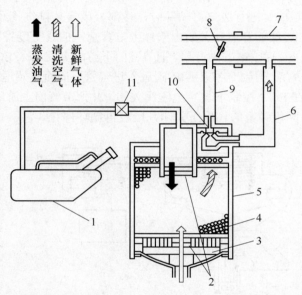

1—汽油箱；2—滤网；3—滤清器；4—活性炭；5—炭罐；6—蒸气软管；7—进气管；
8—节气门；9—真空软管；10—蒸气控制阀；11—单向阀

图 4-53　典型的汽油蒸发控制系统

有些发动机为了防止液态汽油流入炭罐，在汽油箱顶部设置气液分离器，以分离液态汽油和汽油蒸气，使汽油蒸气经汽油蒸气管进入炭罐，分离出来的液态汽油则返回汽油箱。汽油蒸发控制系统有各种各样的结构形式，但其作用是一致的，即降低 HC 从汽油箱和燃料供给系统向大气的排放量。

图 4-54 所示为电磁式燃油蒸气控制阀。它由单向阀 2、衔铁 3、密封件 4 和线圈 6 组成，ECU 控制电磁阀线圈 6，使衔铁 3 带动密封件 4 上下移动压紧或打开密封座 5 的排气孔，实现蒸气控制阀的开、关两个状态。燃油蒸气伴随着部分空气的加入导致空燃比的变化，ECU 须采取措施及时校准空燃比。

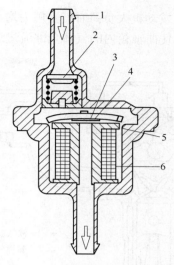

1—软管接头；2—单向阀；3—衔铁；4—密封件；5—密封座；6—线圈

图 4-54 电磁式燃油蒸气控制阀

4.7.4 曲轴箱通风装置

汽车发动机尤其是汽油机的有害排放物，除尾气以外，燃料供给系统蒸发的 HC 化合物和曲轴箱内形成的含有 HC 的化合物也是污染物的主要来源。曲轴箱内的有害气体主要来自于三个方面：在发动机压缩和燃烧过程中，经活塞环与气缸间窜入曲轴箱的气体；曲轴箱内润滑油的蒸气；发动机低温运行时，还会有液态化燃油漏入曲轴箱。这些物质如不及时清除，将加速润滑油变质，腐蚀零部件，如果直接排放到大气中会对环境造成污染。

现代汽车所采用的曲轴箱强制通风系统（即 PCV 系统），就是防止曲轴箱内含有 HC 及其他污染物的气体被排放到大气中的净化装置。该系统的组成如图 4-55 所示。当发动机工作时，进气总管 1 中的部分气流经通风管 2 流入气门室罩 6 内产生一定的压力，使气门室罩内的油气以及曲轴箱内的油气经 PCV 阀 5 和回流管 4 进入进气歧管 8，最后经进气门进入燃烧室烧掉。

在 PCV 系统中，最重要的控制元件是 PCV 阀，其功用是根据发动机工况的变化自动调节进入气缸的曲轴箱气体的数量，如图 4-56 所示。

（1）当发动机不工作时，PCV 阀中的弹簧将滑阀或锥阀压在阀座上，关闭曲轴箱与进气歧管的通路（见图 4-56（a））。当进气管发生回火时，进气管压力增高，滑阀或锥阀落在阀座上，如同发动机不工作时一样，以防止回火进入曲轴箱而引起发动机爆炸。

（2）当发动机怠速或低转速时，进气管真空度很大，真空度克服弹簧力把锥形阀吸向上端，使滑阀与阀体之间只有很小的缝隙（见图 4-56（b）），只允许少量的气体通过。由于发动机在怠速或减速工作时，窜入曲轴箱的气体很少，所以 PCV 阀开度虽小，也足以使曲轴箱内的气体流出曲轴箱。

（3）在发动机节气门部分开度下，由于进气管真空度比怠速时还小，所以在弹簧的作用下滑阀或锥阀与阀体间的缝隙增大（见图 4-56（c））。在节气门部分开度下的发动机负荷比怠速时大，窜入曲轴箱的气体较多，所以较大的 PCV 阀开度可以使所有的曲轴箱气体被吸入进气管。发动机在大负荷时节气门开度增大，进气管真空度减小，弹簧将滑阀或锥形阀进一步向下推移，使 PCV 阀的开度更大。发动机大负荷时气缸压力增大，产生更多的曲轴箱气体，因此只有增大 PCV 阀的开度，才能使曲轴箱内的气体全部流进进气管。

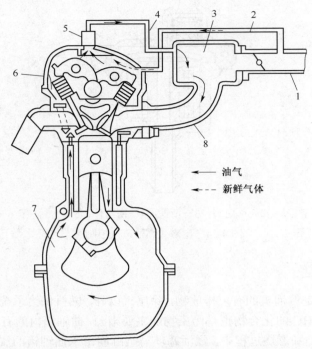

1—进气总管；2—通风管；3—稳压箱；4—回流管；5—PCV 阀；6—气门室罩；7—曲轴箱；8—进气歧管

图 4-55　曲轴箱通风系统的组成

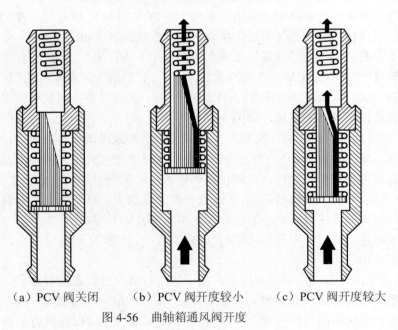

（a）PCV 阀关闭　　　（b）PCV 阀开度较小　　　（c）PCV 阀开度较大

图 4-56　曲轴箱通风阀开度

当活塞或气缸严重磨损时，将有过多的气缸内气体窜入曲轴箱，这时即使 PCV 阀开度最大也不足以使这些气体都流入进气管。在这种情况下，曲轴箱压力将会升高，部分曲轴箱气体经空气软管进入空气滤清器，再随同新鲜空气一起流入气缸。

4.8 排气系统

现代发动机排气系统由排气歧管、排气总管和消声器等组成，如图 4-57 所示。在采用三元催化反应器进行排气净化的轿车上，排气系统中还包括三元催化反应器和氧传感器等装置。

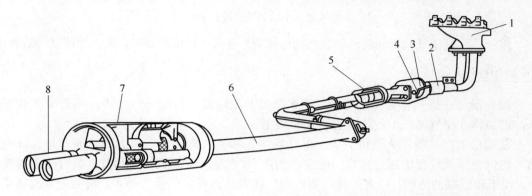

1—排气歧管；2—前排气管；3—催化反应器；4—排气温度传感器；5—副消声器；
6—后排气管；7—主消声器；8—排气尾管

图 4-57 单排气系统的组成

4.8.1 排气歧管和排气总管

排气歧管的作用是将各缸排气道与排气总管连接起来，让各缸废气通过排气总管排入大气。为了使各缸排气不发生干涉和不发生废气回流现象，应尽可能地利用排气惯性，提高排气效率，减少排气阻力。和进气歧管一样，排气歧管的结构、形状也是经过精心设计的。为了使各缸排气歧管尽可能不受其他各缸排气的干涉，各缸排气歧管都做得尽量长，且长度尽量相等（如螃蟹脚状）。由于形状复杂，排气歧管一般都采用铸铁或铸铝，内壁要求尽可能得光整（见图 4-58）。一些新型的轿车发动机上已有采用不锈钢制成的排气歧管，以求减轻质量、耐久性好、内壁光滑且阻力小（见图 4-59）。

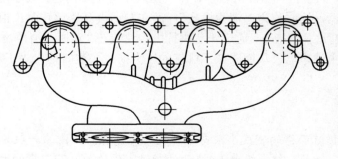

图 4-58 铸铁排气歧管的结构

4
Chapter

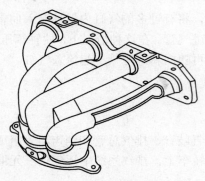

图 4-59　不锈钢排气歧管的结构

排气总管是排气歧管和消声器之间的连接管，有用不锈钢制成的，也有用铸铁铸造而成的。

4.8.2　消声器

消声器装在排气总管的出口处，用来降低和消除发动机的排气噪声。随着噪声被列入公害，消声器在排气系统中的地位也日显重要了。

发动机的排气噪声大致可分为"脉动噪声"和"气流噪声"两大类。前者是气缸内高压燃气在每个排气行程中通过排气门时发出的声音，它是与发动机转速和气缸数有关的周期性噪声，属于较低频的范围；后者是排气系统内气体流动而发出的紊流噪声、喷流声等流体噪声的总称，属于宽频带的高频噪声。发动机转速较低时，脉动噪声是主要的，随转速增加，气流噪声逐渐变为主要噪声。

消声器大体分为利用声波干扰和共振作用的"抗式消声器"及利用吸声材料与阻力的"阻式消声器"，以及由上述两种综合在一起的"组合式消声器"等三种形式。

图 4-57 所示为一种轿车用的组合式双节消声器，前后共两级。主消声器为筒形，用隔板分成三个不同尺寸的扩张室和共振腔，对不同频率的废气声波多次扩张、反射，分为两段的多孔隔板则多次改变废气气流方向，扩散节流，吸收废气能量。副消声器也称为前消声器，结构与主消声器相似，但内部蜂窝孔洞较大，使高压废气先行膨胀，降低压力，故也称为"膨胀器"。

桑塔纳 1.8L 轿车上就装有三节消声器，前消声器为膨胀共振型，中消声器为吸收型，后消声器（主消声器）为膨胀型。

一些新型轿车发动机上采用所谓的双模式消声器，即在发动机以较低转速工作时（3500r/min 以下），由于排气量相对较少，排气阻力不是主要问题，为了尽可能降低噪声，使废气通过两个消声器，这时称为"消声模式"；而在发动机高速运转时，根据转速和节气门位置的信息，由电控单元发出指令，通过一套执行机构使装在"双模式消声器"上的切换阀切换，让大部分排气经由主消声器，从而降低了排气的压力损失，这时称为"正常模式"。

本章小结

汽油是由石油提炼而得的密度小又易于挥发的液体燃料。汽油一般为黄色或橙色（国外的汽油有些为蓝色、天蓝、红或绿色），汽油的相对密度约为 0.72。汽油由多种碳氢化合物组

成，碳的体积分数为 85%，氢的体积分数为 15%。

汽油的使用性能指标主要是蒸发性、抗爆性、安定性、防腐性、清洁性和热值。

可燃混合气中空气与燃油的比例称为可燃混合气成分或可燃混合气浓度，通常用过量空气系数和空燃比表示。

标准混合气（$\alpha=1$）：这只是理论上完全燃烧的混合比，实际上不存在。

稀混合气（$\alpha>1$）：为实际上可能完全燃烧的混合气，它可保证所有汽油分子获得足够的空气而完全燃烧，因而经济性最好，故称经济成分混合气，α 值多在 1.05～1.15 范围内。

浓混合气（$\alpha<1$）：因汽油的含量较多，汽油分子密集，火焰传播快，它可保证汽油分子迅速找到空气中的氧分子相结合而燃烧。值在 0.85～0.95 范围内时，燃烧速度最快，热量损失小，平均有效压力和发动机功率大，因此，又称之为功率成分混合气。

燃烧极限：可燃混合气太浓（$\alpha<0.4$）或太稀（$\alpha>1.4$）时，都不能燃烧。

发动机"工况"是其工作情况的简称，它包括发动机的转速和负荷情况。汽车大部分时间内，发动机都是在中等负荷下工作的。

发动机的正常工况是指发动机已经完成预热，转入了正常运转，按负荷大小可分为怠速和小负荷、中等负荷、大负荷和全负荷三个范围。

发动机的过渡工况包括冷起动工况、暖机工况、加速工况、急减速工况。

电控汽油喷射式燃料供给系是利用安装在发动机不同部位上的各种传感器所测得的信号，按电子控制单元（ECU）中设定的控制程序，通过对汽油喷射时间的控制，调节喷入进气管或气缸中的喷油量，从而改变混合气成分，使发动机在各种工况下都能获得与所处工况相匹配的最佳混合气。

电控汽油喷射系统按控制方式不同可分为流量型喷射系统和压力型喷射系统，按喷射位置分为节气门体喷射系统、进气管喷射系统、缸内直喷系统。

电控汽油喷射系统都由以下 3 个子系统组成：空气供给系统、燃油供给系统和电子控制系统。

空气供给系统由空气滤清器、空气流量传感器或进气管绝对压力传感器、节气门、进气总管、进气歧管和怠速空气控制系统等组成。

空气流量传感器有热线式、热膜式、卡门旋涡式等种类。

怠速控制系统分为怠速旁通道式和节气门直动式。

燃油供给系统由电动燃油泵、燃油滤清器、燃油压力脉动阻尼器、燃油压力调节器、喷油器和燃油管路等组成。

电控燃油喷射系统常用的传感器有发动机转速与曲轴位置传感器（电磁感应式、霍尔效应式、光电效应式）、冷却液温度传感器、进气温度传感器、氧传感器（氧化锆式、氧化钛式）、爆燃传感器、车速传感器、节气门位置传感器等。

电控单元（简称ECU）是燃油电控系统的核心，它主要由中央处理器、存储器、输入/输出接口电路、驱动电路等组成。

电控汽油喷射发动机一般都设有故障自诊断系统，具有安全保险功能和后备系统，以备发动机故障的自检测诊断和应急处理。

智能电子节气门控制系统——发动机采用无拉索式节气门总成，节气门开启角度不再由加速踏板直接控制，驾驶员通过加速踏板位置传感器把需要的力矩指令，以电压信号的形式输送到电控单元，然后通过电子节气门总成控制节气门的开启角度，使发动机怠速控制系统、汽车防滑转系统、汽车电控巡航系统等的硬件设备大大简化，控制精度明显提高。

汽车有害排放物是指尾气排放物、燃油系统蒸发物等。发动机有害排放物主要有 CO、HC、NO_x 和 SO_2，以及微粒等。

三元催化转化装置是利用催化剂的作用，将排出的气体中的 CO、HC 及 NO_x 转换为对人体无害的气体的一种排气净化装置，也称作催化净化转化装置。

废气再循环是把发动机排出的一部分废气通过进气系统引入发动机进行再循环，以降低最高燃烧温度，减少氮氧化物（NO_x）的生成量。

汽油蒸发控制系统的作用是将这些汽油蒸发物收集和储存在炭罐内，当发动机工作时再将其送入气缸烧掉。

现代汽车所采用的曲轴箱强制通风系统（即 PCV 系统）就是防止曲轴箱内含有 HC 及其他污染物的气体并将其排放到大气中的净化装置。

发动机排气系统由排气歧管、排气总管和消声器等组成。在采用三元催化反应器进行排气净化的轿车上，排气系统中还包括三元催化反应器和氧传感器等装置。

 知识训练

一、选择题

1. 功率混合气中过量空气系数为（　　）。
   A. 0.2～0.4　　　　　B. 0.85～0.95　　C. 1.05～1.15　　D. 1.3～1.4

2. 检测电控汽车电子元件要使用数字式万用表，这是因为数字式万用表（　　）。
   A. 具有高阻抗　　　　B. 具有低阻抗　　C. 测量精确

3. 当结构确定后，电磁喷油器的喷油量主要决定于（　　）。
   A. 喷油脉宽　　　　　B. 点火提前角　　C. 工作温度

4. 起动发动机前如果点火开关位于"ON"位置，电动汽油泵（　　）。
   A. 持续运转　　　　　　　　　　　　B. 不运转
   C. 运转 10s 后停止　　　　　　　　　D. 运转 2s 后停止

5. 发动机关闭后（　　）使汽油喷射管路中保持残余压力。
   A. 电动汽油泵的出油单向阀　　　　　B. 汽油滤清器
   C. 汽油喷油器　　　　　　　　　　　D. 回油管

6. 当进气歧管内真空度降低时，燃油压力调节器将燃油压力（　　）。
   A. 提高　　　　　　　B. 降低　　　　　C. 保持不变　　D. 以上都不正确

7. 对电子燃油喷射系统的残压进行检测的目的是（　　）。
   A. 检测油压调节器的性能　　　　　　B. 检测系统有无漏油现象
   C. 检测喷油器的性能　　　　　　　　D. 检测燃油滤清器的性能

8. 下列能够提供反馈信号的传感器有（　　）。
   A. 节气门位置传感器　　　　　　　　B. 氧传感器
   C. 冷却水温度传感器　　　　　　　　D. 空气流量计

9. 经济混合气中过量空气系数为（　　　）。
    A. 0.2～0.4
    B. 0.7～0.9
    C. 1.05～1.15
    D. 1.3～1.4

10. 混合气过浓时，氧化锆式氧传感器的输出电压是（　　　）。
    A. 约 0.1V
    B. 0.5V
    C. 0.9～1V

二、判断题（对的打"√"，错的打"×"）

1. 过量空气系数 α 为 1 时，不论从理论上还是从实际上来说，混合气燃烧最完全，发动机的经济性最好。（　　）

2. 混合气浓度越浓，发动机产生的功率越大。（　　）

3. 怠速工况需要供给多而浓（α=0.6～0.8）的混合气。（　　）

4. 发动机的喷油量与冷却液的温度成正比。（　　）

5. 氧传感器安装在发动机排气管中，检测排出的气体中氧的含量。（　　）

6. 节气门后方的真空度仅与节气门的开度或负荷有关，而与其他因素无关。（　　）

7. 油压调节器的作用是保持喷油管内的油压不变。（　　）

8. 进气温度传感器采用的是正温度系数的热敏电阻。（　　）

9. 爆震传感器是检测发动机燃烧产生爆震的情况，将其转变成电信号，输入 ECU，用于控制点火提前角。（　　）

10. 汽油滤清器采用双层袋式纸质滤芯结构，应注意其安装的方向。（　　）

三、填空题

1. 电控汽油喷射系统用英文表示为_____。

2. 目前，应用在发动机上的子控制系统主要包括电控汽油喷射系统、_____和其他辅助控制系统。

3. 在电控汽油喷射系统中，除喷油量控制外，还包括喷油正时控制、_____和_____控制。

4. 电子控制汽油喷射系统按照控制方式不同分为_____和_____两种形式。

5. 怠速控制有_____和_____两种形式。

6. 多点喷射系统的喷射压力一般为_____。

7. 氧传感器有_____、_____和_____三种形式。

8. 油压调节器的作用是_____。

9. 电子控制汽油喷射系统按照喷射部位不同分为_____和_____两种形式。

10. 汽车发动机电子控制汽油喷射系统，由三个子系统组成：_____、_____和_____。

四、简答题

1. 怠速控制系统的功用是什么？

2. 电控汽油喷射系统有哪些类型？

3. 试说明电控汽油喷射系统的组成、作用及工作原理。

4. 电子控制单元的功能是什么？

5. 电控汽油喷射系统的空气供给系统主要由哪些部件组成？

6. 电喷系统中常见的喷射方式有哪些？

7. 空气流量计主要有哪些类型？简述热线式空气流量传感器的工作原理。

8. 二氧化锆式氧传感器的基本工作原理是什么？

电控汽油喷射系统燃油系统拆装

一、实训的目的和要求

（1）学会正确使用常用工具。

（2）掌握电控汽油喷射系统燃油系统各组成和拆装方法。

二、实训的设备及工具

（1）设备：桑塔纳 2000GLi AFE 发动机、工作台、零件车、零件若干。

（2）普通工具：组合工具、维修手册。

三、步骤及操作方法

1. 准备工作

（1）汽车进入工位前，将工位清理干净，准备好相关的器材。

（2）将汽车停驻在举升机中央位置。

（3）拉紧驻车制动器操纵杆，并将变速杆置于空挡位置。

（4）套上转向盘护套、变速杆手柄套和座位套，铺设脚垫。

（5）在车内拉动发动机舱盖手柄，在车外打开并支撑发动机舱盖。

（6）粘贴翼子板和前脸磁力护裙。

2. 燃油系统压力释放

为防止拆卸燃油系统时，压力油喷出，拆卸前应释放燃油系统的压力。方法如下：

（1）起动发动机，维持怠速运转。

（2）在发动机运转时，拔下油泵继电器或电动燃油泵电线接线，使发动机熄火。

（3）再使发动机起动 2～3 次，就可完全释放燃油系统压力。

（4）关闭点火开关，装上油泵继电器或电动燃油泵电源接线。

3. 电动汽油泵的拆装

打开后排座椅垫，拆下电动汽油泵上的油管和线路，从燃油箱拆下电动汽油泵托架。从托架拆下电动汽油泵，具体步骤为：拧下两个螺母并从电动汽油泵脱开配线，如图 4-60 所示。从托架拉出电动汽油泵的下侧，如图 4-61 所示，从燃油软管上拆下电动汽油泵。最后，从电动汽油泵上拆下电动汽油泵滤网，拆下橡胶缓冲垫，拆下夹扣并拉出滤网。

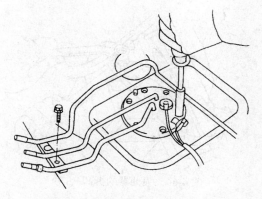
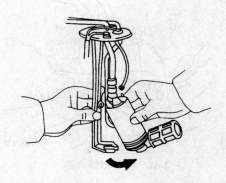

图 4-60　电动汽油泵的拆卸示意图（一）　　　　图 4-61　电动汽油泵的拆卸示意图（二）

检查电动汽油泵的性能，安装电动汽油泵，注意管路与线路的连接。

4. 汽油滤清器的拆装

现代轿车上一般都是使用不可拆式燃油滤清器，应整体更换，更换的步骤如下：将车辆举升至合适的位置，松开车辆底部燃油滤清器托架上的紧固螺栓，取下燃油滤清器托架；松开夹箍，拔下燃油滤清器的油管，取下燃油滤清器，可安装上新的燃油滤清器。

注意：

①在拔下燃油滤清器的油管时，应注意使用一块抹布防止剩余的燃油滴落。

②在安装新的燃油滤清器时，应注意其上箭头应该指向燃油的流向。

③更换燃油滤清器后一般应更换为新的 O 形密封圈。

5. 油压调压器的拆装

拆卸时，脱开真空软管，在压力调节器下面放一个适当的容器或抹布，脱开燃油回油软管，拧松锁紧螺母，拆下压力调节器，如图 4-62 所示。

检查油压调压器的情况，安装油压调压器，注意密封性。

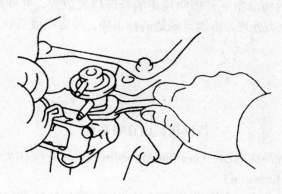

图 4-62　燃油压力调节器的拆卸

6. 喷油器的拆卸

如图 4-63 所示，拆下分配管固定螺栓和两个垫片，从出油管脱开 1 号输油管；拧下两个螺栓，拆下连接喷油器的出油管，从喷油器脱开接插件，如图 4-64 所示。

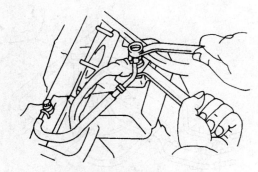

图 4-63 喷油器的拆卸（一）　　　　　　图 4-64 喷油器的拆卸（二）

检查喷油器的情况，更换喷油器两端的 O 形密封圈，安装喷油器，保证密封性。

7．燃油系统压力预置

燃油系统维修后，为了避免系统内无压力导致起动时间过长，需预置燃油系统压力。

（1）方法一。

①检查燃油系统元件和油管接头是否安装好。

②将钥匙开关打到"ON"后位置保持 5s，关闭钥匙开关。如此反复若干次，使燃油系统储存一定的燃油压力值。

（2）方法二。

①检查燃油系统元件和油管接头是否安装好。

②用专用导线将诊断座上的燃油泵测试端子跨接到 12V 电源上。

③将点火开关转至"ON"位置，使电动燃油泵工作约 10s。

④关闭点火开关，拆下诊断座上的专用导线。

四、清洁整理

将实习场地所必要的物品留下，依照规定的合理位置放置，并明确标示，将不必要的物品清除掉；对垃圾进行分类处理，将实习场地清扫干净，使每位成员养成良好习惯，遵守规则做事。

知识拓展

汽油机缸内直喷系统

汽油机缸内直喷系统简称 GDI（Gasoline Direct Injection），又因为燃油是分层燃烧，又称 FSI 系统（Fuel Stratified Injection）。

传统式的电控汽油喷射发动机是将汽油喷射在进气门外侧的进气歧管中，在进气过程和压缩过程中，利用时间和空间的混合方式，完成可燃混合气的形成，再点火燃烧做功。这样，燃油在气缸内滞留时间过长（接近 360° 曲轴转角），燃油的黏结损耗较大，加速响应性低，极易产生"爆燃"，气缸磨损也加大。

汽油机中采用缸内直接喷射系统是将汽油直接喷入气缸内进行燃烧，能有效提高缸内充气系数，降低爆震极限，提高压缩比，改善发动机性能，使其燃油经济性提高25%左右，动力输出也比进气管喷射的汽油机增加了将近10%。

缸内喷射的关键技术在于产生与传统发动机不同的缸内气流运动状态,通过技术手段使喷射入气缸的汽油与空气形成一种多层次的旋转涡流。因此,缸内直喷系统采用了立式吸气口、弯曲顶面活塞、高压旋转喷射器三种技术手段。

1. 缸内直喷系统主要结构

缸内直喷式汽油机是在传统的电控喷射系统的基础上改进研发的,在其他结构方面无过多的变化,只是在可燃混合气的形成方法上和燃烧过程方面发生了改变,如图4-65、图4-66所示。为此,仅就主要结构简要的介绍如下:

（1）轨道燃油压力传感器:为ECU提供轨道压力的高低信号,当压力达5MPa时,ECU指令停供电磁阀动作,推开高压油泵的片状进油阀,使高压油泵停止吸油而停供。此时,低压油泵也同步停止供油,维持规定的油压。

（2）停供电磁阀:根据ECU通电发令,使其推杆动作,高压油泵的进油片阀即常开,不密封,停止供油。

（3）限压阀:为柱塞式溢流阀,当轨道油压高于规定值时,即泄油降压,维持轨道油压,起保护作用。

（4）柱塞式高压燃油泵:为往复柱塞泵,由凸轮轴驱动,使燃油轨道的油压不断堆积,产生5MPa的喷射油压,经喷油器高速喷入气缸,提高雾化质量,形成旋转的燃气涡流。

（5）高压旋流式喷油器:安装在发动机缸盖上,采用65V高电压控制喷油,为强劲高频量化控制方式,频率响应性高。由ECU直接用脉冲电流控制喷油量的多少,利用特殊的喷孔形状,喷出旋转的燃油雾,与挤压涡流快速的混合,以便点火燃烧。

（6）直立式进气管:产生大进气流,直接流入气缸,充气效果好。与传统的横向进气管相比,它的进气涡流方向是相反旋转,喷油后能在火花塞处形成浓油雾区。

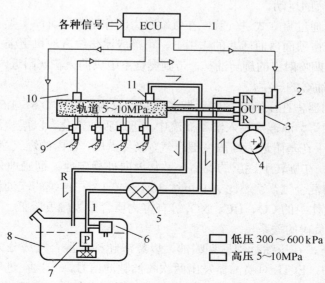

1—电控单元ECU;2—停供电磁阀;3—单柱塞高压泵;4—凸轮轴;5—汽油滤清器;6—油压调节器;
7—电动汽油泵;8—汽油箱;9—喷油器;10—轨道燃油压力传感器;11—限压阀

图4-65 缸内直喷式汽油机燃油供给系统

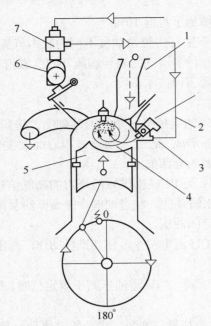

1—直立进气管；2—高压油管；3—高压旋流式喷油器；4—涡流；5—顶面弯曲活塞；

6—凸轮轴；7—单柱塞高压泵

图 4-66　缸内直喷式原理图

（7）顶面弯曲活塞：引导空气产生进气涡流，挤压高速旋转涡流，以便形成理想的分层燃烧的可燃混合气。

2. 缸内直喷汽油机燃烧模式

（1）气缸内涡流的运动。

在进气过程中，通过直立式进气管，在气缸吸力的作用下，可产生强大的下降气流，使充气效率得到提高。又在顶面弯曲活塞的作用下，可形成比传统汽油机更强大的滚动涡流。这个滚动涡流，将压缩后期喷射出的旋转油雾，带到燃烧室中央的火花塞附近，然后及时点火燃烧。

（2）高压旋转油雾的产生。

高压旋转式喷油器，在压缩行程的后期（此时，缸内压力为 0.6～1.5MPa），以 5MPa 的高压喷射出旋转的油雾，油雾被卷入滚动涡流中，迅速吸热汽化，以层状混合状态，再被卷到火花塞附近。此时，火花塞附近为高浓度混合气，极易点燃，缸内的燃气呈"稀包浓"状态（O_2 分子包围 HC 分子），在旋转中逐层的剥离，并从内向外稳定地、彻底地分层燃烧，如图 4-67 所示。对于超稀薄的混合气，空燃比 A/F 可达 30:1～40:1，与传统的汽油机相比，节油率可达 40%，可使排出的气体中的 CO、HC、NO_x 等有害物质含量大幅度降低。

（3）空燃比与负荷的关系。

中小负荷工况下，在压缩行程后期喷油，以经济超稀薄混合气成分为主。在大负荷工况下，一个工作循环中，ECU 对喷油器发出两次喷油脉冲信号，一次在进气行程时完成，一次在压缩行程后期完成，脉冲宽度各不相同，以加浓可燃混合气。二次喷射的功能，也可在起动工况、急加速工况出现，以调节空燃比 A/F 的大小，改善使用性能，如图 4-68 所示。此时，还可利用燃油的汽化吸热，来降低进气温度，提高充气效率。

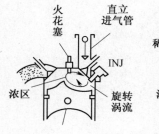

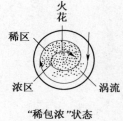

图 4-67　分层燃烧过程

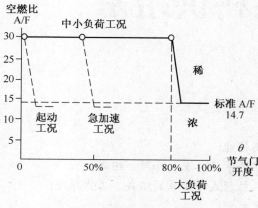

图 4-68　空燃比 A/F 变化特性

（4）高压缩比的实现。

提高汽油机输出功率的措施是加大进气量、提高压缩比、控制燃烧过程。传统式的电控喷射系统，因燃油质量的制约，压缩比已难突破 10:1 的大关，还需要使用辛烷值 97# 的汽油。而缸内直喷式汽油机可使压缩比提高到 12:1～13:1，对汽油的辛烷值无过高要求。

1）喷入缸内的燃料汽化，可降低气体温度和增大空气密度，因而不易产生爆燃。

2）由于吸入的空气量大幅度增加，进气冷却效果较好，有抑制爆燃的作用。

3）缸内直喷系统是在压缩行程后期喷油，燃油在燃烧室内滞留时间极短，使大幅度地提高压缩比成为可能。

如果增装废气涡轮增压系统（如奥迪 A6L-2.0T-FSI 乘用车），充气效率将进一步提高，空气密度加大，氧含量提高，燃烧条件进一步改善，动力性、经济性和净化性将明显提高。

5

柴油机燃料供给系

知识目标

1. 掌握柴油及其使用性能；
2. 掌握柴油机燃料供给系的特点、功用、组成；
3. 重点掌握喷油器、柱塞式喷油泵的组成、工作原理；
4. 了解调速器的基本原理；
5. 了解废气涡轮增压器的基本原理。

能力目标

1. 掌握柴油机燃料供给系总成及各零部件的结构、构造原理、拆装步骤要领；
2. 了解柴油使用知识；
3. 能够熟练使用常用工具、量具及相关设备，掌握喷油泵拆卸、装配等基本能力；
4. 培养学生团结合作，观察、分析及综合归纳能力。

5.1 概述

长途运输车、中型、重型汽车以及大客车均以柴油机为动力，一些轻型汽车上也使用了柴油机。如今国内外柴油机轿车增加很快是因为柴油机比汽油机有更多的优点。

柴油机的混合气是在气缸内部形成的，在压缩过程接近终了时才将燃料喷入气缸，使其与燃烧室内的压缩空气相混合，经过一系列物理、化学变化，如加热、蒸发、扩散混合及氧化、然后形成火焰中心开始燃烧。

5.1.1 柴油机的优点

（1）压缩比较大，柴油机为 15～22，而汽油机为 8～10。

（2）热效率较高，柴油机为 30%～40%，而汽油机为 20%～30%，柴油机能使热能更多地转变为机械能。

（3）柴油机的燃油消耗率比汽油机低，因此经济性好。

（4）柴油机由于没有点火系，油路系统机件精密，故障相对减少，工作可靠性高。

（5）由于柴油机是将燃油喷入大量的高温空气中进行燃烧，CO 和 HC 的生成量比汽油机少得多，所以排放物污染小，但易产生碳烟等。

形成柴油机混合气的主要装置是燃料喷射系统，它是柴油机的心脏，对柴油机的经济性、排放性、噪声、功率以及可靠性的影响很大。

5.1.2　柴油机燃料供给系的功用、分类与组成

柴油机燃料供给系的功用是完成燃料的储存、滤清和输送工作，按柴油机各种不同工况的要求，定时、定量、定压并以一定的喷油质量将燃料喷入燃烧室，使其与空气迅速而良好地混合和燃烧，最后使废气排入大气。

根据喷油的控制方式不同，柴油机燃料供给系分为机械式燃料供给系和电控式燃料供给系。

1. 机械式燃料供给系

柴油机机械式燃料供给系由燃油供给、空气供给、混合气形成及废气排出四部分组成。

（1）燃油供给部分：由柴油箱、输油泵、低压油管、滤清器、喷油泵、高压油管和喷油器及回油管等组成。

（2）空气供给部分：由空气滤清器、进气管等组成，有的还装有增压器。

（3）混合气形成部分：混合气在燃烧室内形成。

（4）废气排出部分：由排气管及排气消声器组成。

对于空气供给与废气排出部分，其构造、功用、原理与汽油机燃料供给系相同，本章不再赘述。

图 5-1 是一种常见的汽车柴油机燃料供给系统组成简图。整个系统由低压油路（油箱 8、输油泵 5、燃油滤清器 3 及低压油管）、高压油路（喷油泵 6、高压油管 13、喷油器 12）和调速器 9、供油提前角调节装置 7 等组成。其核心部分是高压油路所组成的喷油系统，人们也把这种传统的燃油供给系统称为泵—管—嘴系统。柴油箱 8 储存有经过沉淀和滤清的柴油。输油泵 5 将柴油箱内的柴油吸入并泵出，经柴油滤清器 3 滤去杂质后，柴油进入喷油泵 6。自喷油泵输出的高压柴油经高压油管 13 进入喷油器 12，并被喷油器呈雾状喷入燃烧室，与空气混合形成可燃混合气。由于输油泵的供油量比喷油泵供油量大得多，过量的柴油便经回油管 10 流回到柴油箱。

从柴油箱到喷油泵入口的这段油路中的油压是由输油泵建立的，而输油泵的出油压力一般为 0.15～0.3MPa，这段油路称为低压油路。从喷油泵到喷油器这段油路中的油压是由喷油泵建立的，一般在 10MPa 以上，故这段油路称为高压油路。

2. 电控式燃料供给系

电控式燃料供给系的原理是安装在柴油机上的各种传感器采集转速、温度、压力、流量和加速踏板位置等信号，并将实时检测的参数输入电控单元，电控单元将来自传感器的信息同储存的参数值进行比较、运算，确定最佳运行参数，对喷油压力、喷油量、喷油时间、喷油规律等进行控制，使柴油机工作状态达到最佳。

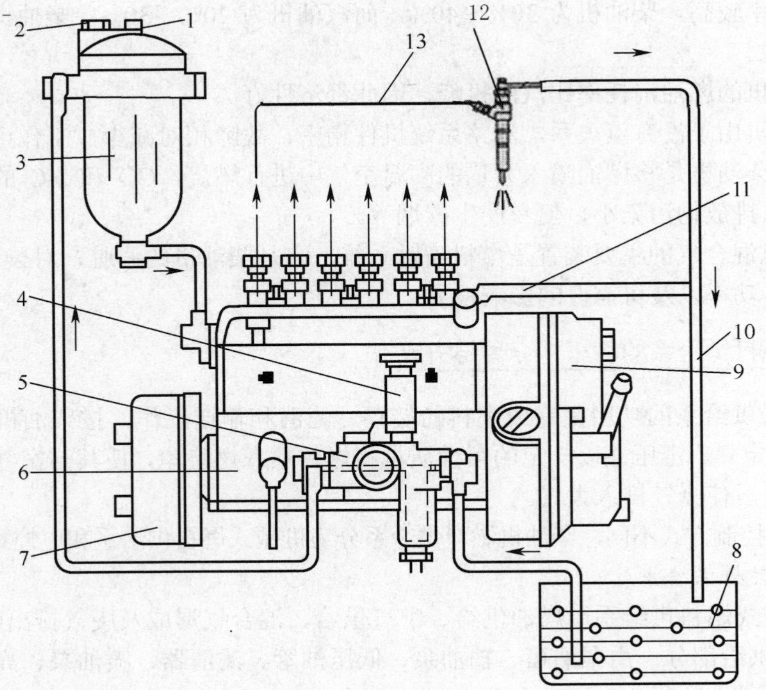

1—放气螺塞；2—加油螺塞；3—燃油滤清器；4—手油泵；5—输油泵；6—喷油泵；7—供油提前角调节装置；
8—柴油箱；9—调速器；10—回油管；11—回油阀；12—喷油器；13—高压油管

图 5-1 机械式燃料供给系统组成简图

5.1.3 对柴油机燃料供给系的要求

（1）根据柴油机的不同转速和不同负荷，供给相应的燃油量，即定量。当工况不变时，每一工作循环的供油量不变；当工况改变时，应能相应地改变供油量。多缸柴油机每一缸所获得的燃油量应尽可能相等，以免个别气缸负荷过大。

（2）燃油要在规定的时刻喷入气缸内，即定时喷油，而且最好能使喷油时刻随转速和负荷自动改变。喷油过早或过迟都将导致功率不足、排气温度增高、燃油消耗率增大的后果。

（3）喷入气缸（或燃烧室）的燃油应呈良好的雾状，并满足规定的喷雾形状和角度，且以高压喷入。在喷油结束时，应断油干脆，不应产生"滴漏"等现象。

（4）根据不同柴油机的需要，提供与之相应的供油规律和供油持续时间，即保证燃烧过程最经济、功率最大且运转平稳，同时对柴油机零部件寿命和运行安全有利。

（5）柴油机运转时，根据负荷变化能自动调节供油量，以保证柴油机在最低转速下不熄火，在最高转速下运行稳定且不"飞车"。

5.1.4 柴油及其使用性能

柴油是一种轻质石油制品，为压燃式发动机（柴油机）燃料，是复杂的烃类（碳原子数为 $10\sim20$）混合物。在石油蒸馏过程中，温度在 200℃～350℃之间的馏分即为柴油。柴油分为轻柴油和重柴油。轻柴油用于高速柴油机，重柴油用于中、低速柴油机。汽车柴油机均为高

速柴油机，所以使用轻柴油。

1. 轻柴油的牌号和规格

轻柴油按其质量分为优等品、一等品和合格品三个等级，每个等级又按柴油的凝点分为10、5、0、-10、-20、-35 和-50 等七种牌号。

2. 轻柴油的使用性能

为了保证高速柴油机正常、高效地工作，轻柴油应具有良好的着火性、雾化和蒸发性、低温流动性、化学安定性、防腐性和适当的黏度等诸多的使用性能。

（1）着火性。要求柴油喷入燃烧室后迅速与空气形成均匀的混合气，并立即自动着火燃烧，因此要求燃料易于自燃。一般以十六烷值作为评价柴油着火性的指标。柴油的十六烷值越大，发火性越好，越容易自燃。国家标准规定轻柴油的十六烷值不小于 45。

（2）雾化和蒸发性。它决定了混合气形成的速度和质量，用馏出某一百分比柴油的温度范围即馏程和闪点表示。比如，50%馏出温度即馏出 50%柴油的温度，此温度越低，柴油的蒸发性越好。国家标准规定此温度不得高于 300℃，但没有规定最低温度限值。

为了控制柴油的蒸发性不致过强，标准中规定了闪点的最低数值。柴油的闪点指在一定的试验条件下，当柴油蒸气与周围空气形成的混合气接近火焰时，开始出现闪火的温度。闪点低，雾化和蒸发性好。

（3）低温流动性。用柴油的凝点和冷滤点评定低温流动性。凝点是指柴油失去流动性开始凝固时的温度，而冷滤点则是指在特定的试验条件下，在 1 min 内柴油开始不能流过过滤器20mL 时的最高温度。一般柴油的冷滤点比其凝点高 4℃～6℃。

（4）黏度。它是评定柴油稀稠度的一项指标，与柴油的流动性有关。黏度随温度而变化，当温度升高时，黏度减小，流动性增强；反之，当温度降低时，黏度增大，流动性减弱。

3. 轻柴油的选择

按照当地当月风险率为 10%的最低气温选用轻柴油牌号，见表 5-1。

表 5-1　轻柴油牌号的选择

轻柴油牌号	适用于风险率为 10%的最低气温在下列范围内的地区
0 号	4℃以上
-10 号	-5℃以上
-20 号	-5℃～-14℃
-35 号	-14℃～-29℃
-50 号	-29℃～-44℃

5.2　柴油机可燃混合气

5.2.1　可燃混合气形成的特点

（1）混合空间小、时间短。可燃混合气是在燃烧室内形成的，喷油、汽化、混合和燃烧都是在这个小空间内重叠进行，一边喷油，一边燃烧。

由于是在压缩终了时才喷油，混合气的形成时间也极短，供油的持续时间只有汽油机的

1/20～1/10，只占曲轴转角的 15°～35°。而汽油机混合气形成是从进气持续到压缩终了，占曲轴转角的 360° 左右。相比之下，可以认为汽油机的混合气的形成是比较均匀的。

（2）混合气不均匀，α 值变化范围很大。由于混合气形成的空间和时间的限制，因而混合气成分在燃烧室各处的分布是很不均匀的。α 值只表示进入气缸中柴油和空气的一个总的比例数，而燃烧室各局部区域的 α 值相差是很大的。有的地方（油雾喷射区）可能只有油滴而没有空气（$\alpha = 0$），有的地方可能只有空气而没有柴油（$\alpha = \infty$）。

（3）边喷边燃，成分不断变化。柴油机在每一循环中，都要重复地进行着喷油、雾化、汽化、混合、燃烧等过程，是边喷油、边燃烧。这样，造成了燃烧室内的混合气成分不断变化，这种变化不仅有空间方面的原因，也有时间方面的。在空间方面，混合气浓的地方，柴油因缺氧而燃烧不完全，引起了排气管冒烟；而在混合气稀的地方，空气将得不到充分利用，在高温作用下产生 NO_x，增大了排放污染。在时间方面，喷油和燃烧的前期氧多、油少，α 值过大，不易着火，使着火落后期（备燃期）加长；喷油和燃烧的后期，由于前期燃烧的结果，氧少、废气多，燃烧条件变坏，燃烧产物将未燃的油粒包围分割，混合气的质量变差，造成一部分油分子恶化燃烧，排气管也冒黑烟。

5.2.2 可燃混合气的形成方式

燃油能否完全燃烧，主要取决于两个方面：一是进入气缸的空气量对喷油量的比例是否合适；二是燃油和空气的混合是否良好。柴油机形成良好混合气的方法有两种。

1. 空间雾化混合方式

将柴油喷向燃烧室的空间，形成雾状混合物，再使其在空间蒸发形成混合气。为了使混合物分布均匀，要求喷出一个或数个油束与燃烧室形状配合，并利用燃烧室中的空气运动促进混合。其办法有两种。

（1）使进气产生涡流。利用弱涡流切向进气道或强涡流螺旋进气道，可以在进气行程中使空气绕气缸轴线旋转运动，它能一直持续到燃烧膨胀过程中。

（2）产生挤压涡流。利用活塞顶部的特殊形状在压缩过程中和做功行程开始时，使空气在燃烧室中产生强烈的旋转运动，它存在于上止点附近，持续时间较短。当活塞接近上止点时，活塞顶部环形空间中的空气被挤入 ω 形燃烧室，气体产生挤压流动。当活塞下行时，由于容积增大，燃烧室中的气体向外流到环形空间，气体产生膨胀流动。

空气流动可以促使油束分散，增大混合范围。转速越高，涡流也越强，气流对油束的吹散作用也越大。油束的吹散是使空气流先将油束外围质量小的油粒带走，使油粒分散到更大的容积里去，再逐层将油束中心的油粒吹散混合。此外，空气涡流运动还可以加速火焰的传播，促使燃烧及早地结束。

2. 油膜蒸发混合方式

它是将柴油喷向球形油膜燃烧室的壁面上，在强烈地空气涡流作用下，燃油的大部分（95%）形成油膜，如图 5-2 所示。由于油束贯穿空气和室壁的反射，必然有少量油粒（5%）悬浮在空间，形成着火源。油膜在空间火源的热能作用下，逐层蒸发、逐层卷走、逐层燃烧，产生了燃气涡流，其燃烧速度是前期慢、后期快，使燃烧过程加速进行到终点。

此种燃烧过程工作柔和、燃烧完全。这是因为在燃烧的中后期，燃烧生成物温度高，密度变小，随着燃气涡流轨道向燃烧中心移动。而新鲜气体因温度低、密度大即离心力大，旋转中向外移动而换位，自动形成气体的分离运动，因而可连续不断地使油膜蒸气得到新鲜的氧气而完全燃烧。

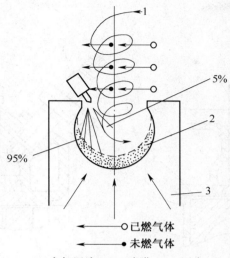

1—空气涡流；2—油膜；3—活塞
图 5-2　油膜的形成和气体的分离运动

5.2.3　燃烧室

柴油机燃烧室的种类较多，通常分为统一式（直接喷射式）燃烧室和分隔式燃烧室两类。

1. 统一式燃烧室

这种燃烧室一般使用多孔喷油器将燃油直接喷射到燃烧室中，借助喷射出的油雾形状和燃烧室形状的配合以及燃烧室内的空气涡流运动，迅速形成可燃混合气。这种形式的燃烧室主要有ω型燃烧室、球型燃烧室和 U 型燃烧室等，如图 5-3 所示。

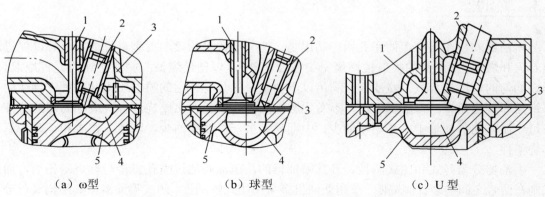

（a）ω型　　　　　（b）球型　　　　　（c）U 型
1—气门；2—喷油器；3—气缸盖；4—燃烧室；5—活塞
图 5-3　统一式燃烧室

2. 分隔式燃烧室

分隔式燃烧室被分隔成两部分，一部分位于气缸盖底面与活塞顶之间，称为主燃烧室；

Chapter 5

另一部分在气缸盖内，称为辅助燃烧室，二者之间由一个或多个通道相通。这种形式的燃烧室一般有涡流室式和预燃室式两种，如图5-4所示。

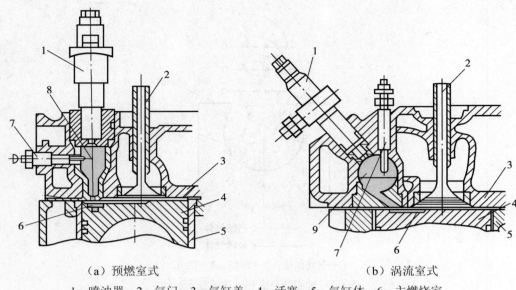

（a）预燃室式　　　　　　　　（b）涡流室式

1—喷油器；2—气门；3—气缸盖；4—活塞；5—气缸体；6—主燃烧室；
7—起动电热塞（预热塞）；8—预燃烧室；9—涡流室

图5-4　分隔式燃烧室

分隔式燃烧室主要依靠强烈的空气运动形成可燃混合气，对空气的利用要比统一式燃烧室充分，采用这种形式燃烧室的柴油机可选用比较浓的可燃混合气工作，因此小型高速柴油机多用这种燃烧室，但它的起动性和经济性较差，多采用更高的压缩比，而且在辅助燃烧室中装有起动电热塞。

5.3　喷油器

喷油器安装在气缸盖的座孔内，功用是：使一定数量的燃油得到良好的雾化，以促进燃油着火和燃烧；使燃油的喷射按燃烧室类型合理分布，以便使燃油与空气迅速而完善地混合，形成均匀的可燃混合气。喷油器应满足以下要求：应具有一定的喷射压力和射程、合适的喷雾锥角和雾化质量；喷停要迅速，不发生燃油滴漏，以免恶化燃烧过程；最好的喷油特性是在每一循环的供油量中，开始喷油少，中期喷油多，后期喷油少，以便工作柔和、改善后期燃烧条件。

喷油器分为开式和闭式两种。开式喷油器的高压油腔通过喷孔直接与燃烧室相通，而闭式则在两者之间加装针阀隔断。车用柴油机多采用闭式喷油器。闭式喷油器按其结构又可分为孔式和轴针式两类，孔式喷油器多用于统一式燃烧室，轴针式喷油器则多用在分隔式燃烧室中。

5.3.1　孔式喷油器

孔式喷油器喷出的油束锥角不大，但射程较远。喷孔数一般为1～8个，喷孔直径为0.25～

0.5mm，喷孔的数目与方向取决于不同形状的燃烧室对喷雾质量的要求和喷油器在燃烧室内的布置。

　　孔式喷油器结构如图 5-5 所示，它由喷油嘴、喷油器壳体和调压装置等三部分组成。

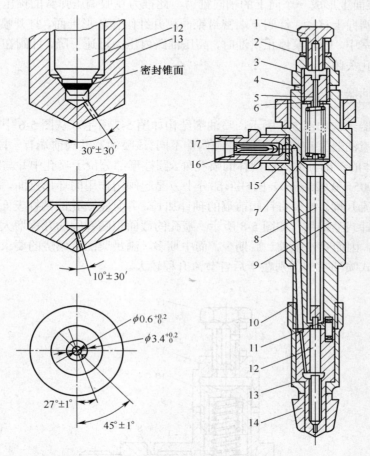

1—回油管螺栓；2—回油管衬垫；3—调压螺钉护帽；4—调压螺钉垫圈；5—调压螺钉；6—调压弹簧垫圈；
7—调压弹簧；8—推杆；9—喷油器壳体；10—紧固螺套；11—定位销；12—针阀；13—针阀体；
14—密封铜锥体；15—进油管接头衬垫；16—滤芯；17—进油管接头

图 5-5　孔式喷油器

　　喷油嘴由针阀 12 和针阀体 13 组成，它们是一对精密偶件，其间隙为 0.002～0.004mm。针阀下端有一环形锥面与针阀体下端的环形锥面共同起密封作用，此环形锥面称为密封锥面，用于打开或切断高压燃油与燃烧室的通路。针阀下部还有一环形锥面位于针阀体的高压油腔中，该锥面承受燃油压力推动针阀向上运动，此环形锥面称为承压锥面。针阀上部有一凸肩，针阀关闭时凸肩与喷油器壳体 9 的下端面有一定的距离，该距离即为针阀最大升程。针阀顶部通过推杆 8 承受调压弹簧 7 的预压力，使针阀处于关闭状态。该预压力决定针阀的开启压力（或称为喷油压力），调整调压螺钉 5 可改变喷油压力的大小（拧入时压力增大，拧出时压力减小），调整后用调压螺钉护帽 3 锁紧固定。喷油器工作时，从针阀偶件间隙中泄漏的燃油经回油管螺栓 1 流回回油管。为防止细小杂物堵塞喷孔，喷油器进油管接头中装有滤芯 16，一般滤芯具有磁性，可吸住金属磨屑。

柴油机工作时，从喷油泵来的高压燃油经进油管接头 17 进入喷油器，再经喷油器壳体 9 和针阀体 13 中的油道进入针阀体中部的环状空间——高压油腔（或称为压力室）。油压作用在针阀 12 的承压锥面上形成一个向上的轴向推力，此推力克服调压弹簧的预压力及针阀偶件之间的摩擦力使针阀向上移动，针阀下端密封锥面离开针阀体环形锥面，打开喷孔，于是燃油就以高压喷入燃烧室中。喷油泵停止供油时，高压油路内压力迅速下降，针阀在调压弹簧作用下及时回位，将喷孔关闭。

5.3.2 轴针式喷油器

轴针式喷油器结构如图 5-6 所示，喷油嘴结构如图 5-7 所示。从图 5-6 中可以看出，其结构和作用与孔式喷油器大致相同，只是针阀偶件不同。该喷油器针阀前端有一段圆柱或倒锥体，称为轴针。倒锥体的一部分伸出针阀体的喷孔外，圆柱形部分位于喷孔中并与喷孔之间有一定间隙（一般为 0.005～0.025mm）。圆柱形部分上方是起阀门作用的环形锥面，环状喷孔间隙的长度一般称为节流升程。如果将针阀前端的轴针加长，并且将喷孔的圆柱表面积增大，这种喷油嘴称为节流轴针式喷油嘴，如图 5-8 所示。喷孔的截面积随针阀的升程增大，其通过断面是先小后大又变小，因而喷油量前、后期少，而中期多，满足柴油机燃烧的要求。普通轴针式喷油嘴与节流轴针式喷油嘴的区别在于后者节流升程较大。

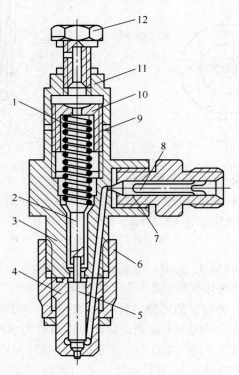

1—调压弹簧；2—顶杆；3—喷油器体；4—针阀体；5—针阀；6—紧固螺套；7—进油管接头；
8—滤芯；9—垫圈；10—调压螺钉；11—护帽；12—回油管接头螺栓

图 5-6 轴针式喷油器

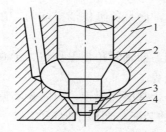

1—针阀体；2—针阀；3—密封锥面；4—轴针

图 5-7　轴针式喷油嘴的结构

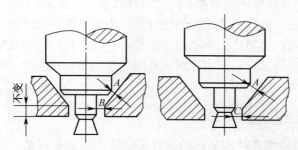

（a）升程较小时　　　　　（b）升程较大时

A—密封锥面处的节流断面；B—喷油初期的节流断面；C—喷油中期的节流断面（主喷射期）

图 5-8　轴针式喷油器的节流作用

　　轴针式喷油器喷孔直径一般在 1～3mm 之间，喷油压力为 10～13MPa，喷孔直径大，加工方便，工作时由于轴针在喷孔内往复运动，能清除喷孔内的积炭和杂物，工作可靠。

5.4　喷油泵

　　喷油泵是柴油机燃料供给系的关键部件，它的工作好坏直接影响柴油机的动力性、经济性和净化性能。

5.4.1　喷油泵的作用

　　喷油泵接收输油泵送来的低压柴油，并将柴油输送到喷油器中。在输送过程中，喷油泵完成下列任务：

　　（1）提高油压（定压）。为使燃油高速喷入燃烧室中，获得好的喷雾质量，须将喷油压力提高到 10～20MPa。

　　（2）控制喷油时间（定时）。按规定的时间喷油和停止喷油。为此，喷油泵凸轮轴的转速和配气机构凸轮轴的转速是一致的。这样在接近压缩终了时喷油，并持续一定时间停止喷油。

　　（3）控制喷油量（定量）。根据柴油机的工作情况，改变喷油量的多少，以调节柴油机的转速和功率。

5.4.2　对喷油泵的要求

　　为了完成定压、定时、定量的任务，喷油泵应满足如下要求：

（1）按柴油机工作顺序供油，而且各缸供油量均匀。在额定供油量下各缸供油的不均匀度不得大于 4%。

（2）各缸供油提前角要相同，曲轴转角相差不得大于 0.5°。

（3）各缸供油延续时间要相等。

（4）油压的建立和供油的停止都必须迅速，以防止滴漏现象的发生。

上述要求是由其结构和合理的装配与调整来保证的。

5.4.3 喷油泵的类型

车用柴油机的喷油泵按作用原理的不同，大体可分为三类：

（1）柱塞式喷油泵：发展和应用的历史较长，为大多数车用柴油机采用。

（2）泵—喷油器式：将喷油泵和喷油器结合为一体，省掉了高压油管。

（3）转子分配式喷油泵：它只用一对柱塞副产生高压，依靠转子的旋转或柱塞的旋转，实现燃油的分配。

5.4.4 柱塞式喷油泵的工作原理

柱塞式喷油泵利用柱塞在柱塞套内的往复运动进行吸油和压油，每一副柱塞与柱塞套只向一个气缸供油。对于单缸柴油机，由一套柱塞偶件组成单体泵；对于多缸柴油机，则由多套泵油机构分别向各缸供油。中、小功率柴油机大多将各缸的泵油机构组装在同一壳体中，称为多缸泵，而其中每组泵油机构则称为分泵。

柱塞式喷油泵供油原理如图 5-9 所示。柱塞 1 的圆柱表面上铣有直线形（或螺旋形）斜槽 3，斜槽内腔和柱塞上面的泵腔用孔道连通。柱塞套 2 上的两个油孔 4 和 8 都与喷油泵泵体上的低压油腔相通。柱塞与柱塞套是一对精密配合的偶件。柱塞由凸轮驱动，在柱塞套内做往复直线运动，此外它还可以绕本身轴线在一定角度范围内转动。

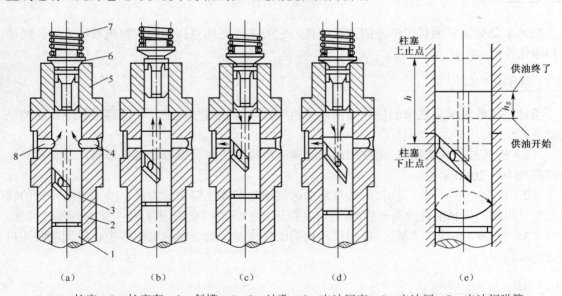

1—柱塞；2—柱塞套；3—斜槽；4、8—油孔；5—出油阀座；6—出油阀；7—出油阀弹簧

图 5-9　柱塞式喷油泵供油原理示意图

当柱塞下移到如图 5-9（a）所示位置时，燃油自低压油腔经油孔 4 和 8 被吸入并充满泵腔。在柱塞自下止点上移的过程中，起初有一部分燃油被从泵腔挤回低压油腔，直到柱塞上部的圆柱面将两个油孔 4 和 8 完全封闭时为止。此后，柱塞继续上升（见图 5-9（b）），柱塞上部的燃油压力迅速增高到足以克服出油阀弹簧 7 的作用力，出油阀 6 即开始上升。当出油阀的圆柱形环带离开出油阀座 5 时，高压燃油便自泵腔通过高压油管流向喷油器。当燃油压力高出喷油器的喷油压力时，喷油器开始喷油。当柱塞继续上移到如图 5-9（c）所示位置时，斜槽 3 同油孔 8 开始接通，于是泵腔内的油压迅速下降，出油阀在出油阀弹簧压力的作用下立即回位，喷油泵供油停止。此后，柱塞仍继续上行，直到凸轮达到最高升程为止，但不再供油。

由上述供油过程可知，由驱动凸轮轮廓曲线决定的柱塞行程 h（即柱塞的上、下止点间的距离，见图 5-9（e））是一定的，但并非在整个柱塞上移行程 h 内都供油，喷油泵只在柱塞完全封闭油孔 4 和 8 之后到柱塞斜槽 3 和油孔 8 开始接通之前的这一部分柱塞行程 h_g 内才供油，h_g 称为柱塞有效行程。显然，喷油泵每次供出的油量取决于柱塞有效行程的长短，因此欲使喷油泵能随柴油机工况不同而改变供油量，只需改变柱塞有效行程。一般借改变柱塞斜槽与柱塞套油孔 8 的相对位置来实现，将柱塞转向如图 5-9（e）中箭头所示的方向，柱塞有效行程和供油量即增加，反之则减少。当柱塞转到如图 5-9（d）中所示位置时，柱塞根本不可能完全封闭油孔 8，因而柱塞有效行程为零，即喷油泵处于不供油状态。

5.4.5　柱塞式喷油泵的组成和构造

柱塞式喷油泵由分泵、油量调节机构、驱动机构和泵体（壳体）四部分组成。

1. 分泵

图 5-10 是一种分泵的构造图。泵油机构主要由柱塞偶件（柱塞 7 和柱塞套 6）、出油阀偶件（出油阀 3 和出油阀座 4）等组成。柱塞的下部固定有调节臂 13，用来调节和转动柱塞的位置。柱塞上部的出油阀 3 由出油阀弹簧 2 压紧在出油阀座 4 上，柱塞下端与装在滚轮体 10 中的垫块接触。柱塞弹簧 8 通过弹簧座 9 将柱塞推向下方，并使滚轮 12 保持与凸轮轴上的凸轮 11 相接触。柱塞套 6 用定位螺钉 18 固定，以防止其轴向转动。喷油泵凸轮轴由柴油机曲轴通过传动机构来驱动。对于四冲程柴油机，曲轴转两周，喷油泵凸轮轴转一周。

出油阀的结构如图 5-11 所示。出油阀 2 的圆锥面是密封表面，称为密封锥面，阀的尾部同出油阀座内孔做滑动配合，为出油阀的运动导向。为了留出流油通道，阀尾具有切槽 4，形成十字形横截面。出油阀中部的圆柱面 3 称为减压环带，其作用是在喷油泵停止供油后迅速降低高压油管中的燃油压力，使喷油器立即停止喷油。

当柱塞上升到封闭两油孔时，泵腔油压升高，克服出油阀弹簧的预压力后，出油阀开始上升，阀的密封锥面离开出油阀座。这时还没有立即供油，一直要等到减压环带 3 完全离开阀座的导向孔时，即出油阀要上升一段距离后，才有燃油进入高压油管，使管路油压升高。同样，在出油阀落下时，减压环带一经进入导向孔，泵腔出口便被切断，燃油停止进入高压油管。出油阀再继续下降直到密封锥面完全贴合时，由于出油阀本身所让开的容积，高压管路的压力迅速降低，喷油可以立即停止。如果没有减压环带，则出油阀与阀座的密封锥面贴合之后，高压油管中瞬时内仍存在着很高的余压，会导致喷油器滴油、二次喷射等不良现象的发生。

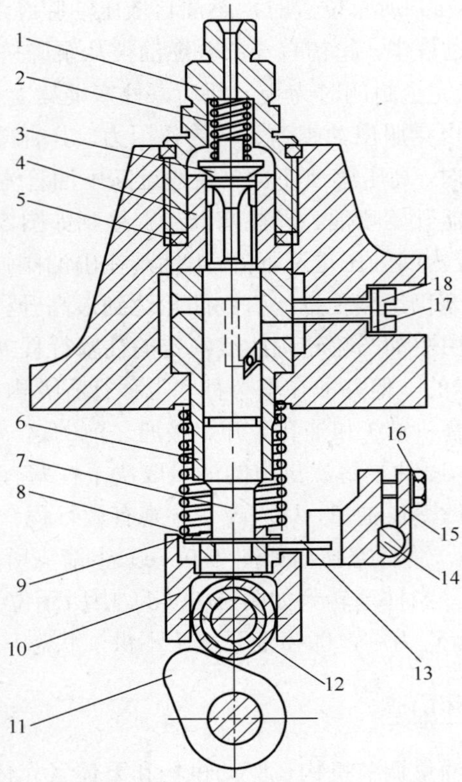

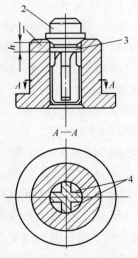

1—出油阀压紧座；2—出油阀弹簧；3—出油阀；4—出油阀座；5—垫片；6—柱塞套；7—柱塞；
8—柱塞弹簧；9—弹簧座；10—滚轮体；11—凸轮；12—滚轮；13—调节臂；14—供油拉杆；
15—调节叉；16—锁紧螺钉；17—垫片；18—定位螺钉

图 5-10　柱塞式喷油泵分泵

1—出油阀座；2—出油阀；3—减压环带；4—切槽

图 5-11　出油阀

2. 油量调节机构

油量调节机构的作用是执行驾驶员或调速器的动作，转动柱塞改变喷油泵的各个分泵的供油量，以适应柴油机负荷和转速变化的需要，同时还可以通过它来调整各缸供油的均匀性。油量调节机构主要有拨叉式和齿杆式两种。

（1）拨叉式油量调节机构。拨叉式油量调节机构（见图 5-12）由调节臂 3、调节叉 2 和供油拉杆 1 等零件组成。调节叉（拨叉）的数目和分泵数相同。

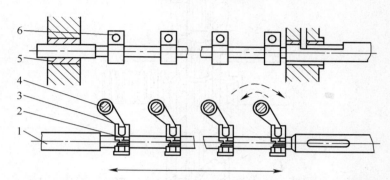

1—供油拉杆；2—调节叉；3—调节臂；4—柱塞；5—衬套；6—锁紧螺钉

图 5-12　拨叉式油量调节机构

在柱塞的下端压装着调节臂，调节臂的端头插在调节叉的凹槽内，调节叉用锁紧螺钉固定在供油拉杆上，供油拉杆两端支承在泵体的衬套中，并用定位导向槽固定以防止其转动。供油拉杆的轴向位置由驾驶员或调速器来控制。移动供油拉杆时，调节叉就带动调节臂及柱塞相对于柱塞套转动，从而调节了供油量。由于各分泵的调节叉均用锁紧螺钉固定在同一供油拉杆上，当供油拉杆移动某一距离时，各分泵柱塞旋转的角度相同，各缸供油量的改变值也就相同，保证了各缸供油的均匀性。当各缸供油量不等时，可以松开锁紧螺钉通过改变调节叉在供油拉杆上的位置予以调整。

（2）齿杆式油量调节机构。齿杆式油量调节机构（见图 5-13）由齿杆 4、齿扇 3 和传动套 2 等零件组成。柱塞 1 下端的十字凸块（或凸爪）套装在传动套 2 的切槽中，传动套 2 松套在柱塞套上。在传动套上部套有齿扇 3，并用螺钉紧固，齿扇 3 与齿杆 4 相啮合。齿杆的轴向位置由驾驶员或调速器控制，并用定位导向槽防止齿杆的转动。当齿杆移动时，齿扇通过传动套带动柱塞相对于柱塞套转动，便可调节供油量。各缸供油均匀性的调整是通过改变齿扇与传动套圆周方向的相对位置来实现的。由于齿杆式油量调节机构的零件较多，为了保证各分泵柱塞和齿杆同步转动且相对位置一致，以便在试验台上顺利地进行计量调试，各分泵的传动套、齿扇、齿杆、柱塞等运动件的装配位置必须有相应的记号，记号的位置因泵而异，装配时需注意。

（3）供油拉杆的轴向限位器。供油拉杆（或齿杆）的移动位置必须限制在一定的范围内，常用的移动范围是怠速到全负荷的工况，而熄火和起动加浓工况必须有专门的限位措施。目前，多采用弹性限位器（防冒烟限位器）。它装在喷油泵供油拉杆（或齿杆）前端的泵体上或调速器的盖上，如图 5-14 所示。调整套 1 内装有弹簧 2 和限位塞 4，并用卡环 5 挡住，调整套与本体 7 用螺纹连接，并用锁紧螺母 3 锁紧。当齿杆移动到全负荷位置时，弹簧通过限位塞给齿杆一个阻力，以防止齿杆越过全负荷油量位置使供油量增加过多而冒黑烟。当柴油机起动时，齿杆在驾驶员的操纵下将弹簧 2 压缩，到达起动加浓位置，也可在超负荷转速降低时加大供油量，使柴油机转矩有所提高。

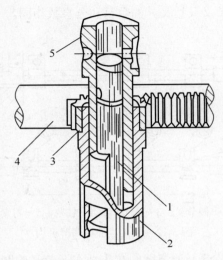

1—柱塞；2—传动套；3—齿扇；4—齿杆；5—柱塞套

图 5-13　齿杆式油量调节机构

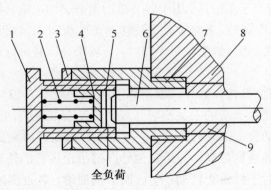

全负荷

1—调整套；2—弹簧；3—锁紧螺母；4—限位塞；5—卡环；6—齿杆；

7—本体；8—泵体；9—衬套

图 5-14　弹性（齿杆）限位器

3．驱动机构

喷油泵的驱动机构由喷油泵凸轮轴和滚轮体传动部件等组成，其作用是推动柱塞运动，并保证供油正时。它与泵体外驱动机构配合工作（见图 5-10）。

（1）凸轮轴。喷油泵凸轮轴的结构如图 5-15 所示，其功用是传送动力以强制柱塞上行使燃油产生高压，同时保证各分泵按柴油机的工作顺序和一定的规律供油。凸轮轴上的凸轮数目与气缸数相同，排列顺序与柴油机的工作顺序相同。四冲程柴油机喷油泵的凸轮轴转速和配气机构凸轮轴转速一样，都等于曲轴转速的 1/2，也就是曲轴转两周，凸轮轴转一周，各分泵供油一次。由于两轴间距较大，多加入中间传动齿轮，喷油泵凸轮轴的旋转方向即与曲轴相同。凸轮轴上有一个或两个输油泵偏心轮，其作用是驱动输油泵工作，将柴油从柴油箱输送到喷油泵的低压油腔。

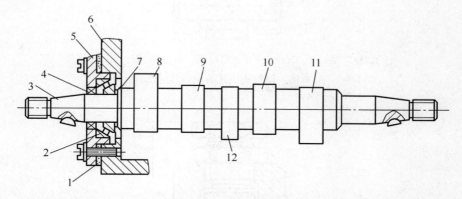

1—密封调整垫；2—圆锥滚子轴承；3—连接锥面；4—油封；5—前端盖；6—泵体；

7—调整垫片；8、9、10、11—凸轮；12—输油泵偏心轮

图 5-15　喷油泵凸轮轴的构造（四缸）

（2）滚轮体传动部件。滚轮体的作用是将凸轮的旋转运动转变为自身的直线往复运动，推动柱塞上行供油。此外，滚轮体还可以用来调整各分泵的供油提前角和供油的间隔角。为了保持供油间隔角的正确性，滚轮体的高度一般都是可调的。目前，滚轮体多为调整垫块式和调整螺钉式两种形式。

1）调整垫块式滚轮体。图 5-16 所示为带有滑动配合滚轮衬套的滚轮松套在滚轮轴上，滚轮轴也松套在滚轮架的座孔中，因此相对运动发生在三处，相对滑动的速度相应降低。由于转动灵活，从而磨损减轻且磨损均匀。这样也改善了滚轮与凸轮表面的工作条件，避免了相对滑磨的产生。滚轮体在泵体导孔中上下往复运动时，要求不能转动，否则就会和凸轮相互卡滞而造成损坏。因此，对滚轮体要有导向定位措施。其定位的方法有两种：一是在滚轮体圆柱面上开轴向长槽，用定位螺钉的端头插入此槽中；二是利用加长的滚轮轴使其一端插入泵体导向孔一侧的滑槽中。

调整垫块安装在滚轮架的座孔中，它的上端面到滚轮下沿的距离 h 称为滚轮体的工作高度。调整垫块用耐磨材料制成。磨损后可将垫块翻转继续使用。在使用过程中由于滚轮、凸轮、柱塞下端和垫块间的磨损，供油提前角即发生变化。为此制有不同厚度的垫块，厚度差为 0.1mm，相应凸轮轴转角为 0.5°，反映到曲轴上相差 1°。更换时，需拆开泵体，按规定的高度选用所需厚度的垫块。厚垫块可使 h 值增大，供油提前角增大；反之，h 值减小，则供油提前角减小。

2）调整螺钉式滚轮体。调整螺钉式滚轮体如图 5-17 所示，其特点是在滚轮架上端装有工作高度可调节的调整螺钉。拧出螺钉，h 值增大，供油提前角增大；拧入螺钉，h 值减小，供油提前角减小。

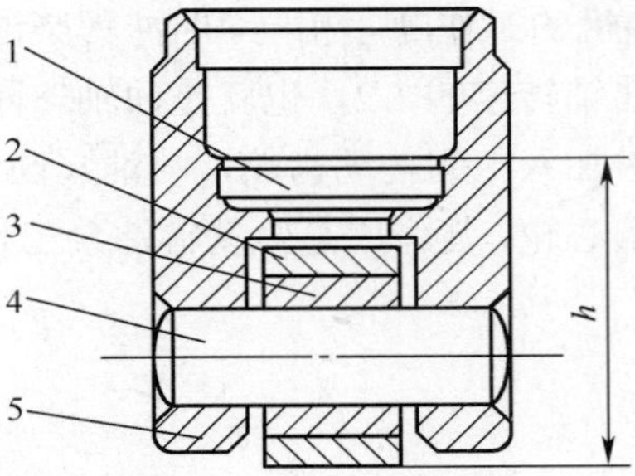

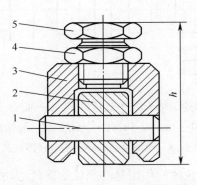

1—调整垫块；2—滚轮；3—滚轮衬套；4—滚轮轴；5—滚轮架

图 5-16　调整垫块式滚轮体传动部件

1—滚轮轴；2—滚轮；3—滚轮架；4—锁紧螺母；5—调整螺钉

图 5-17　调整螺钉式滚轮体传动部件

　　调整时不必拆散泵体，但必须注意螺钉拧出的最大高度和及时地锁紧，因为柱塞上止点距出油阀座只有 0.4 mm 的空隙，以防顶撞损坏。

　　4. 泵体

　　泵体（壳体）是喷油泵的基础件，所有的零件通过它组合在一起构成喷油泵整体。泵体分组合式和整体式两种，多用铝合金铸成。有的组合式泵体上体用灰铸铁制成，以增加泵体上部的刚度和强度。

　　组合式泵体分上体和下体两部分，用螺栓连接在一起，上体安装分泵，下体安装驱动件和油量调节件，中间置有一定厚度的密封垫，拆装与维修比较方便。

　　有些喷油泵的泵体采用整体式（不开侧窗口），这样不仅改善了密封性，而且更重要的是大大增强了泵体的刚度，但是驱动件和油量调节件等零件的拆装较麻烦。整体式泵体适用于较高喷油压力的喷油泵。

5.5　转子分配式喷油泵

　　目前在柴油机的燃料系中广泛使用的 VE 泵就是德国波许公司生产的单柱塞、轴向压缩的转子分配式喷油泵（简称"转子分配泵"）。它与直列式喷油泵相比较，具有如下特点：

　　（1）体积小、重量轻。与直列式喷油泵中每缸一套柱塞偶件不同，转子分配式喷油泵由一套柱塞偶件完成各缸柴油的分配与供给。

（2）结构紧凑。调速器、供油提前角调节装置均包含在泵体内部。此外在泵体内还有一输油泵以及断油电磁阀等。

（3）能在较高转速下工作。

（4）对燃油质量要求较高，对燃油中的杂质十分敏感。

5.5.1　VE 型转子分配泵结构

VE 型转子分配泵由驱动机构、二级滑片式输油泵、高压分配泵头和电磁式断油阀等部分组成。此外，机械式调速器和液压式喷油提前器也安装在分配泵体内（见图 5-18）。

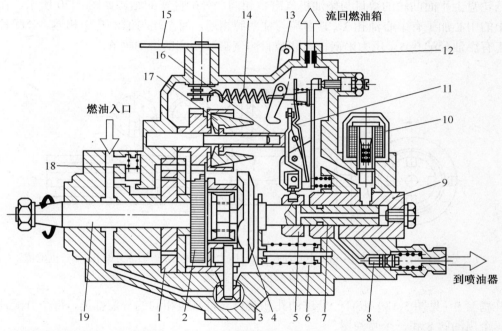

1－二级滑片式输油泵；2－调速器驱动齿轮；3－液压式喷油提前器；4－平面凸轮盘；5－油量调节套筒；6－柱塞弹簧；7－分配柱塞；8－出油阀；9－柱塞套；10－断油阀；11－调速器张力杠杆；12－溢流节流孔；13－停车手柄；14－调速弹簧；15－调速手柄；16－调速套筒；17－飞锤；18－调压阀；19－驱动轴

图 5-18　VE 型转子分配泵

驱动轴 19 由柴油机曲轴定时齿轮驱动。驱动轴带动二级滑片式输油泵 1 工作，并通过调速器驱动齿轮 2 带动调速器轴旋转。驱动轴的右端通过联轴器 21（见图 5-19）与平面凸轮盘 4 连接，利用平面凸轮盘上的传动销带动分配柱塞 7（见图 5-18）。柱塞弹簧 6 将分配柱塞压紧在平面凸轮盘上，并使平面凸轮盘压紧滚轮 22（见图 5-19）。滚轮轴嵌入静止不动的滚轮架 20 上。当驱动轴 19 旋转时，平面凸轮盘与分配柱塞同步旋转，而且在滚轮、平面凸轮和柱塞弹簧的共同作用下，凸轮盘还带动分配柱塞在柱塞套 9 内做往复运动。往复运动使柴油增压，旋转运动进行柴油分配。

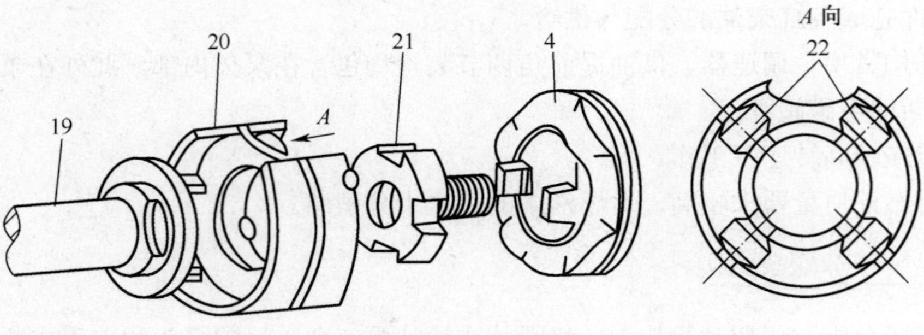

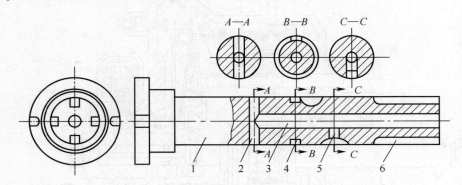

20—滚轮架；21—联轴器；22—滚轮（其余图注同图 5-18）

图 5-19　滚轮、联轴器及平面凸轮

凸轮盘上平面凸轮的数目与柴油机气缸数相同。分配柱塞的结构如图 5-20 所示。在分配柱塞 1 的中心加工有中心油孔 3，其右端与柱塞腔相通，而左端与泄油孔 2 相通。分配柱塞上还加工有燃油分配孔 5、压力平衡槽 4 和数目与气缸数相同的进油槽 6。

1—分配柱塞；2—泄油孔；3—中心油孔；4—压力平衡槽；5—燃油分配孔；6—进油槽

图 5-20　分配柱塞

柱塞套 9（见图 5-18）上有一个进油孔和数目与气缸数相同的分配油道，每个分配油道都连接一个出油阀 8 和一个喷油器。

5.5.2　VE 型转子分配泵工作过程

VE 型转子分配泵的工作过程如图 5-21 所示。

（1）进油过程（见图 5-21（a））。当平面凸轮盘 12 的凹下部分转至与滚轮 13 接触时，柱塞弹簧将分配柱塞 14 由右向左推移至柱塞下止点位置，这时分配柱塞上的进油槽 3 与柱塞套 20 上的进油孔 2 连通，柴油自喷油泵体 19 的内腔经进油道 17 进入柱塞腔 4 和中心油孔 10 内。

（2）泵油过程（见图 5-21（b））。当平面凸轮盘由凹下部分转至凸起部分与滚轮接触时，分配柱塞在凸轮盘的推动下由左向右移动。在进油槽转过进油孔的同时，分配柱塞将进油孔封闭，这时柱塞腔 4 内的柴油开始增压。与此同时，分配柱塞上的燃油分配孔 18 转至与柱塞套上的一个出油孔 8 相通，高压柴油从柱塞腔经中心油孔、燃油分配孔、出油孔进入分配油道 7，再经出油阀 6 和喷油器 5 喷入燃烧室。

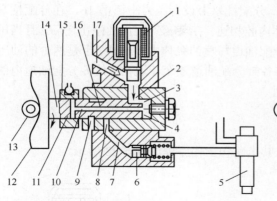

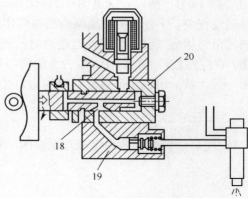

（a）进油过程　　　　　　　　　　　　　　（b）泵油过程

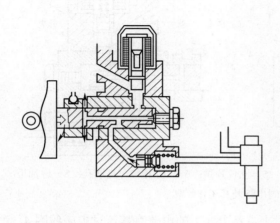

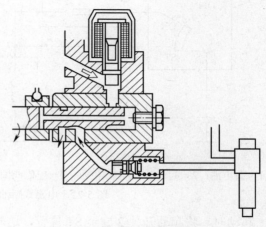

（c）停油过程　　　　　　　　　　　　　　（d）压力平衡过程

1—断油阀；2—进油孔；3—进油槽；4—柱塞腔；5—喷油器；6—出油阀；7—分配油道；8—出油孔；
9—压力平衡孔；10—中心油孔；11—泄油孔；12—平面凸轮盘；13—滚轮；14—分配柱塞；
15—油量调节套筒；16—压力平衡槽；17—进油道；18—燃油分配孔；19—喷油泵体；20—柱塞套

图 5-21　VE 型转子分配泵的工作过程

　　平面凸轮盘每转一周，分配柱塞上的燃油分配孔依次与各缸分配油道接通一次，即向柴油机各缸喷油器供油一次。

　　（3）停油过程（见图 5-21（c））。分配柱塞在平面凸轮盘的推动下继续右移，当柱塞上的泄油孔 11 移出油量调节套筒 15 并与喷油泵体内腔相通时，高压柴油从柱塞腔经中心油孔和泄油孔流进喷油泵体内腔，柴油压力立即下降，供油停止。

　　从柱塞上的燃油分配孔 18 与柱塞套上的出油孔 8 相通的时刻起，至泄油孔 11 移出油量调节套筒 15 的时刻止，这期间分配柱塞所移动的距离为柱塞有效供油行程。显然，有效供油行程越大，供油量越多。移动油量调节套筒即可改变有效供油行程，向左移动油量调节套筒，停油时刻提早，有效供油行程缩短，供油量减少；反之，向右移动油量调节套筒，供油量增加。

油量调节套筒的移动由调速器操纵。

（4）压力平衡过程（见图 5-21（d））。分配柱塞上设有压力平衡槽 16，在分配柱塞旋转和移动过程中，压力平衡槽始终与喷油泵体内腔相通。在某一气缸供油停止之后，且当压力平衡槽转至与相应气缸的分配油道连通时，分配油道与喷油泵体内腔相通，于是两处的油压趋于平衡。在柱塞旋转的过程中，压力平衡槽与各缸分配油道逐个相通，致使各分配油道内的压力均衡一致，从而可以保证各缸供油的均匀性。

5.5.3　电磁式断油阀

VE 型转子分配泵装有电磁式断油阀，其电路和工作原理如图 5-22 所示。

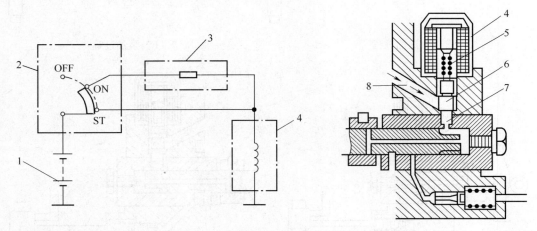

1—蓄电池；2—起动开关；3—电阻；4—电磁线圈；5—回位弹簧；6—阀门；7—进油孔；8—进油道
图 5-22　电磁式断油阀电路及其工作原理

起动时，将起动开关 2 旋至 ST 位置，这时来自蓄电池 1 的电流直接流过电磁线圈 4，产生的电磁力压缩回位弹簧 5，将阀门 6 吸起，进油孔 7 开启。

柴油机起动之后，将起动开关旋至 ON 位置，这时电流经电阻 3 流过电磁线圈，电流减小，但由于有油压的作用，阀门仍然保持开启。

当柴油机停机时，将起动开关旋至 OFF 位置，这时电路断开，阀门在回位弹簧的作用下关闭，从而切断油路，停止供油。

5.5.4　液压式喷油提前器

VE 型分配式喷油泵体的下部安装有液压式喷油提前器，其结构如图 5-23 所示。

喷油提前器壳体 1 内装有活塞 2，活塞左端与二级滑片式输油泵的入口相通，并有弹簧 5 压在活塞上。活塞右端与喷油泵体内腔相通，其压力等于二级滑片式输油泵的出口压力。当柴油机在某一转速下稳定运转时，作用在活塞左、右端的力相等，活塞处于某一平衡位置。若柴油机转速升高，二级滑片式输油泵的出口压力增大，作用于活塞右端的力随之增加，推动活塞向左移动，并通过连接销 3 和传力销 4 带动滚轮架 7 绕其轴线转动一定的角度，直至活塞两端的力重新达到平衡为止。滚轮架的转动方向与平面凸轮盘的旋转方向正好相反，使平面凸轮提前一定角度与滚轮接触，供油相应提前，即供油提前角增大。反之，若柴油机转速降低，则二级滑片式输油泵的出口压力也随之降低，作用于活塞右端的力减小，活塞向右移动，并带动滚轮架向着平面凸轮盘旋转的同一方向转过一定的角度，使供油提前角减小。

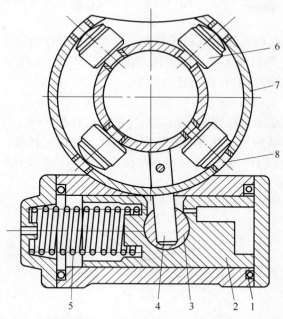

1—壳体；2—活塞；3—连接销；4—传力销；5—弹簧；6—滚轮；7—滚轮架；8—滚轮轴

图 5-23　液压式喷油提前器

5.6　调速器

5.6.1　柱塞式喷油泵的速度特性

1. 喷油泵的速度特性

喷油泵的速度特性是指供油拉杆位置不变时，喷油泵每一循环供油量（Δg）随转速变化的规律。

理论上供油拉杆位置一定时，不论喷油泵转速怎样变化，每一循环的供油量应该不变，实际上每一循环的供油量（Δg）随转速的升高而增加（见图 5-24）。这是因为柴油机转速变化时，喷油泵柱塞的运动速度也发生了变化，从而引起柱塞套筒上进油孔、回油孔的节流作用和柱塞偶件的泄漏程度发生变化。

（1）柱塞运动速度增加时，产生早喷晚停。柱塞在上行的预备行程中，泵室内的燃油将从回油孔压出一部分回到低压进油室。此时，孔对油流产生阻力，使油不能及时流出，这就是孔的节流作用。于是，就出现柱塞还未完全关闭时，泵室内的油压就开始上升，提前推开出油阀供油，供油提前角也随着增大，这就是所谓的压油时的早喷。当柱塞上升到上斜槽线让开回油孔的下沿时，同样因回油孔和直槽（或中心孔）的节流作用，泵室内的油不能从这些部位及时流出，使油压不能立即下降，出油阀晚关，导致停供时刻延迟，这就是所谓的回油时的晚停。

上述节流作用随着转速的升高而增加，"早喷"和"晚停"的程度也随着增大，就相当于柱塞的有效升程随着加大，因此，即使供油拉杆位置不变，随着转速的升高，每一循环的供油量Δg也在逐渐增加，

（2）柱塞运动速度增加时，泄漏量相对减少。尽管柱塞偶件的间隙很小，但在高压下不可避免地要泄漏少量柴油。当柱塞运动速度加快，即转速升高后，泄漏时间缩短，泄漏量减少，从而也使每一循环供油量随转速的升高而逐渐增加。

2. 恶果

如图 5-24 所示，随着柴油机转速的升高，充气系数η_v有所下降，而喷油泵的速度特性又使每一循环的供油量Δg不断增加，两者的变化规律和理想的情况相反。若设定点 a 的α值为 $1.3\sim1.5$ 时，所对应的α_a（成分）和 n_a（转速）符合要求。当负荷变化时：

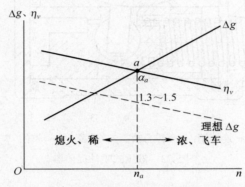

图 5-24　喷油泵的速度特性对α值的影响

转速升高Δg增加，η_v下降，造成油多气少而冒黑烟，形成恶性循环而"超速"（飞车），严重时旋转机件损坏。

转速降低Δg减少，η_v上升，造成油少气多而"游车"（不稳定），甚至熄火。

可见，柴油机工作稳定性很差，这是由于空气量不能调节（无节流作用），各转速下的α远大于 1 和Δg变化不理想导致的，也就是说，它对负荷变化的适应能力差。因此，必须加装调速器及时地、自动地调节供油量的多少，以保证柴油机在各工况下稳定地工作。

5.6.2　调速器的作用

柴油机调速器的作用，是当负荷改变时，自动地改变供油量的多少，维持柴油机稳定运转。对在良好的道路上行驶的汽车来说，由于工况比较稳定，调速器多用来限制柴油机的最高转速 n_{max} 和保持稳定的最低转速 n_{min}（怠速）。

1. 限制最高转速

当柴油机在全负荷工况下，由于负荷的减小，转速将迅速升高。如图 5-25 所示，当转速超过 n_a 时，调速器开始自动减油，使转矩迅速减小，直到 n_T 时即停止供油。n_a 为额定转速（n_{max}），n_T 为停供转速，其差值一般不大于 200r/min。该值越小，表示调速器的灵敏度越高，其转矩曲线下降得越陡，表明调速器的调速特性越好（即ΔM 大，Δn 小）。

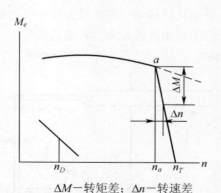

$\Delta M-$转矩差； $\Delta n-$转速差

图 5-25 调速器在两极的调速特性

这样，柴油机在最高转速工作时，调速器就防止了飞车事故的发生。

应该说明，一般调速器起作用的转速略高于额定转速 n_a，其差值不大于额定转速的 8%。

2. 保持平稳怠速

怠速时喷油量少，α 值达 4～6。又因残余废气量相对增加，汽化条件和燃烧条件差，燃烧速度明显变小。各种必然原因和偶然原因（冷却液温度、油温、机温、内部阻力、气门和喷嘴因积炭影响关闭不严或短暂停喷等），会引起动力的变化，使怠速升高或降低。如图 5-25 所示，怠速转速在 n_D 位置时，随转速的降低调速器自动加油，转矩增加；又随转速的升高调速器自动减油，转矩减小，使怠速保持稳定。

5.6.3 调速器的种类

按调节作用范围的不同，调速器可分为两速式和全速式。

（1）两速式调速器。车用柴油机多用两速式调速器。它能保持柴油机平稳地怠速，防止游车或熄火；又能限制柴油机不超过某一最大转速，从而防止了超速（飞车）。至于中间转速，则利用人工调节供油量。

（2）全速式调速器。它不但能保持柴油机最低稳定转速和限制最大转速，而且能根据负荷的大小保持和调节任一选定的转速，多用在工况多变和突变的柴油机上，如矿用车、越野车、自卸车等。

5.6.4 机械离心式调速器的调速原理

如图 5-26 所示，简单离心式调速器由飞锤 3、滑套 4、调速弹簧 5 和调速杠杆 6 等组成。

（1）柴油机不工作时。操纵臂 8 固定在熄火位置，供油拉杆 7 被拉出，调速弹簧 5 的预紧力使滑套 4 左移，飞锤 3 收拢，$F_A=0$，调速器不工作。

（2）柴油机工作时。操纵臂 8 处在某一工作位置，供油拉杆也处在某一对应位置。通过曲轴，装在喷油泵凸轮轴后端的飞锤旋转，飞锤 3 在离心力的作用下向外张开，离心力的大小与转速的平方成正比。离心力产生的轴向推力 F_A 和调速弹簧 5 的推力 F_B 在某一转速下相平衡，使调速器和喷油泵保持在相应位置处工作。当柴油机的负荷（M_Q）变化时，便引起一系列的变化：柴油机转速变化—调速器转速变化—飞锤离心力及其推力 F_A 变化—F_A 和 F_B 失去平衡一滑套位移，调速杠杆摆动－供油拉杆移动－供油量变化－柴油机的转矩上升或下降，与变化了的负荷 M_Q 重新平衡－柴油机稳定到接近原来的转速的位置上。

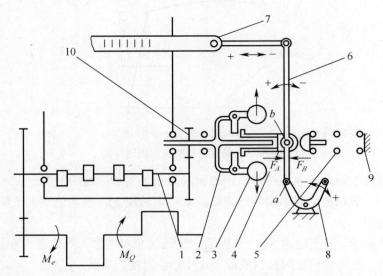

1—喷油泵凸轮轴；2—支承架；3—飞锤；4—滑套；5—调速弹簧；6—调速杠杆；7—供油拉杆；

8—操纵臂；9—调速弹簧支座；10—增速齿轮组；a 点—自动调节的支承点；b 点—人工调节的支承点；

F_A—离心推力；F_B—调速弹簧推力；M_e—柴油机的转矩；M_Q—负荷的阻力矩

图 5-26　离心式调速器原理简图

　　由此可见，离心式调速器通过调节供油量的多少来改变柴油机转矩的过程，实际上是离心力的推力 F_A 和调速弹簧推力 F_B 的"争斗"和平衡过程。F_A 和 F_B 共同控制着供油拉杆而工作。即：

　　$M_e=M_Q$ 时——柴油机的平衡状态，稳定的运转；$F_A=F_B$，滑套不动，此时是调速器的平衡状态，维持供油量。

　　$M_e<M_Q$ 时——柴油机失去平衡，转速降低；$F_A<F_B$，滑套左移，调速器失去平衡，自动加油，又获得新的平衡。

　　$M_e>M_Q$ 时——转速升高，$F_A>F_B$，滑套右移，自动减油，又获得新的平衡。

　　这样，柴油机、喷油泵、调速器、喷油器就组成了一封闭的自动调节系统，如图 5-27 所示。

　　由拓扑图 5-27 可见，当负荷和转速改变时，柴油机的平衡状态遭到破坏，信息传给感应元件，通过驱动机构使执行机构（喷油器）改变喷油量，获得新的平衡。同样，踏板上的指令输入调速器中（如果是全速式调速器即可改变调速弹簧的预紧力），即破坏了调速器的平衡状态，也能使喷油量发生变化，使柴油机按选定的转速运转。可见，两个平衡状态的任何一方遭到破坏，信息传给感应元件，都能使喷油量发生变化。也就是说，滑套的位移，造成供油拉杆的位移，反过来又要消除滑套的位移，这样实现反馈控制。

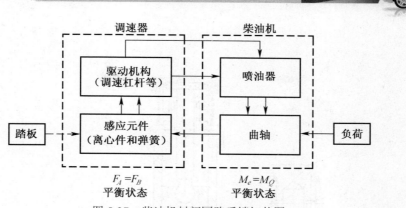

$$F_A = F_B$$
平衡状态

$$M_e = M_Q$$
平衡状态

图 5-27　柴油机封闭回路反馈拓扑图

5.7　柴油机燃料系的辅助装置

5.7.1　输油泵

　　输油泵的作用是使柴油产生一定压力，用以克服滤清器及管路阻力，保证连续不断地向喷油泵输送足够的柴油。

　　输油泵多采用活塞式，输油压力为 0.15～0.3MPa，输出量为柴油机全负荷油耗量的 3～4 倍。

　　如图 5-28 所示，活塞式输油泵由泵体 23、活塞 19、进油阀 3、出油阀 15 及手油泵等组成。它用螺钉固装在喷油泵体上，由喷油泵凸轮轴上的偏心轮驱动。

　　输油泵的工作过程如图 5-29 所示。

　　（1）准备压油行程。随着喷油泵凸轮轴 27 的旋转，偏心轮推动滚轮、推杆和活塞向外运动，泵腔 I 因容积减小而油压升高，进油阀 3 关闭，出油阀 15 被压开，柴油便由泵腔 I 通过出油阀流向泵腔 II。

　　（2）吸油和压油行程。当偏心轮凸起部分转离滚轮时，活塞在弹簧的作用下上行，泵室 II 的油压增大，出油阀被关闭，柴油经油道流向滤油器。此时，泵腔 I 容积变大，压力下降，进油阀 3 被吸开，柴油便经进油口和进油阀流入泵腔 I。

　　（3）输油量的自动调节。输油量的多少取决于活塞行程；输油压力的大小取决于活塞弹簧的张力。当活塞的行程等于偏心轮的偏心距时，输油量最大。当喷油泵需要的油量减少时，泵腔 II 的油压将随之增高，推杆与活塞之间产生了空行程，即活塞的有效行程被减小，输出的油量即减少。当耗油量增大时，有效行程即增大，输出的油量即增加。这样，实现了输油量和输油压力的自动调节。

　　（4）手油泵工作。输油泵上装有手油泵。当柴油机长时间停止工作后，或低压油路中有空气时，可利用手油泵输油或放气。

　　用手油泵泵油时，可利用活塞 6 在泵体内抽动，形成一定的真空度，进油阀被吸开，柴油被吸入泵体，然后再被压入泵室 I，并推开出油阀而输出。停止使用手油泵后，应将手柄拧紧在手泵体上，以防空气渗入油路，影响输油泵的工作。

Chapter **5**

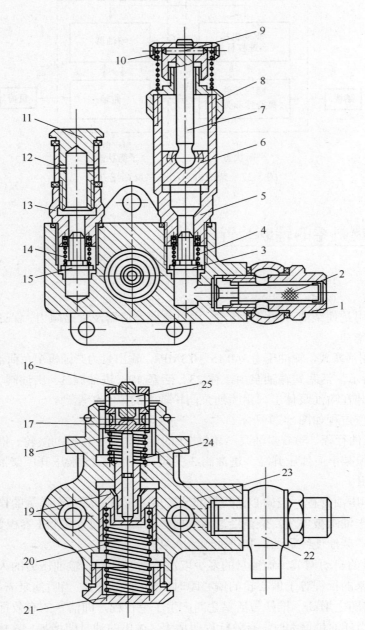

1—进油管接头；2—滤网；3—进油阀；4—弹簧；5—手泵体；6—手泵活塞；7—手泵杆；
8—手泵盖；9—手泵销；10—手泵柄；11—出油管接头；12—套；13—油管接头；14—弹簧；
15—出油阀；16—滚轮；17—滚轮架；18—滚轮弹簧；19—活塞；20—活塞弹簧；21—螺塞；
22—进油管接头；23—泵体；24—推杆；25—滚轮销

图 5-28 活塞式输油泵

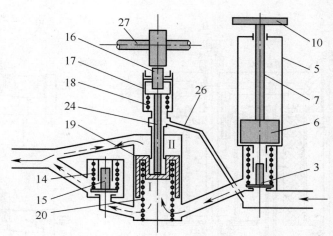

1～25 图注同图 5-28；26—回油道；27—喷油泵凸轮轴

图 5-29　活塞式输油泵工作原理图

推杆 24 与泵体导孔的润滑是靠泵腔 II 油压升高时经配合间隙漏泄的少量燃油来实现的，为了防止柴油流入凸轮轴室冲释润滑油，泵体上制有连通推杆导孔和进油口的回油道 26，起润滑作用的柴油可以从回油道流回进油口。

5.7.2　柴油滤清器

柴油滤清器的作用是滤去柴油中的杂质、水分和石蜡，以减小各精密偶件的磨损，保证喷雾质量。

滤清器多用过滤式，滤芯的材料有绸布、毛毡、金属丝及纸质等。由于纸质滤芯是用树脂浸泡制成，具有滤清效果好、成本低等特点，因而得到广泛的应用。

滤清器多串联在输油泵和喷油泵之间，安装位置多在喷油泵附近，而且偏高一点，有利于存油、预热和防止结蜡。

滤清器的过滤原理同汽油滤清器，但它有以下特点（见图 5-30）。

（1）滤清器盖上有放气螺钉。拧开螺钉，抽动手动输油泵，可以排除滤清器和低压油路内的空气。

（2）有的滤清器盖上装有限压阀，当低压油路的油压达到 0.15MPa 时即开启，使柴油流回油箱，以保持滤芯的过滤能力和喷油泵正常工作。

（3）滤清器外壳底部多设有放污螺塞，以便定期排除杂质和水分。

5.7.3　柴油机的起动辅助装置

柴油机因压缩比较大，起动阻力矩大，而且柴油机是压缩自燃，低温时着火困难。为了改善起动性能，柴油机多装有便于起动的辅助装置。

改善柴油机低温起动性能的方法：一是改善着火条件，使燃料易于燃烧；二是降低柴油机的起动阻力矩。

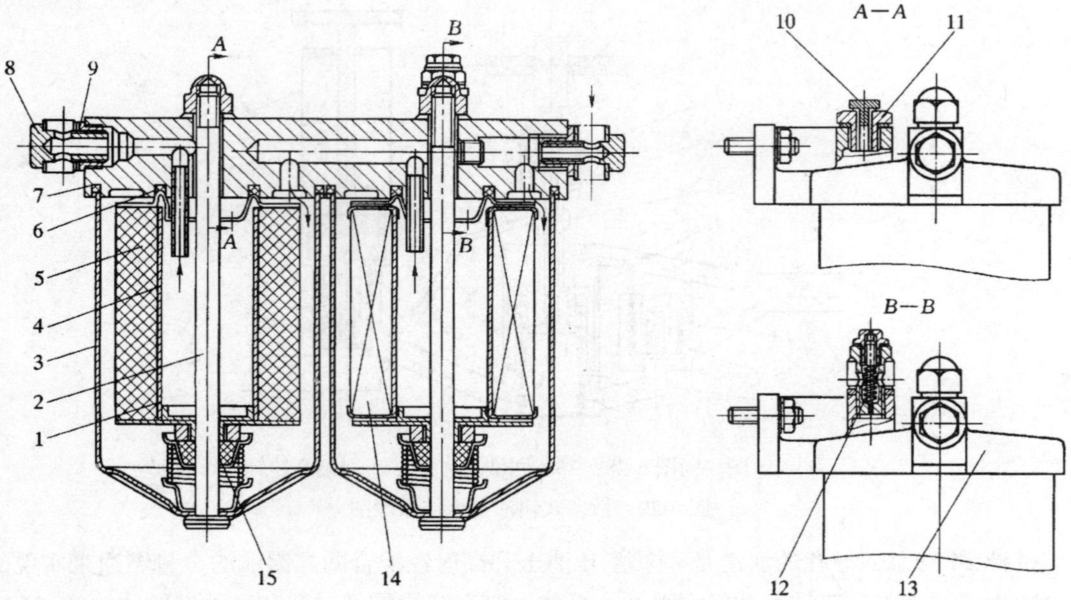

1—滤布；2—紧固螺杆；3—外壳；4—滤筒；5—毛毡；6—密封圈；7—橡胶密封圈；8—油管接头；
9—垫；10—放气螺钉；11—螺塞；12—限压阀；13—盖；14—纸滤芯；15—滤芯垫

图 5-30 两级式柴油滤清器

1. 改善燃料着火条件的措施

（1）利用电加热塞加热燃烧室。在分开式燃烧室中，可装电加热塞来保证冷机起动。如图 5-31 所示，电阻丝 2 是用镍铬合金制成线圈状，外包有耐热、耐蚀的保护套 1；电阻丝周围填满导热性好的氧化镁粉，中心电极 9 通过开关与电源相接，另一电极通过外壳搭铁。起动前接通电热塞电路，加热 20～30s 后，温度可升高到 1300K，起动后即断开电路。

（2）利用火焰加热器加热进气管。直接喷射燃烧室是在进气管上装火焰加热器，利用电热丝将喷管喷出的柴油引燃，吸入气缸点燃混合气。

（3）在进气管上装起动液喷射器。用手动泵或电动泵将易燃的起动液喷入进气管（乙醚、丙烷、丁烷等），使它和空气一起进入气缸，在较低的压缩终了温度下发火引燃柴油。

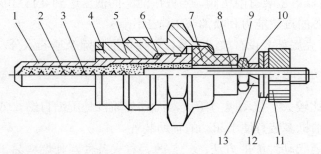

1—发热体钢套；2—电阻丝；3—填充剂；4—密封垫圈；5—外壳；6—垫圈；7—绝缘体；8—胶合剂；
9—中心电极；10—固定螺母；11—压线螺母；12—压线垫圈；13—弹簧垫圈

图 5-31 电热塞的构造

2．降低起动阻力矩的措施

在柴油机配气机构的摇臂上，加装减压机构，起动时人工将每个气缸的进气门压下 1～1.5mm，减小了初次压缩的空气阻力，使起动转速得到提高。当曲轴转速较高时，突然放松减压机构，旋转件的动能使压缩终了的温度提高而着火燃烧（见图 5-32）。

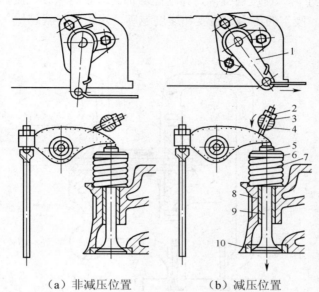

（a）非减压位置　　　　（b）减压位置

1—手柄；2—锁紧螺母；3—调整螺钉；4—减压轴；5～10—气门机构

图 5-32　减压机构

减压机构可驱动气阀摇臂，也可驱动气阀挺柱，都能实现减压，都是压下进气阀，使气缸通过空气滤清器与大气相通。如果用排气阀减压，排气管中的碳粒将吸入气缸，加速气缸的磨损。

5.8　废气涡轮增压器

内燃机的功率与转化燃料热能的多少有关，与供入气缸内的空气（或混合气）的数量成正比。在气缸容积和内燃机转速不变条件下，供入气缸内的空气（或混合气）的数量与空气密度成正比。因此，可对进入气缸前的空气进行预压缩来提高内燃机的功率。凡是能将内燃机进气的空气密度提高到高于周围环境的空气密度的一切方法，统称为增压。实现增压的装置称为压气机或增压器。

增压的类型有不同的分类方法，按实现增压所提供的能量，可分机械增压、废气涡轮增压和气波增压三种基本类型。机械增压是利用内燃机的一部分机械功驱动压气机。废气涡轮增压是利用内燃机的一部分废气能量驱动增压器。废气涡轮增压器与内燃机只有流体联系。气波增压则是根据压力波的气动原理，利用废气能量直接压缩空气，由内燃机 V 带驱动的增压器转子只是控制并维持气波增压过程，它与内燃机的传动比是不变的。目前在汽车发动机上广泛使用的是废气涡轮增压器。

5.8.1　废气涡轮增压器工作原理

废气涡轮增压器工作原理如图 5-33 所示。柴油机排出的具有 800～1000K 高温和一定压力的废气，经排气管 1 进入涡轮壳 4 里的喷嘴环 2。由于喷嘴环的通过面积是逐渐收缩的，因而废气的压力和温度下降，速度被提高，其动能增加。这股高速废气流，按一定的方向冲击涡轮 3，使其高速旋转。废气的压力、温度和速度越高，涡轮转得就越快，通过涡轮的废气最后排入大气。

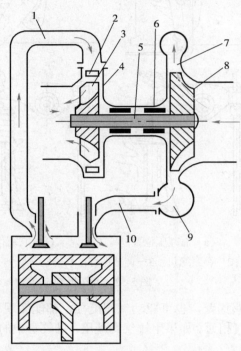

1—排气管；2—喷嘴环；3—涡轮；4—涡轮壳；5—转子轴；6—轴承；7—扩压器；
8—压气机叶轮；9—压气机壳；10—进气管

图 5-33　废气涡轮增压器工作原理示意图

因涡轮 3 和离心式压气机叶轮 8 固装在同一转子轴 5，所以两者同步旋转。这样，就将经过空气滤清器的空气吸入压气机壳，高速旋转的压气机叶轮把空气甩向叶轮的外缘，使其速度和压力增加，并进入扩压器 7。扩压器的形状做成进口小出口大，因此气流的流速下降、压力升高，这些压缩的空气经进气管 10 进入气缸。

5.8.2　涡轮增压器

涡轮增压器是利用内燃机排出的部分废气能量，通过涡轮，驱动压气机，使空气增压的一个装置。废气涡轮增压器（见图 5-34）由压气机（包括压气机叶轮 3、压气机蜗壳 1）、涡轮（包括涡轮机叶轮 10、涡轮机蜗壳 13 等）和中间体 14 三部分组成。中间体内有轴承 9，以支承转子总成（压气机叶轮、涡轮叶轮和轴等），还有密封装置、润滑油路和冷却腔等。

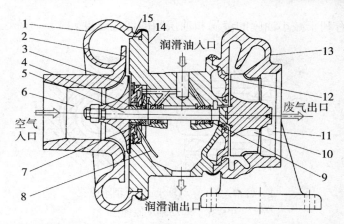

1—压气机蜗壳；2—无叶式扩压管；3—压气机叶轮；4—密封套；5—增压器轴；6—进气道；

7—推力轴承；8—挡油板；9—浮动轴承；10—涡轮机叶轮；11—出气道；12—隔热板；

13—涡轮机蜗壳；14—中间体；15—V型夹环

图5-34　涡轮增压器结构

车用涡轮增压器广泛使用径流式涡轮（见图5-35），废气从涡轮叶轮外缘径向流入涡轮，从轴向流出，因此，径流式涡轮也称径流内心式涡轮。在小流量工作条件下，径流式涡轮效率高，结构简单，可精密铸造，转动惯量小，适于变工况工作。

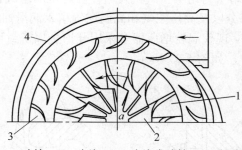

1—叶轮；2—叶片；3—叶片式喷管；4—蜗壳

图5-35　径流式涡轮

现代车用发动机废气涡轮增压器多用无叶片喷嘴，蜗壳兼有喷嘴作用，将燃气的压力能和热能部分地转换成动能，并使燃气以一定的角度进入涡轮叶轮，且可控制进入叶轮的燃气的流量、气流方向，以调整涡轮与压气机的配合功率。

涡轮叶轮、压气机叶轮、锁紧螺母及密封套等零件装在一根轴上，构成涡轮增压器的转子。涡轮叶轮和压气机叶轮广泛采用背对背、轴承内置结构（见图5-34）。这种结构不影响压气机进口和涡轮出口的流道，气流通畅。涡轮的高温对压气机影响小，平衡性好。涡轮叶轮加工后，用氩弧焊、摩擦焊、电子束焊等方法与轴焊接成一体，再最后加工、动平衡。转子的动平衡精度和轴承的结构是车用小型高速度气涡轮增压器可靠性的关键。

小型增压器转子转速每分钟高达20万转，故现代车用涡轮增压器都采用浮动轴承（见图5-36）。浮动轴承实际上是套在轴上的浮动环。环与轴，以及环与轴承座之间都有间隙，形成两层油膜。工作时，轴承本身也转动。内、外层油膜不但起减振和阻尼作用，而且可降低轴与

Chapter 5

轴承的相对速度，有利于减小油膜的漩涡和油层间的切线速度。

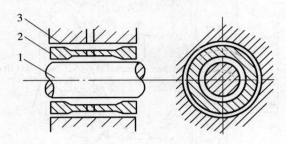

1—转轴；2—浮动轴承；3—轴承座孔

图 5-36　浮动轴承原理图

浮动轴承内、外间隙对轴承工作性能影响很大。一般内间隙为 0.05mm 左右，外间隙为 0.11mm 左右，外间隙约为内间隙的 2 倍。浮动轴承的壁厚约 3～4.5mm。

浮动轴承分整体式和分开式两种。整体式浮动轴承是增压器的转子间只用一个轴承，其结构简单，零件少，止推轴承大为简化，但工艺要求高，旋转惯性大。分开式浮动轴承是在转子内侧的两边各放一个轴承，其尺寸小，旋转惯性小，加工简单，在小型增压器上应用较多。

漏气会降低涡轮增压器效率，而且高温燃气窜入轴承后，会使其工作温度上升，引起机油结胶或烧毁轴承。漏油会堵塞与污染压气机及通往内燃机的进气管和附件。为阻止机油窜入涡轮和压气机的气体流通部分以及高压空气和高温燃气窜入润滑油道内，在中间体内设有既能封油，又能封气的密封装置。现代涡轮增压器多采用开口金属密封环密封，密封环分别装在涡轮和压气机端的密封环槽中，如图 5-37 所示。

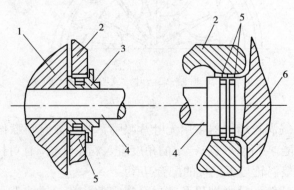

（a）压气机端密封结构　　（b）涡轮端密封结构

1—压气机叶轮；2—密封结构壳体；3—密封套；4—转轴；5—开口金属密封环；6—涡轮叶轮

图 5-37　活塞环式密封装置示意图

增压器轴承的润滑、冷却（见图 5-38）都采用内燃机润滑系内的机油，不再单独设置润滑系。发动机机油滤清后的压力机油，分出一路进入涡轮增压器中间体上方的机油进口处，到主油道，然后并联地进入两个浮动轴承和推力轴承，流入中间体下部，再回到发动机油底壳。

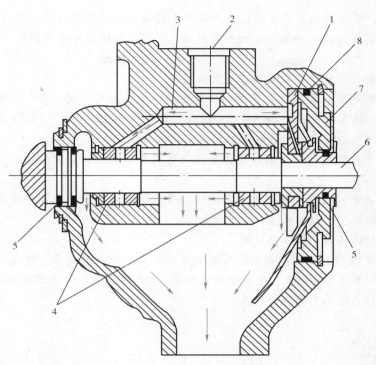

1—推力轴承；2—润滑油入口；3—润滑油道；4—浮动轴承；5—开口金属密封环；6—转子轴；

7—油腔堵盖；8—O 型橡胶密封圈

图 5-38　增压器的润滑与冷却结构示意图

本章小结

　　柴油是一种轻质石油制品，为压燃式发动机（柴油机）燃料，是复杂的烃类（碳原子数为 10～20）混合物，选用的标准是凝点。

　　柴油机燃料供给系的功用是完成燃料的储存、滤清和输送工作，按柴油机各种不同工况的要求，定时、定量、定压并以一定的喷油质量将燃油喷入燃烧室，使其与空气迅速而良好地混合和燃烧，最后将废气排入大气。

　　根据喷油控制方式不同，柴油机燃料供给系分为机械式燃料供给系和电控式燃料供给系。

　　柴油机机械式燃料供给系由燃油供给、空气供给、混合气形成及废气排出四部分组成。

　　本章主要讲解柴油机燃烧室、喷油器、喷油泵、调速器及辅助装置。

　　柴油机燃烧室有统一式（直喷式）燃烧室和分隔式燃烧室。统一式燃烧室是由凹形的活塞顶与气缸底面围成的单一空腔，容积几乎都在活塞的顶部，室内形成涡流运动，混合气形成迅速；分隔式燃烧室主要分成两部分：主燃烧室和副燃烧室。它的主要形式有预燃式燃烧室和涡流式燃烧室。

　　喷油器有孔式和轴针式两类。孔式喷油器多用于统一式燃烧室，轴针式喷油器则多用在分隔式燃烧室中。

　　孔式喷油器由喷油嘴、喷油器壳体和调压装置等三部分组成。喷油嘴中的针阀和针阀体是一对精密偶件。喷油器的工作是通过喷油泵产生的高压柴油压力进行控制的。

喷油泵的作用是接收输油泵送来的低压柴油，并将柴油输送到喷油器中完成定压、定时、定量喷油工作。

喷油泵有柱塞式、转子分配式和泵—喷油器式。

柱塞式喷油泵利用柱塞在柱塞套内的往复运动进行吸油和压油，每一副柱塞与柱塞套只向一个气缸供油。柱塞与柱塞套是一对精密配合的偶件。柱塞的上、下移完成进油、压油、回油；柱塞旋转可改变柱塞有效行程的长短而改变供油量。

轴向压缩转子分配式喷油泵由一套柱塞偶件完成各缸柴油的分配与供给，应用于四缸柴油机。

调速器是系统中的油量控制部件，它的作用是随柴油机负荷变化调整喷油泵的供油量，来改变柴油机的转速。它包括两速、全速等形式。

辅助装置包括输油泵、柴油滤清器。

废气涡轮增压器利用废气能量直接压缩空气，提高内燃机的功率。废气涡轮增压器由压气机、涡轮和中间体三部分组成。中间体内有轴承、密封装置、润滑油路和冷却腔等。采用浮动轴承，可降低轴与轴承间的相对速度。

 知识训练

一、选择题

1. 喷油器开始喷油时的喷油压力取决于（　　）。
   A. 高压油腔中的燃油压力　　　　　B. 调压弹簧的预紧力
   C. 喷油器的喷孔数　　　　　　　　D. 喷油器的喷孔大小

2. 对多缸柴油机来说，各缸的高压油管的长度应（　　）。
   A. 不同　　　　　　　　　　　　　B. 相同
   C. 根据具体情况而定　　　　　　　D. 无所谓

3. 废气涡轮增压器中喷嘴环的通道面积应做成（　　）。
   A. 由小到大　　　B. 由大到小　　　C. 不变的　　　D. A、B 均可

4. 喷油泵柱塞行程的大小取决于（　　）。
   A. 柱塞的长短　　　　　　　　　　B. 喷油泵凸轮的升程
   C. 喷油时间的长短　　　　　　　　D. 柱塞运行的时间

5. 喷油泵柱塞的有效行程（　　）柱塞行程。
   A. 大于　　　　　　B. 小于　　　　C. 大于等于　　　D. 小于等于

6. 喷油泵是在（　　）内喷油的。
   A. 柱塞行程　　　　　　　　　　　B. 柱塞有效行程
   C. A、B 均可　　　　　　　　　　D. A、B 不确定

7. 柴油机喷油泵中的分泵数（　　）发动机的汽缸数。
   A. 大于　　　　　　B. 等于　　　　C. 小于　　　　　D. 不一定

8. 四冲程柴油机的喷油泵凸轮轴的转速与曲轴转速的关系为（　　）。

    A. 1:1   B. 2:1   C. 1:2   D. 4:1

9．在柴油机中，改变喷油泵柱塞与柱塞套的相对位置，则可改变喷油泵的（   ）。

    A. 供油时刻   B. 供油压力   C. 供油量   D. 喷油锥角

10．在柴油机的喷油泵上，当油量调节拉杆位置不变时，喷油泵的供油量随凸轮轴转速的升高而（   ）。

    A. 增加   B. 减少   C. 不变   D. 急剧减少

二、判断题（对的打"√"，错的打"×"）

1．柴油机比汽油机的经济性好。   （   ）

2．汽油机混合气在气缸外形成，而柴油机混合气形成是在气缸内进行。   （   ）

3．一般来说，柴油机采用的过量空气系数比汽油机大。   （   ）

4．喷油泵是由柴油机曲轴前端的正时齿轮通过一组齿轮传动来驱动的。   （   ）

5．两速式调速器适用于一般条件下使用的汽车柴油机，它能自动稳定且限制柴油机最低和最高转速。   （   ）

6．滚轮挺柱传动部件高度的调整，实际上是调整该缸的供油量。   （   ）

7．孔式喷油器的喷孔直径一般比轴针式喷油器的喷孔大。   （   ）

8．孔式喷油器主要用于直接喷射式燃烧室的柴油机上，而轴针式喷油器适用于涡流室燃烧室、预燃室燃烧室，也适用于 U 型燃烧室中。   （   ）

9．所谓柱塞偶件是指喷油器中的针阀与针阀体。   （   ）

10．柱塞的行程是由驱动凸轮的轮廓曲线的最大齿径决定的，在整个柱塞上移的行程中，喷油泵都供油。   （   ）

三、填空题

1．柴油的发火性用_____表示，_____越高，发火性_____。

2．通常汽车用柴油的十六烷值应在_____范围内。

3．柴油的冷滤点越低，其低温流动性_____。

4．柴油机可燃混合气的形成装置是柴油机的_____。

5．柴油机的混合气的着火方式是_____。

6．针阀偶件包括_____和_____，柱塞偶件包括_____和_____，出油阀偶件包括_____和_____，它们都是_____，_____互换。

7．喷油泵的供油量主要决定于_____的位置，另外还受_____的影响。

8．柴油机的最佳喷油提前角随供油量和曲轴转速的变化而变化，供油量越大，转速越高，则最佳供油提前角_____。

四、简答题

1．柴油机的可燃混合气是怎样形成的？

2．柴油机燃烧室有几种？各有什么特点？

3．孔式喷油器与轴针式喷油器各有何特点？

4．喷油器的作用是什么？

5．机械式柴油机供油系统由哪些部分组成？

6．废气涡轮增压器的工作原理是什么？

能力训练

喷油泵的拆装

一、实训的目的和要求

（1）学会正确使用常用工具。

（2）在完整的柴油机上，观察柴油机燃料供给系的组成及管路连接，了解喷油泵的驱动方式。

（3）掌握喷油泵的结构、拆装方法。

二、实训的设备及工具

（1）A 型喷油泵、喷油泵试验台、平台等。

（2）常用工具：组合工具一套、维修手册。

三、A 型喷油泵拆装步骤及操作方法

1．观察学习

（1）在完整的柴油机上，观察柴油机燃料供给系的组成及管路连接，了解喷油泵的驱动方式。

（2）在喷油泵试验台上观察喷油泵和喷油器的工作情况。

2．喷油泵的分解

（1）如图 5-39 所示，拆下喷油泵的侧盖及输油泵。

（2）转动调速器用专用托板托起滚轮体总成。

（3）拆下调速器及前盖。

（4）拆下调速器后盖的紧固螺钉，取下调速器后盖（注意不要拉坏起动弹簧）。卸下离心飞块及喷油泵后盖与泵体的紧固螺钉，取下喷油泵后盖。

（5）卸下凸轮轴支架的紧固螺钉，抽出凸轮轴。

（6）拆下出油阀压紧座，取出出油阀偶件。

（7）抽下专用托板，取下滚轮件、柱塞、柱塞弹簧、弹簧座、传动套及齿扇等。

（8）松开柱塞套定位螺钉，取下柱塞套。注意柱塞与柱塞套是一对偶件，不能互换。

（9）松开齿条定位螺钉，取下齿条。

（10）结构观察分析。

①观察了解喷油泵的组成，分析工作原理。

②分析喷油泵操纵机构和油量调节机构的形式和特点。

③观察单缸供油时刻的调整形式，了解调整方法。

④观察了解 A 型泵调速器的组成、结构形式，分析操纵手柄在不同位置时的工作原理。

⑤掌握调速器的调整内容和方法。

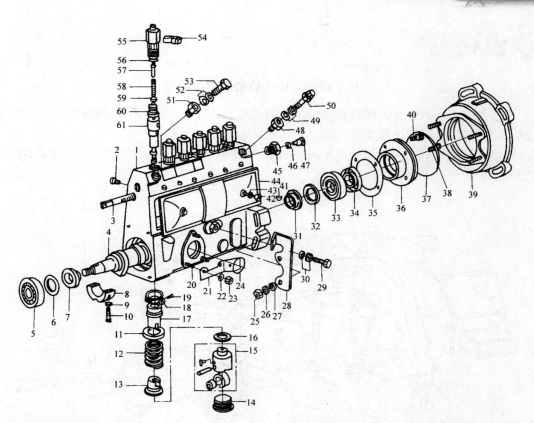

1、45、48、51—泵体元件；2—定位螺钉；3—齿杆；4—凸轮轴；5、33—轴承；6—垫片；7—轴套；
8—中间轴承；9、16、30、32、46、49、52、59—密封垫片；10、19、40、47—螺钉；11—弹簧上座；
12—柱塞弹簧；13—弹簧下座；14—螺塞；15—挺柱体；17—油量控制套；18—齿圈；20、61—柱塞；
21、28—支架；22、26—弹簧垫片；23、25—螺母；24、37、56—O 形密封圈；27、43—平垫片；
29—润滑油进油螺钉；31—轴套；34—油封；35—调整垫片；36—轴承座；38、42—螺栓；39—法兰；
41—半圆键；44—窗口盖板；50—回油螺钉；53—紧油螺钉；54—锁夹；55—出油阀紧座；57—减容体；
58—出油阀弹簧；60—出油阀

图 5-39　A 型喷油泵零件分解图

3．喷油泵的装配

按反顺序装复喷油泵及调速器。应注意以下几点：

①齿杆装入泵体后，其前端端面伸出泵体前端平面的距离为 16.63mm。

②安装调节齿扇时，应保证直槽缺口向外且与泵体挡油螺钉孔对齐。

③喷油泵及调速器装复后，应保证凸轮轴转动灵活，齿杆（条）运动轻便。

四、清洁整理

将实习场地所必要的物品留下，依照规定的合理位置放置，并明确标示，将不必要的物品清除掉；对垃圾进行分类处理，将实习场地清扫干净，使每位成员养成良好习惯，遵守规则做事。

 知识拓展

电子控制高压共轨柴油喷射系统

电子控制高压共轨柴油喷射系统由于其喷油压力、时间、油量及喷油规律柔性可调，性能优越，广泛应用于现代电控柴油汽车。

电控高压共轨柴油喷射系统基本组成如图 5-40 所示，主要由低压油路、高压油路、传感与控制部分等组成。

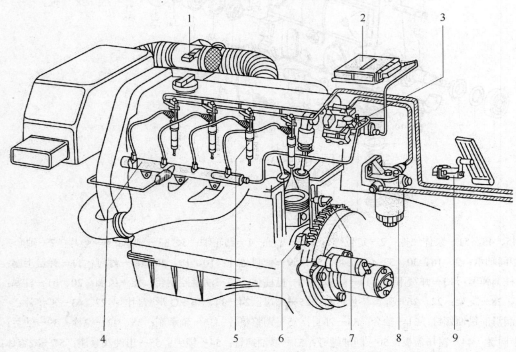

1—空气流量计；2—电控单元 ECU；3—喷油泵；4—共轨管；5—喷油器；6—转速传感器；

7—冷却液温度传感器；8—柴油滤清器；9—加速踏板位置传感器

图 5-40　电控高压共轨柴油喷射系统

一、低压油路

低压油路由油箱、柴油滤清器、电动输油泵等组成。其作用是产生低压柴油输往喷油泵，其结构原理与传统的柴油供给系统低压油路相似。

二、高压油路

高压油路由喷油泵、调压阀、高压油管、共轨管、流量限制器、限压阀和电控喷油器等组成。其基本作用是产生和输送高压（160MPa 左右）柴油。

1. 喷油泵

喷油泵（见图 5-41）的作用是产生高压油。它采用三个径向布置的柱塞泵油元件 9（相互错开 120°），由偏心凸轮 8 驱动，出油量大，受载均匀。

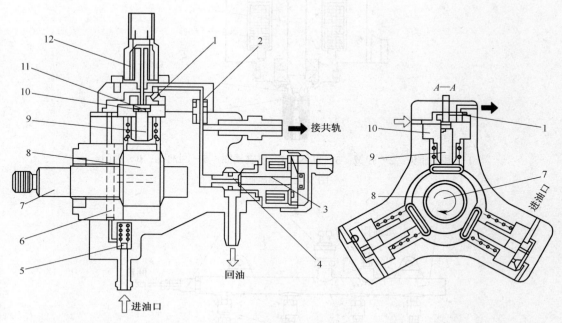

1—出油阀；2—密封件；3—调压阀；4—球阀；5—安全阀；6—低压油路；7—驱动轴；8—偏心凸轮；
9—柱塞泵油元件；10—柱塞室；11—进油阀；12—柱塞单向阀

图 5-41 喷油泵

工作时，从输油泵来的柴油流过安全阀 5，一部分经节流小孔流向偏心凸轮室供润滑冷却用，另一部分经低压油路 6 进入柱塞室。当偏心凸轮转动导致柱塞下行时，进油阀 11 打开，柴油被吸入柱塞室；当偏心凸轮顶起时，进油阀关闭，柴油被压缩，压力剧增，达到共轨压力时，顶开出油阀 1，高压油被送去共轨管。

在怠速或小负荷时，输出油量有剩余，柴油可以经调压阀 3 流回油箱。还可以通过控制电路使柱塞单向阀 12 通电，使电枢上的销子下移，切断某缸柱塞供油，以减少供油量和功率损耗。

2. 调压阀

它被安装在喷油泵旁边或共轨管上（见图 5-42）。其作用是根据发动机负荷状况调整和保持共轨管中的压力。

当调压阀不工作时，电磁线圈 4 不带电，喷油泵出口压力大于弹簧 2 的弹力，阀门 6 被顶开。根据输油量的不同，可调节打开的程度。

当需要提高共轨管中的压力时，电磁线圈带电，给电枢 3 一个附加作用力，压紧阀门 6，使共轨管中的压力升高到与其平衡为止，然后调节阀门停留在一定开启位置，保持压力不变。

3. 共轨管

共轨管作用是存储高压油，保持压力稳定。结构如图 5-43 所示，共轨管上安装有压力传感器 2、限压阀 3 和流量限制器 4。

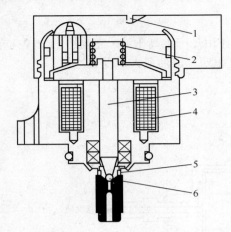

1—电气插头；2—弹簧；3—电枢；4—电磁线圈；5—回油孔；6—阀门

图 5-42　调压阀

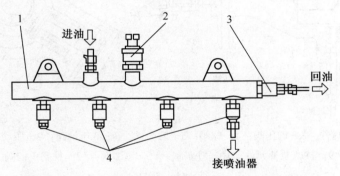

1—共轨管；2—共轨压力传感器；3—限压阀；4—流量限制器

图 5-43　高压存储器（共轨管）

　　共轨压力传感器（见图 5-44）用螺纹 6 紧固在共轨管上，其内部的压力传感膜片 4 感受共轨压力，通过分析电路，把压力信号转换成电信号传至 ECU 进行控制。

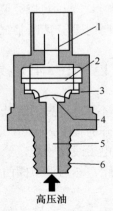

1—电气插头；2—分析电路；3—外壳；4—压力传感膜片；5—油道；6—固定螺纹

图 5-44　共轨压力传感器

限压阀（见图 5-45）的作用是限制共轨管中的压力。当压力超过弹簧 5 的弹力时，阀门 2 打开卸压，高压油经通流孔 3 和回油孔 8 流回油箱。

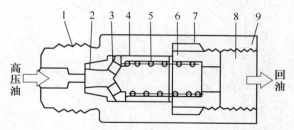

1－固定螺纹；2－阀门；3－通流孔；4－活塞；5－弹簧；6－限位件；7－阀座；8－回油孔；9－外壳

图 5-45　限压阀

流量限制器（见图 5-46）的作用是防止喷油器出现持续喷油现象。活塞 2 在静止时，由于受弹簧 4 的作用力，总是靠在堵头一端。在一次喷油后，喷油器端压力下降，活塞在共轨压力作用下向喷油器端移动，但并不关闭密封座面 6。只有在喷油器出现持续喷油，导致活塞下移量大时，才封闭通往喷油器的通道，切断供油。

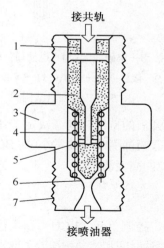

1－堵头；2－活塞；3－外壳；4－弹簧；5－节流孔；6－密封座面；7－螺纹

图 5-46　流量限制器

4．电控喷油器

它是共轨柴油喷射系统的核心部件，其作用是准确控制向气缸喷油的时间、喷油量和喷油规律。

与直喷式柴油机中的机械式喷油器相似，电控喷油器可用压板等安装在气缸盖内。

如图 5-47 所示，高压油从进油管进入，通过油道通到喷油嘴 A 腔。此时，高压油也通过节流孔进入喷油器的 B 腔。由于 B 腔和 A 腔压力相同，故喷油嘴关闭。

当电磁阀通电后，活塞被电磁力吸起，单向阀在油压作用下打开，B 腔泄压后油压下降。A、B 腔的压力差将针阀抬起，喷油嘴喷油。

5
Chapter

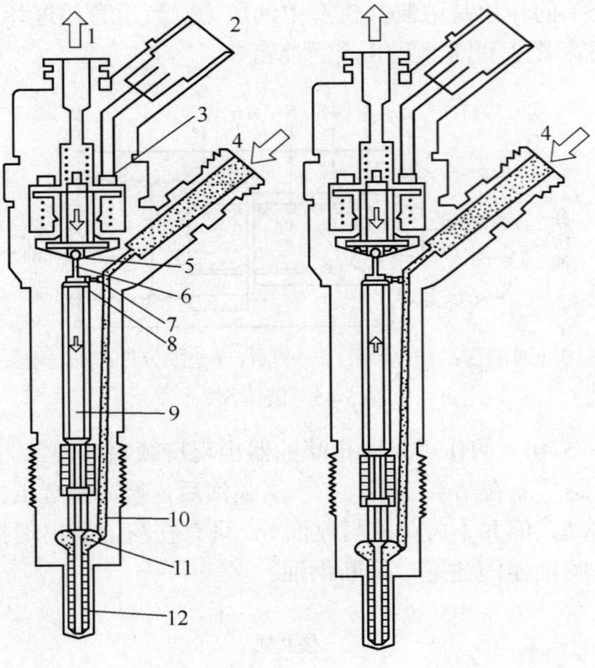

1—回油管；2—控制接线柱；3—电磁线圈；4—进油口；5—单向阀；6、7—节流孔；
8—B腔；9—接杆；10—油道；11—A腔；12—针阀

图5-47　喷油器结构

喷油量的大小取决于喷油嘴开启的持续时间（决定于 ECU 输出脉宽）、喷油压力及针阀升程等。由于高压喷射压力非常高，喷油嘴喷孔非常小（如 BOSCH 公司的 6 孔、直径为 0.169mm的喷孔），使用中应特别注意柴油的高度清洁。

三、传感与控制部分

传感与控制部分包括传感器、控制单元（ECU）和执行机构。

高压共轨喷油器的喷油量、喷油时间和喷油规律除了取决于柴油机的转速、负荷外，还与众多因素有关，如进气流量、进气温度、冷却液温度、燃油温度、增压压力、电源电压、凸轮轴位置、废气排放等。所以，必须采用相应传感器，采集相关数据，其采集的数据量达 15000 个/秒。

有关电控高压共轨柴油喷射系统传感器的结构和原理与汽油机的电控汽油喷射系统的传感器基本相同，请参考本书有关内容。

由各种传感器采集的数据都被送入电控单元 ECU，并与存储在里面的大量经过实验得到的最佳喷油量、喷油时间和喷油规律的数据进行比较、分析，计算出当前状态的最佳参数，其运算速度达 2000 万次/秒。

通过 ECU 计算出的最佳参数，再去通过执行机构（电磁阀等），控制电动输油泵、高压油泵、废气再循环等机构工作，使喷油器按最佳的喷油量、喷油时间和喷油规律进行喷油，控制输出的速度达 2000 次/秒以上。其控制原理也与汽油机电控燃油喷射相似，此处不再赘述。

6

发动机冷却系

1. 掌握冷却系的功用和分类；
2. 掌握冷却系的主要机件（散热器、补偿水箱、水泵）的结构和工作原理；
3. 重点掌握冷却强度调节装置（蜡式节温器、百叶窗），及硅油风扇离合器的结构和特点；
4. 熟悉冷却液的作用、组成和选择方法。

1. 掌握冷却系总成及各零部件的结构、构造原理、拆装步骤要领；
2. 了解冷却系的维护及保养知识；
3. 能够熟练使用常用工具、量具及相关设备，掌握汽车冷却系拆卸、装配等基本能力；
4. 培养学生团结合作，观察、分析及综合归纳能力。

6.1 概述

6.1.1 冷却系的功用

冷却系的功用就是保持发动机在最适宜的温度范围内工作。发动机工作时，由于燃料的燃烧，气缸内最高燃烧温度高达 2200～2800K，燃烧室的平均温度也在 1000℃以上，发动机零部件温度升高，特别是直接与高温气体接触的零件，若不及时冷却，发动机将会过热，运动件的正常间隙被破坏，运动过程恶化，零件强度降低，机油变质、阻滞，零件磨损加剧，最终导致发动机动力性、经济性、可靠性及耐久性全面下降。但冷却过度会造成发动机过冷，导致散热损失及摩擦损失增加，零件磨损加剧，排放恶化，发动机功率下降及燃料消耗率增加。

发动机正常的工作温度是保证发动机良好的工作性能及其使用寿命的一个重要条件。冷却系既要防止发动机过热，也要防止冬季发动机过冷。冷态起动后冷却系应能使发动机迅速热起，使发动机达到正常的工作温度（冷却液的温度应在95℃～105℃之间）。

6.1.2　冷却系的分类

根据所用冷却介质不同，汽车发动机的冷却系可分为水冷式、风冷式。

水冷式——以冷却液为冷却介质，热量先由机件传给冷却液，靠冷却液的流动把热量带走而后散入大气中。散热后的冷却液再重新流回到受热机件处。适当调节水路和冷却强度，就能保持发动机的正常工作温度。同时，还可用热水预热发动机，便于冬季起动。

风冷式——利用高速流动的空气直接吹过气缸盖和气缸体外表面，把热量散到大气中去，保证发动机在最有利的温度范围内工作。

汽车发动机，尤其是轿车发动机大都采用水冷，只有少数汽车发动机采用风冷。

6.1.3　水冷式冷却系的组成

汽车发动机的水冷式冷却系大都采用强制循环，即利用水泵提高冷却液的压力，冷却液在发动机中被强制循环流动。强制循环水冷却系由冷却风扇、散热器、水泵、发动机机体和气缸盖中的水套、温度调节装置（节温器、百叶窗、风扇离合器）、水管、水温表和传感器等组成（见图6-1）。

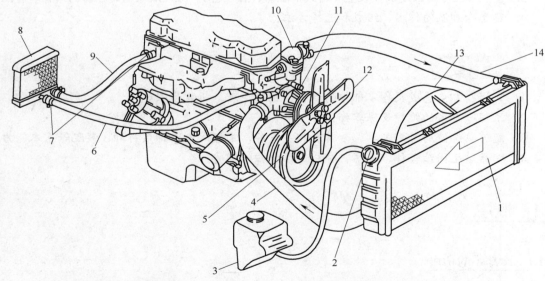

1—散热器；2—散热器盖；3—补偿水箱；4—散热器出水软管；5—风扇传动带；
6—暖风机出水软管；7—管箍；8—暖风机芯；9—暖风机进水软管；10—节温器；
11—水泵；12—冷却风扇；13—护风圈；14—散热器进水软管

图6-1　汽车发动机水冷式冷却系组成

如图6-2所示，强制循环水冷却系是用水泵6把该系统的冷却液加压，使之在水套中流动，冷却液从气缸壁吸收热量，温度升高，向上流入气缸盖水套8，继而从缸盖流出并进入散热器

2．由于风扇4的强力抽吸，空气从前向后高速流过散热器，不断地将流经散热器的冷却液的热量带走。冷却了的冷却液由水泵从散热器底部重新泵入水套。冷却液在冷却系中不断循环。

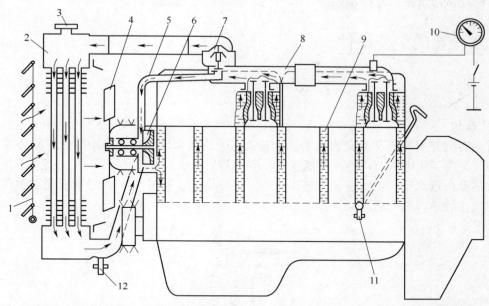

1—百叶窗；2—散热器；3—散热器盖；4—风扇；5—小循环水管；6—水泵；7—节温器；
8—气缸盖水套；9—机体水套；10—水温表；11—水套放水阀；12—散热器放水阀

图6-2　冷却液在强制循环水冷系中的流动

在装有暖风机的水冷系中（见图6-1），热的冷却液从水套经暖风机进水管9流入暖风机芯8，然后经暖风机出水管6流回水泵。被暖风机芯加热的空气，一部分送到挡风玻璃除霜器，一部分送入驾驶室或车厢。

6.1.4　冷却液

冷却液是水与防冻剂的混合物。水的冰点为0℃，如果发动机冷却系中的水结冰，发动机机体、气缸盖和散热器将会胀裂，为了防止冷却液冻结，可在水中加入防冻剂制成冷却液。最常用的防冻剂是乙二醇。冷却液中水与乙二醇的比例不同，其冰点也不同（见表6-1）。在水中加入防冻剂还同时提高了冷却液的沸点。例如，含50%乙二醇的冷却液在大气压力下的沸点是103℃。

表6-1　冷却液的冰点与乙二醇质量的关系

冷却液冰点（℃）	乙二醇的质量（%）	水的质量（%）	密度/（kg·m^{-3}）
-10	26.4	73.6	1.0340
-20	36.4	63.8	1.0506
-30	45.4	54.4	1.0627
-40	52.6	47.7	1.0713
-50	58.0	42.0	1.0780
-60	63.1	36.9	1.0833

6
Chapter

防冻剂中通常含有防锈剂和泡沫抑制剂。防锈剂可延缓或阻止发动机水套壁及散热器的锈蚀或腐蚀。泡沫抑制剂能有效地抑制泡沫的产生。在防冻剂中，一般还要加入着色剂，使冷却液呈蓝绿色或黄色，以便识别。

6.2 水冷系的主要机件

6.2.1 散热器

1. 结构

散热器的作用是将从水套出来的热水自上而下或横向地分成许多小股并将其热量散给周围的空气。为了集中风向，提高冷却效果，散热器后面还装有导风圈。

散热器由进水室、出水室及散热器芯等三部分构成（见图 6-3）。冷却液在散热器芯内流动，空气在散热器芯外通过。

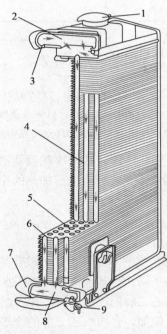

1—散热器盖；2—进水室；3—散热器进水管；4—散热器芯；5—冷却管；6—散热片；
7—散热器出水管；8—出水室；9—放水阀

图 6-3　散热器结构

按照散热器中冷却液流动的方向，散热器可分为纵流式和横流式两种（见图6-4）。纵流式散热器芯竖直布置，上接进水室，下连出水室（见图6-4（a））。横流式散热器芯横向布置，左右两端分别为进、出水室（见图6-4（b））。大多数新型轿车均采用横流式散热器。

芯管的结构形式有管片式、管带式和板式，如图 6-5 所示，常用的为管片式，其芯管有扁管和圆管（见图 6-5（a）、（b）），扁管与圆管相比，在容积相同的情况下有较大的散热表面。铝散热器芯多为圆管。散热管的外表面焊有散热片以增加散热面积，管片式散热器的优点是散热面积大、气流阻力小。管带式散热器芯（见图6-5（c））与管片式散热器芯相比，管带式的散热能力强，制造简单，质量轻，成本低，但结构刚度差。板式散热器芯（见图6-5（d））的冷却液通道由成对的金属薄板焊合而成。这种散热器芯散热效果好，制造简单，但焊缝多不坚固，容易沉积水垢且不易维修。

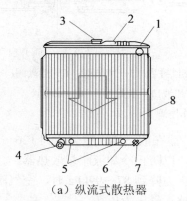

（a）纵流式散热器

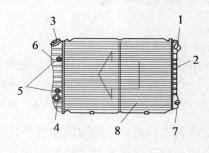

（b）横流式散热器

1—进水口；2—进水室；3—散热器盖；4—出水口；5—变速器油冷却器进、出口；

6—出水室；7—放水阀；8—散热器芯

图6-4　散热器形式

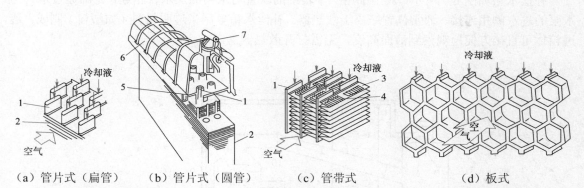

（a）管片式（扁管）　（b）管片式（圆管）　（c）管带式　（d）板式

1—散热管；2—散热片；3—散热带；4—鳍片；5—环氧树脂密封；6—进水室（塑料制）；7—放气阀

图6-5　散热器芯结构

　　散热器材料多采用耐腐蚀、导热性好的铜或铝片制成。为了使散热器重量减轻，有些散热器的进、出水室由复合塑料制造。

　　有些装有自动变速器的汽车和重型汽车必须装备变速器油冷却器。变速器油过热会降低变速器性能，甚至造成变速器损坏。变速器油冷却器通常就是一根冷却管，置于散热器的出水室内，由冷却液对流过冷却管的变速器油进行冷却。变速器和冷却器之间用金属管或橡胶软管连接。

　　2. 散热器盖

　　散热器盖的作用是密封水冷系并调节系统的工作压力。散热器盖安装在加水口上。对于闭式冷却系来说，系统与外界大气不直接相通，所以散热器盖上带有蒸汽—空气阀，如图6-6所示。散热器盖使冷却系的压力高于大气压力，冷却水的沸点有所提高。

6
Chapter

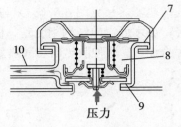
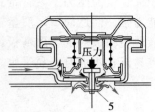

（a）散热器盖结构　　　　（b）蒸汽阀开启　　　　（c）空气阀开启

1—散热器盖；2—上密封衬垫；3—蒸汽阀弹簧；4—下密封衬垫；5—空气阀；6—蒸汽阀；

7—加冷却液上密封面；8—加冷却液口；9—加冷却液口下密封面；10—溢流管

图 6-6　散热器盖结构及工作原理

　　当发动机工作时，冷却液因温度升高而容积膨胀，一般在散热器内压力达到 126～137kPa 时，蒸汽阀开启，一部分冷却液经溢流管流入补偿水箱，以防止冷却液胀裂散热器。

　　发动机停机后，冷却液因温度下降而压力降低。当压力降到 87～99kPa 时，空气阀开启，补偿水箱内的冷却液部分流回散热器，可以避免散热器被大气压力压坏。

　　轿车的散热器盖的蒸汽阀开启压力可达 0.1MPa，而冷却液的沸点可升高至 120℃。

　　3. 补偿水箱

　　补偿水箱如图 6-7 所示，其上部用一个较细的软管与水箱的加水管相连，底部通过水管与水泵的进水侧相连接，通常位置略高于散热器。补偿水箱多用半透明材料（如塑料）制成。透过箱体可直接方便地观察到液面高度，无需打开散热器盖。

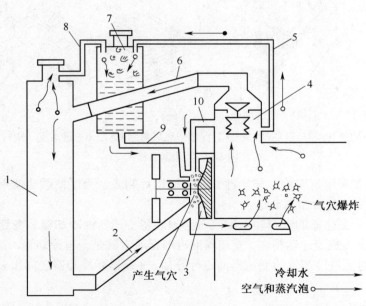

1—散热器；2—水泵进水管；3—水泵；4—节温器；5—水套出气管；6—水套出水管；

7—补偿水箱；8—散热器出气管；9—补充水管；10—旁通管

图 6-7　补偿水箱示意图

补偿水箱的作用是：

（1）把冷却系统变成永久性封闭系统，减少了冷却液的损失。当冷却液受热膨胀时，部分冷却液流入补偿水箱；而当冷却液降温时，此部分冷却液又被吸回散热器，所以冷却液不会溢失。即补偿水箱内的液面有时升高，有时降低，而散热器却总是被冷却液所充满。

（2）使系统内的压力提高到98～196kPa，冷却液的沸点相应地提高到120℃左右，从而扩大了散热器与周围空气的温差，提高了散热器的换热效率。由于散热器散热能力的增强，可以相应地减小散热器尺寸。

（3）避免空气不断进入，给系统内部造成氧化、穴蚀，使冷却系中水、气分离，保持系统内压力稳定，提高了水泵的泵水量，并且提高了水泵和水套的使用寿命。

一般冷却系冷却液的流动是靠水泵的压力来实现的。水泵吸水的一侧压力低，易产生蒸汽泡，使水泵的出水量显著下降，并引起水泵叶轮和水套的穴蚀，在其表面产生麻点或凹坑，缩短了叶轮和水套的使用寿命。如图6-7所示，加装补偿水箱后，由于补偿水箱和水泵进水口之间存在补充水管9，水泵进水口处产生较高的水压，减少了气泡的产生。散热器中的蒸汽泡和水套中的蒸汽泡通过导管5和8进入补偿水箱，从而使水、气彻底分离。由于补偿水箱温度较低，进入的气体得到冷凝，一部分变成液体，重新进入水泵。而积存在补偿水箱液面上的气体起缓冲作用，使冷却系内压力保持稳定状态。

有的冷却系的补偿水箱采用一根管子把散热器和补偿水箱的底部或上部（管口插入液面以下）连通，如图6-8所示。但这种装置只能解决水气分离及冷却液消耗问题，而对穴蚀没有明显的改善。当冷却液温度升高时，散热器中液体膨胀、汽化，使散热器盖蒸汽阀开启，散热器中的蒸汽或液体沿导管流入补偿水箱。当冷却液温度降低时，散热器内压力下降，液体沿原路径流向散热器。

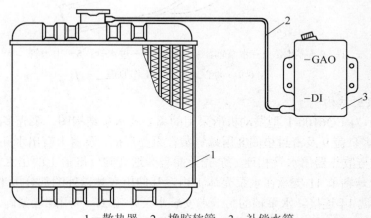

1—散热器；2—橡胶软管；3—补偿水箱

图6-8　单管补偿水箱装置示意图

补偿水箱的外表面上刻有两条标记线："低（LOW）"线和"高（FULL）"线，或者"低（DI）"线和"高（GAO）"线（见图6-8），补偿水箱内的液面应位于两条标记线之间。水温在50℃以下，液面应不低于"低"线，若液面低于"低"线，应向补偿水箱内补充冷却液。在向补偿水箱内添加冷却液时，液面不应超过"高"线。

6.2.2 水泵

1. 水泵的功用

水泵的功用是对冷却液加压，使之在冷却系中循环流动。

由于离心式水泵具有尺寸小，出水量大，结构简单，损坏后不妨碍水在冷却系中自然循环的特点，故为强制循环式冷却系普遍采用。常见的水泵在机体外安装，与风扇同轴驱动，也有装在机体内（内藏式）单独驱动的。

2. 水泵的工作原理

离心式水泵由水泵壳体、水泵轴、叶轮及进、出水管等组成。离心式水泵的工作原理如图6-9所示。当叶轮旋转时，水泵中的水被叶轮带动一起旋转，由于离心力的作用，水被甩向叶轮边缘，在蜗形壳体内将动能转变为压能，经外壳上与叶轮成切线方向的出水管被压送到发动机水套内。与此同时，叶轮中心处压力降低，散热器中的水便经进水管被吸进叶轮中心部分。

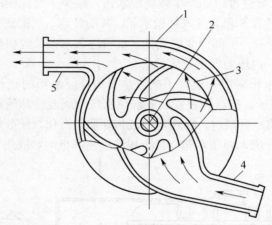

1—水泵壳体；2—水泵轴；3—叶轮；4—进水管；5—出水管

图 6-9　离心式水泵的工作原理

3. 水泵的典型结构

图 6-10 所示为 EQ6100-1 型发动机所采用的离心式水泵结构图。泵壳多用铸铁或铝合金制成蜗壳形状。水泵盖 9 及密封垫圈 8 用螺钉装在泵壳后面，泵盖上有出水孔，泵壳上有进水孔 A，用橡胶管与散热器出水管相连。泵壳上面有旁通孔与气缸盖上的出水管连接。水泵轴12 的一端用两个球轴承 11 支承在水泵壳体 1 内，其伸出壳体以外的部分用半圆键 13 与安装风扇带轮的凸缘盘 14 连接。水泵轴的另一端安装水泵叶轮 2，并用螺栓紧固。叶轮 2 与球轴承 11 之间装有水封，用来防止水泵内的冷却液沿水泵轴渗漏。水封由密封垫圈 3、水封皮碗 6 和弹簧 7 等组成。水泵轴上装有抛水圈，以防水封渗漏时浸湿轴承，渗出的水被抛水圈从壳体上的泄水孔 C 甩出，可避免破坏轴承润滑。

叶轮由铸铁或塑料制造，叶轮上通常有 6~8 个径向直叶片或后弯叶片。

4. 水泵的传动

水泵一般由曲轴通过 V 带或齿形皮带传动，传动带环绕在曲轴带轮与水泵带轮之间，因此，水泵转速与发动机转速成正比例关系。

Chapter 6

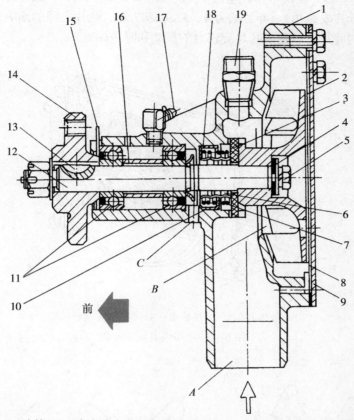

1—水泵壳体；2—叶轮；3—夹布胶木密封垫圈；4—衬垫；5—螺栓；6—水封皮碗；7—弹簧；

8—密封垫圈；9—水泵盖；10—水封座圈；11—球轴承；12—水泵轴；13—半圆键；14—凸缘盘；

15—轴承卡环；16—隔离套；17—润滑脂嘴；18—水封环；19—管接头

A—进水口；B—水泵内腔；C—泄水孔

图 6-10　离心式水泵典型结构（EQ6100-1 型发动机）

6.2.3　冷却风扇

1．风扇的功用及结构

风扇的作用是提高流经散热器的空气流速和流量，以增强散热器的散热能力并冷却发动机附件。

冷却风扇置于散热器后面（见图 6-11）。汽车发动机水冷多采用低压头、大风量、高效率的轴流式风扇，即风扇旋转时，空气沿着风扇旋转轴的轴线方向流动。风扇外围装设导风罩 3，使风扇 4 吸进的空气全部通过散热器 1，以提高风扇效率。

风扇的扇风量主要与风扇的直径、转速、叶片形状、叶片安装角及叶片数目有关。

风扇的结构形式很多，目前汽车水冷发动机上常用螺旋桨式风扇。叶片形状有叶尖前弯的叶片风扇、尖窄根宽的叶片风扇和尼龙压铸整体风扇三种（见图 6-12），风扇叶片有钢板冲压和铸造两种。钢板冲压叶片横断面多为弧形，用塑料或铝合金铸成的多为翼型断面。翼形风扇效率高、消耗功率少，在轿车和轻型汽车上得到了广泛的应用。一般叶片与风扇旋转平面成30°～45°角（叶片安装角）。叶片数为 4、5、6 或 7 片。叶片之间的间隔角或相等，或不相等。间隔角不等的叶片可以减小叶片旋转时的振动和噪声。

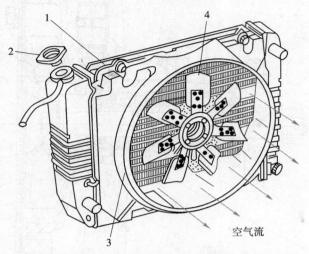

1—散热器；2—散热器盖；3—导风罩；4—风扇

图 6-11　冷却风扇与导风罩

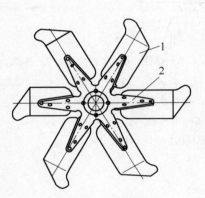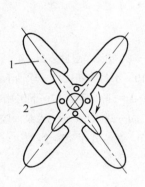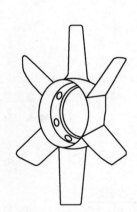

（a）叶尖前弯的风扇　　　（b）尖窄根宽的风扇　　　（c）尼龙压铸整体风扇

1—叶片；2—连接板

图 6-12　风扇形式

当发动机在车架上纵向布置时，风扇一般安装在水泵轴上，并由驱动水泵和发电机的同一根 V 带传动（见图 6-13）。常将发电机支架做成可移动式的，以便调节皮带的张紧度，一般用大拇指以 30～50N 的力，按下 V 带产生 10～15mm 的挠度为宜。

2. 电动风扇

大多数轿车和发动机横置或后置的汽车均采用电动风扇。电动风扇由风扇电动机驱动并由蓄电池供电，风扇转速与发动机转速无关，如图 6-14 所示。

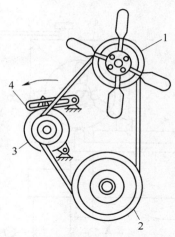

1—风扇及皮带轮；2—曲轴皮带轮；3—发电机；4—移动支架

图 6-13　风扇的驱动和皮带张紧力的调整

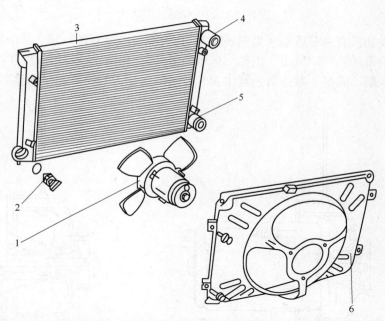

1—电动风扇心；2—温控热敏电阻开关；3—散热器；4—散热器进水口；5—散热器出水口；6—导风罩

图 6-14　电动风扇、散热器及导风罩

　　风扇的控制原理如图 6-15 所示，风扇电动机的开关由散热器的水温开关控制，并且有高低速两个挡位，低速挡在沸点内使用，高速挡在沸点外使用。当冷却液流出散热器的温度为 92℃～97℃时，热敏开关接通风扇电动机的 I 挡，风扇转速为 2300r/min。当冷却液温度升高到 99℃～105℃时，温控开关接通风扇电动机的 II 挡，这时风扇转速为 2800r/min。当冷却液温度降到 92℃～98℃时，风扇电动机恢复 I 挡转速。当冷却液温度降到 84℃～91℃时，温控开关切断电源，风扇停转。

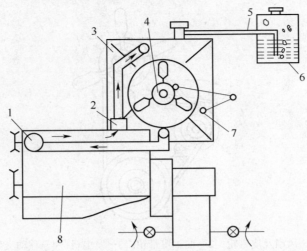

1—水泵；2—节温器；3—散热器；4—电动机和风扇；5—蒸汽排出和回吸管；

6—补偿水箱；7—温控开关；8—发动机

图 6-15　电动风扇的控制原理

有的轿车发动机有两套风扇（见图 6-16），且其不与水泵同轴。其一是由电动机驱动，其二是由电动风扇带动的从动风扇（由第一只风扇带动），并由受冷却液温度作用的温度开关控制。设置两只风扇，满足了散热器长宽比大及散热器面积大的需要，排风量大，散热效果好。

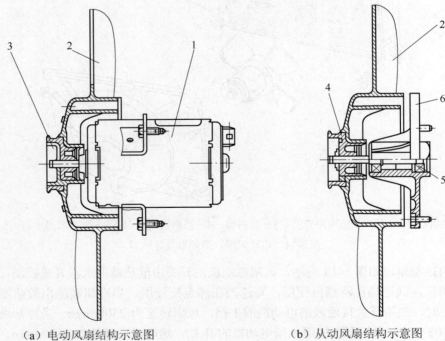

（a）电动风扇结构示意图　　　　　　　　（b）从动风扇结构示意图

1—风扇电动机；2—叶片；3—主动带轮；4—从动带轮；5—轴承；6—轴承座

图 6-16　双风扇结构示意图

电动风扇的优点是结构简单，布置方便，并且不需要检查、调整或更换风扇皮带，维修保养工作量减少。

在有些电控系统中，电动风扇由电控单元控制。冷却液温度传感器向电控单元传输与冷却液温度相关的信号。当冷却液温度达到规定值时，电控单元使风扇继电器接通，继电器触点闭合并向风扇电动机供电，风扇进入工作。

6.2.4　冷却强度调节装置

汽车在行驶过程中，由于环境条件和运行工况的变化，发动机的热状况也在改变。因此，必须随时调节发动机的冷却强度。强制式水冷却系统的冷却强度，一般受汽车的行驶速度，曲轴、水泵和风扇的转速及外界气温的影响。当使用条件变化时，如外界气温高，发动机在低速大负荷情况下工作，要求冷却强度要强，否则发动机易于过热。而当外界气温低，发动机负荷又不大时，其冷却强度应弱些，不然就会使发动机过冷。因此，要保证发动机在最佳的温度下工作，不出现过热过冷现象，就必须能根据使用条件的变化自动调节发动机冷却强度。冷却强度的调整方法有两种：一是改变流经散热器的空气流量和流速；二是改变冷却液的流量和循环路线。冷却系中改变流经散热器的空气流量和流速的装置有百叶窗和风扇离合器，改变冷却液的流量和循环路线的装置则有节温器。

1．节温器

节温器的功用是随发动机负荷大小和水温高低的变化而自动改变冷却液的流量和循环路线，保证发动机在适宜的温度下工作，减少燃料消耗和机件的磨损。

双阀蜡式节温器的结构如图 6-17 所示。节温器的上支架 3 和下支架 7 与阀座铆成一体。中心杆 11 上端固定在上支架的中心，其下部插入橡胶管 4 的中心孔内，中心杆下端呈锥形。橡胶管与感应体外壳之间的空腔里装有石蜡 8。为了提高导热性，石蜡中常掺有铜粉和铝粉。为防止石蜡外溢，外壳上端向内卷边，并通过上盖和密封垫 2 将橡胶管压紧在感应体壳的台肩上。外壳上下部有联动的大循环阀和小循环阀。大循环阀 1 上有通气孔 6，它的作用是在加水时使水套内的空气经小孔排出，保证能加满水。为了防止通气孔阻塞，有的节温器加装一个摆锤。

常温下石蜡呈固态，水温低于 349K（76℃）时，大循环阀完全关闭，小循环阀完全开启，由气缸盖出来的水经旁通管直接进入水泵，故称小循环。由于水只是在水泵和水套之间流动，不经过散热器，且流量小，所以冷却强度弱。当发动机水温达 349K（76℃）左右时，石蜡逐渐变成液态，体积随之增大，迫使橡胶管收缩，从而对中心杆下部锥面产生向上的推力。由于杆的上端固定，故中心杆对橡胶管及感应体产生向下的反推力，克服弹簧张力使大循环阀逐渐打开，小循环阀开度逐渐减小。

当发动机内水温升高到 359K（86℃）时，大循环阀完全开启，小循环阀完全关闭，冷却液全部流经散热器，称为大循环。此时冷却液流动路线长，流量大，冷却强度强。

当冷却液温度在 349K～359K（76℃～86℃）之间时，大小循环同时进行，如图 6-18 所示。

节温器的布置方式有两种：出口水温控制方式（传统式）和进口水温控制方式（新款式），如图 6-19 所示。

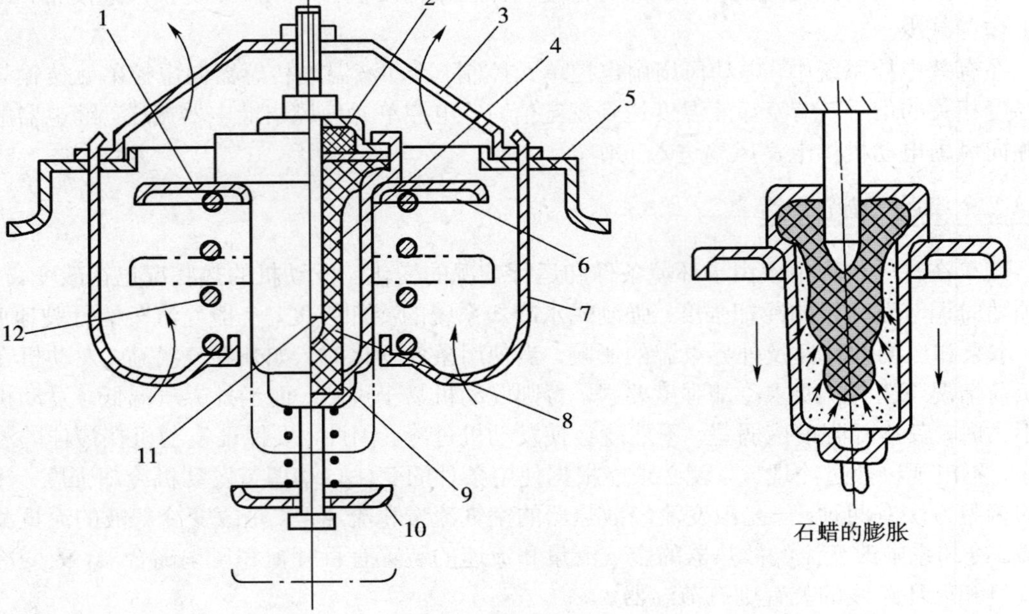

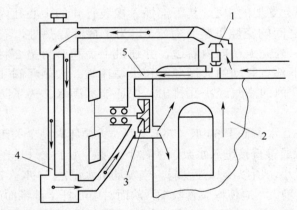

石蜡的膨胀

1—大循环阀；2—上盖和密封垫；3—上支架；4—橡胶管；5—阀座；6—通气孔；7—下支架；
8—石蜡；9—感应体；10—小循环阀；11—中心杆；12—弹簧

图 6-17　双阀蜡式节温器

1—双阀节温器；2—水套；3—水泵；4—散热器；5—旁通管

图 6-18　冷却液的大小循环

（1）出口水温控制方式。一般液冷系的冷却液都是从机体流进，从气缸盖流出。大多数节温器布置在气缸盖出水管路中，即出口水温控制方式。

这种布置方式把节温器安装在位置较高、水温较高的出水管口中，它有以下优点：

1）热源集中、感温灵敏，添加冷却液和循环流动时，所产生的气泡容易排出释放，减小了"气穴腐蚀"现象（它是一种物理现象，离心水泵工作时在低压腔产生气泡，气泡在高压腔被挤压破裂，穴蚀水泵和水套内壁）。

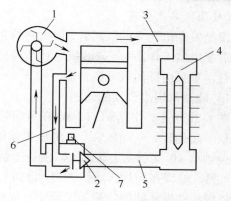

（a）出口水温控制方式　　　　　（b）进口水温控制方式

1—水泵；2—节温器；3—上水管；4—散热器；5—下水管；6—旁通道；7—排气孔

图6-19　节温器的布置方式

2）一旦节温器因石蜡泄漏而损坏，双阀节温器的大循环阀即关闭，大循环就截止，只能进行小循环，发动机即过热。应急办法是拆除节温器，只进行大循环，防止过热。但在冬季冷起动后，热起时间会延长，加大了油耗和发动机的磨损。为此，必须及时更换节温器，这是多年来的传统做法。

这种布置方式的缺点是节温器在工作时会产生振荡现象。例如，在冬季起动冷发动机时，由于冷却液温度低，节温器阀关闭。冷却液在进行小循环时，温度很快升高，节温器开启。与此同时，散热器内的低温冷却液流入机体，使冷却液又冷了下来，节温器阀重新关闭。等到冷却液温度再度升高，节温器阀又再次打开，会产生较长时间的"开闭振荡"，直至全开，节温器阀才进入渐变稳定状态不再反复开闭。节温器振荡会增加汽车的燃油消耗量并加速节温器的损坏。

（2）进口水温控制方式。将节温器安装在水泵进水管口中，其优点是：

1）该处的液体温度比出水口低10℃，其温度和压力较稳定，大小阀的开启是顺流方向而动，"开闭振荡"小，延长了节温器的使用寿命。

2）小循环路线短，缩短了热起时间，降低了热起油耗，减小了发动机磨损。试验证明：热起时间缩短了一倍，冷起动后2分钟内，冷却液的温度即达60℃，满足了起步行车的要求。

3）因节温器在缸盖的下方，在添加冷却液时和流动循环中，气泡不容易排出释放，多在节温器处设有放气螺钉，应及时拧开放气。

节温器损坏，应立即换新，如果拆除不用，旁通管路就进行小循环，将大循环管道短路分流，降低了大循环的流量，也会产生过热故障。

2. 百叶窗

百叶窗的作用是在冷却水温度较低时改变吹过散热器的空气流量，从而控制冷却强度。

在严寒的冬季，水温过低时，由于节温器的作用，水只进行小循环，散热器中的水有冻结的危险。此时关闭百叶窗可使冷却水温度回升。

百叶窗安装在散热器前面，它是由许多片活动挡板组成的。挡板垂直或水平安装，由驾驶员通过装在驾驶室内的手柄来操纵其开闭，如图6-2所示，也可用感温器自动控制。

3. 硅油风扇离合器

风扇是发动机功率的消耗者，最大时约为发动机功率的 10%。试验证明，水冷系只有 25% 的时间需要风扇工作。为了降低风扇功率消耗，减少噪声和磨损，防止发动机过冷，降低污染，节约燃料，多采用硅油风扇离合器。

（1）硅油风扇离合器的结构。

如图 6-20 所示，主动轴 11 固定在风扇带轮上由曲轴驱动。主动板 7 紧固在主动轴的左端随主动轴一起旋转。从动板 8、前盖 2 和壳体 9 用螺钉连成一体。风扇 15 固定在壳体上，壳体则通过轴承 10 支承在主动轴上。前盖上装有螺旋形双金属感温器 4。感温器的一端固定在前盖上，另一端嵌在阀片传动销 5 中。前盖与从动板之间的空腔为贮油腔，其中贮有高黏度硅油。壳体与从动板之间的空腔为工作腔。从动板上有进油孔 A、回油孔 B 及泄油孔 C。为了加强硅油的冷却，前盖板上铸有散热片。

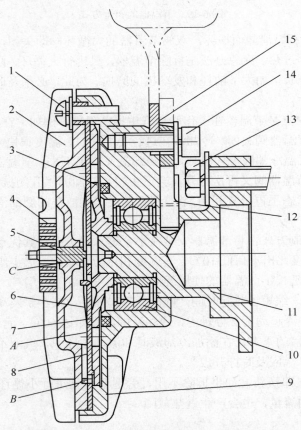

1—螺钉；2—前盖；3—毛毡密封圈；4—双金属感温器；5—阀片传动销；6—阀片；7—主动板；
8—从动板；9—壳体；10—轴承；11—主动轴；12—锁止板；13—螺栓；14—内六角螺钉；15—风扇

A—进油孔；B—回油孔；C—泄油孔

图 6-20　硅油风扇离合器

（2）硅油风扇离合器的工作原理。

当发动机冷起动或小负荷下工作时，冷却液及通过散热器的气流温度不高，进油孔被阀

片关闭，工作腔内无硅油，离合器处于分离状态。主动轴转动时，仅仅由于密封毛毡圈和轴承的摩擦，风扇随同壳体在主动轴上空转打滑，转速极低。

当发动机负荷增加时，冷却液和通过散热器的气流温度随之升高，感温器受热变形而带动阀片轴及阀片转动。当流经感温器的气流温度超过338K（65℃）时，进油孔被完全打开，于是硅油从贮油腔进入工作腔。硅油十分黏稠，主动板即可利用硅油的黏性带动壳体和风扇转动。此时风扇离合器处于接合状态，风扇转速迅速提高。为不使工作腔中的硅油温度过高、黏度下降，使硅油在壳体内不断循环。由于主动板转速高于从动板，因此受离心力作用从主动板甩向工作腔外缘的油液压力比贮油腔外缘的油压力高，油液从工作腔经回油孔 B 流向贮油腔，而贮油腔又经进油孔 A 及时向工作腔补充油液。为使硅油从工作腔流回贮油腔的速度加快，缩短风扇脱开时间，在从动板 8 的回油孔 B 旁，有一个刮油突起部伸入工作腔缝隙内，使回油孔一侧压力增高，回油加快。

当发动机负荷减小，流经感温器的气体温度低于308K（35℃）时，感温器恢复原状，阀片将进油孔关闭，工作腔中油液继续从回油孔流回贮油腔，直至甩空为止。风扇离合器又回到分离状态。

当离合器因故障（如漏油等）失灵时，可采取如下应急措施：松开内六角螺钉 14，把锁止板的销插入主动轴孔中，再拧紧螺钉 14，使壳体与主动轴连成一体，但此时只靠销传动，不能长期使用。

本章小结

冷却系的功用就是保持发动机在最适宜的温度范围内工作。发动机正常工作时冷却液温度应在95℃~105℃之间。

根据所用冷却介质不同，汽车发动机的冷却系可分为风冷式、水冷式。

汽车发动机，尤其是轿车发动机大都采用水冷，只有少数汽车发动机采用风冷。

水冷式冷却系采用强制循环，即利用水泵提高冷却液的压力，冷却液在发动机中被强制循环流动。强制循环水冷却系由冷却风扇、散热器、水泵、发动机机体和气缸盖中的水套、温度调节装置（节温器、百叶窗、风扇离合器）、水管、水温表和传感器等组成。

冷却液是水与乙二醇的混合物，还有防锈剂和泡沫抑制剂。其作用是降低水的冰点，提高水的沸点。

散热器的作用是将从水套出来的热水自上而下或横向地分成许多小股并将其热量散给周围的空气。为了集中风向，提高冷却效果，散热器后面还装有导风圈。

散热器由进水室、出水室及散热器芯等三部分构成。冷却液在散热器芯内流动，空气在散热器芯外通过。散热器材料多采用耐腐蚀、导热性好的铜或铝片制成。为了使散热器重量减轻，有些散热器的进、出水室由复合塑料制造。

散热器盖的作用是密封水冷却系并调节系统的工作压力。散热器盖上带有蒸汽–空气阀。当冷却液因温度升高而容积膨胀时，蒸汽阀开启，一部分冷却液经溢流管流入补偿水箱，以防止冷却液胀裂散热器。冷却液因温度下降而压力降低时，空气阀开启，补偿水箱内的冷却液部分流回散热器，可以避免散热器被大气压力压坏。

水泵的功用是对冷却液加压，使之在冷却系中循环流动。通常采用离心式水泵，常在机体外安装，与风扇同轴驱动，也有装在机体内（内藏式）单独驱动的。

　　风扇的作用是提高流经散热器的空气流速和流量，以增强散热器的散热能力并冷却发动机附件。冷却风扇置于散热器后面，多采用轴流式风扇。风扇的扇风量主要与风扇的直径、转速、叶片形状、叶片安装角及叶片数目有关。

　　当发动机在车架上纵向布置时，风扇一般安装在水泵轴上，并由驱动水泵和发电机的同一根 V 带传动。

　　大多数轿车和发动机横置或后置的汽车均采用电动风扇。电动风扇由风扇电动机驱动，风扇转速与发动机转速无关。风扇电动机由散热器的水温开关控制，并且有高低速两个挡位。

　　冷却强度的调整方法有两种：一是改变流经散热器的空气流量和流速；二是改变冷却液的流量和循环路线。冷却系中改变流经散热器的空气流量和流速的装置有百叶窗和风扇离合器，改变冷却液的流量和循环路线的装置则有节温器。

　　当发动机工作温度较低时，节温器大循环阀关闭、小循环阀打开，冷却液经节温器返回发动机机体水套，进行小循环；当发动机工作温度高于一定值时，节温器大循环阀开启、小循环阀关闭，冷却液经节温器及散热器进水软管流入散热器降温，冷却后经散热器出水软管返回水泵，进行大循环；当发动机冷却液温度处于大小循环的温度范围内，大循环阀和小循环阀都部分开启，冷却液大小循环都同时存在，以调节发动机温度使其基本稳定在最适宜的工作范围。

　　节温器的布置方式有两种：出口温度控制方式（传统式）和进口温度控制方式（轿车发动机）。

　　硅油风扇离合器利用流经散热器的空气温度来控制风扇转动，当空气温度较低时，双金属感温器在弹簧的作用下将进油口堵塞，使工作腔的硅油体积减小，从而引起主动板和壳体滑动，风扇停止转动；当空气温度较高时，双金属感温器将进油口打开，使工作腔的硅油体积增大，从而使主动板和壳体滑动减小，使风扇高速运转，维持冷却的效果。

知识训练

一、选择题

1. 以下靠调节冷却液流向来调节冷却强度的是（　　　）。
   A．风扇离合器　　　　B．百叶窗　　　　C．水泵　　　　D．节温器

2. 当桑塔纳 AJR 型发动机水温为 90℃时，冷却系统进行的是（　　　）。
   A．小循环　　　　B．混合循环　　　　C．大循环

3. 检查水泵皮带的紧度时，当压下 98N 力时，其挠度为（　　　）。
   A．10～15mm　　　B．5～10mm　　　C．0～5mm　　　D．15～20mm

4. 一般发动机正常的工作温度为（　　　）℃。
   A．85～95　　　B．95～105　　　C．85～105　　　D．105～125

5. 用来释放散热器水箱内高压水蒸气的阀门是（　　　）。
   A．真空进气阀　　　B．旁通阀　　　C．蒸汽放出阀　　　D．散热器放水开关

6. 大循环时，冷却液从（　　　）进入散热器进行冷却。
   A．侧阀门　　　B．主阀门　　　C．限压阀　　　D．膨胀水箱

7. 蜡式节温器中的蜡泄漏时，会使（　　　）。

　　A. 水流只能进行大循环　　　　　　　B. 水流只能进行小循环

　　C. 大、小循环都不能进行　　　　　　D. 大、小循环都能进行

二、判断题（对的打"√"，错的打"×"）

1. 发动机在工作中它的"体温"越低越好。　　　　　　　　　　　　　（　　　）
2. 小循环时，发动机冷却液不经过散热器冷却散热。　　　　　　　　（　　　）
3. 发动机并不是在任何时间都需要风扇参与工作的。　　　　　　　　（　　　）
4. 发动机熄火，则风扇马上停止工作。　　　　　　　　　　　　　　（　　　）
5. 发动机水温过高不能马上停车。　　　　　　　　　　　　　　　　（　　　）
6. 风扇在工作时，风是向散热器吹的，以利散热器散热。　　　　　　（　　　）
7. 蜡式节温器损坏，则冷却强度变大，使发动机产生过冷现象。　　　（　　　）

三、填空题

1. 水冷式发动机冷却系统主要由水泵、_____、风扇、_____、_____、膨胀水箱、水温表等部件组成。
2. 散热器加水盖上有两个阀门，是_____阀和_____阀。
3. 在发动机冷却系统中，能调节发动机冷却强度的装置是_____、_____、_____。
4. 发动机的冷却形式有_____和_____两种。
5. 节温器中的感温元件是_____。
6. 节温器泄漏失效后，冷却液只进行_____，取掉节温器冷却液总是_____。
7. 常用的冷却液是_____与水及添加剂的混合物。
8. 硅油风扇离合器中的感温元件是_____。

四、简答题

1. 节温器的作用是什么？
2. 发动机温度过高过低有哪些危害？
3. 分别写出汽车发动机冷却液大小循环时冷却液的流经路线。
4. 如何调整风扇皮带的张紧度？

能力训练

冷却系统的拆装

一、实训的目的和要求

（1）学会正确使用常用工具和专用工具。

（2）掌握发动机冷却系统的拆装方法。

二、实训的设备及工具

（1）设备：桑塔纳 2000GLi 轿车、AFE 发动机、发动机台架、工作台、平台、零件车若干。

（2）普通工具：组合工具、维修手册。

（3）常用工具：旋具、扳手、鲤鱼钳、尖嘴钳、弯嘴钳、锤子、铜棒等。

（4）专用工具与量具：扭力扳手（定扭矩扳手）、SST 3070 等。

三、步骤及操作方法

1. 准备工作

（1）汽车进入工位前，将工位清理干净，准备好相关的器材。

（2）将汽车停驻在举升机中央位置。

（3）拉紧驻车制动器操纵杆，并将变速杆置于空挡位置。

（4）套上转向盘护套、变速杆手柄套和座位套，铺设脚垫。

（5）在车内拉动发动机舱盖手柄，在车外打开并支撑发动机舱盖。

（6）粘贴翼子板和前脸磁力护裙。

2. 发动机冷却系统的拆卸

图 6-21、图 6-22 所示为桑塔纳 2000 轿车 AFE 发动机冷却系统及其零部件分解图。

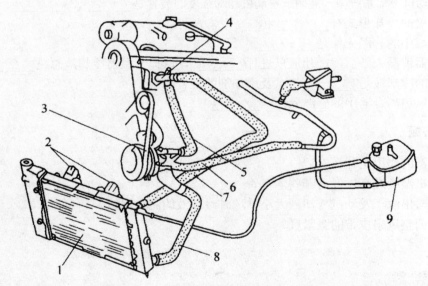

1—散热器；2—风扇；3—水泵；4—气缸盖出水口；5—旁通（小循环）水管出水管；
6—暖气回水进水泵冷却液管（进散热器）；7—气缸盖大循环时出液管；8—冷却液管；9—膨胀水箱

图 6-21　AFE 发动机冷却系统

（1）冷却液的排放。

①将空调暖风控制阀全开，将暖风开关拨到"暖气"位置。

②在发动机下放置一个收集盘，打开冷却液储液罐盖（必须在冷机时进行，热机时不能操作）。

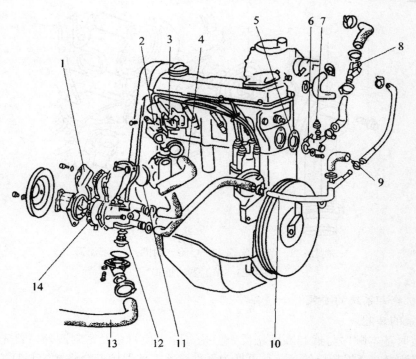

1—水泵；2—气缸盖接管；3、5—密封垫；4—橡胶管；6—接管；7—冷却液温度传感器；

8—热敏开关；9—通向暖风热交换的冷却液管；10—冷却液管；11—O形密封圈；12—节温器；

13—下橡胶弯管；14—密封垫圈

图6-22 冷却系统零件的分解图

③将水泵大循环进口水管的卡箍松开，拉出冷却液软管，放出冷却液，并用容器收集好，以便以后使用。注意水泵有三个进口：自散热器出液口来的称为大循环进口；自暖风机出液口来进入水泵的称为第二进口；还有小循环时的水泵进口。

（2）散热器总成的拆卸。

①从气缸盖出液口处（通往散热器）拔掉冷却液软管。

②拆下热敏开关（在三通接头处）和电动冷却风扇上的连接电线。

③从散热器上拆下冷却液的上、下水管以及与膨胀水箱的连接管。

④放松并拆下散热器顶部左、右角上的固定支架，将散热器连同冷却风扇和护风罩整体一起取出。

（3）水泵总成的拆卸。

①从水泵上取下水循环管、热交换器回水管和冷却液下水管。

②松开并取下水泵传动带。

③拧下水泵的紧固螺栓，拆下水泵总成。把所有拆卸的总成、零件按顺序摆放好。

（4）节温器拆卸（见图6-23）。

①拆下主进水管卡箍，从主进水管上拔下冷却液软管，排放冷却液。

②从主进水管上拧下紧固螺栓，拆下主进水管。

③取出节温器。

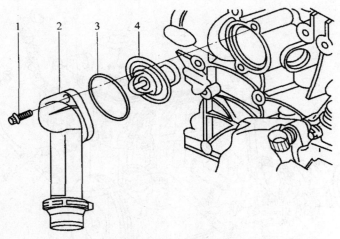

1—螺栓；2—节温器盖；3—O形密封圈；4—节温器

图6-23 节温器的拆卸

3. 发动机冷却系统的安装

（1）水泵的装配。

水泵安装时基本顺序与拆卸顺序相反。但是，除更换衬垫及密封圈外，首先对清洗好的零件进行检查测量，磨损超标的，必须更换为新件，各零部件检查合格才能装复。最后将组装好的水泵总成装到气缸体左侧，紧固力矩为20N·m。

①各部分螺栓、螺母应按规定的力矩拧紧，锁止应可靠。

②水泵下方的泄水孔应畅通。

③水泵装合后，应对水泵轴承加注规定牌号的润滑脂。

安装时，特别注意水泵叶轮与水泵壳体的轴向间隙，及水泵叶轮与壳体的径向密封处的间隙，并注意轴承的润滑条件。

（2）节温器的安装。

①清洁主进水管O形密封圈的密封表面，将新的O形密封圈用冷却液浸润。

②将节温器、O密封圈放入主进水管，顺时针拧1/4圈。

③将带节温器的主进水管装入缸体。

④旋入紧固螺栓，以15N·m的力矩拧紧。

⑤装复冷却液软管，加注冷却液。

（3）散热器的安装。

将风扇电动机装到风扇罩上，紧固力矩为10N·m；然后将它们一起装到散热器上，紧固力矩为10N·m；旋紧风扇电动机热敏开关，紧固力矩为25N·m，散热器装上橡胶垫后，放入车身的安装孔中，再装上支架，紧固力矩为10N·m。

（4）冷却水管的连接。

在气缸盖的左侧装上连接管、衬垫，紧固力矩为10N·m；在气缸盖后面装上衬垫及热交换器的水管接头，紧固力矩为10N·m；装上小循环水管及冷却液上水管、冷却液下水管，在热交换器水管接头上旋上冷却液温度感应塞，紧固力矩为10N·m；最后安装膨胀水箱及其连接水管。根据环境温度来选择冷却液，并添加至规定要求为止。

（5）水泵传动皮带的检查。

检查传动带的磨损情况，必要时需更换。安装好水泵皮带，用拇指以 20～30N 的力压皮带，其挠度为 10～15cm 为宜，新皮带变形量为 6～10cm，如图 6-24 所示。

图 6-24　水泵皮带的检查

4. 添加（或更换）冷却液的操作方法

（1）将暖气开关拨至"Warm（热）"位置，使暖气阀全开。

（2）打开膨胀水箱盖。

（3）松开水泵进液口软管的夹箍，放出全部冷却液，并予以收集。

（4）接好水泵进液口软管。

（5）将合适成分的冷却液自膨胀箱口加注到冷却系统中，最终使液面应达到"max（最高）"标记处。

注意：

（1）冷却液有毒，进行更换及添加时，必须防止其进入口中，特别要防止小孩与之接触。

（2）根据使用地区温度按比例配制冷却液。

5. 发动机运转检查

（1）起动发动机前，要检查冷却系统是否加足冷却液。

（2）运转发动机，在发动机冷车、热车、怠速、中速和高速等状态下，以目视的方法检查散热器及各管道有无漏水现象。

（3）检查发动机大、小循环的工作情况。

（4）检查仪表盘水温表的工作情况。

（5）检查电动风扇低、高速工作情况。

（6）将暖气开关拨至"Warm（热）"位置，使暖气阀全开，检查出风口空气温度。

四、清洁整理

将实习场地所必要的物品留下，依照规定的合理位置放置，并明确标示，将不必要的物品清除掉；对垃圾进行分类处理，将实习场地清扫干净，使每位成员养成良好习惯，遵守规则做事。

电子控制冷却系统

　　电子控制发动机冷却系统在大众奥迪 APF（1.6 直列 4 缸）发动机上已应用，该系统中的冷却液温度调节、冷却液的循环（节温控制）、冷却风扇的工作均由发动机负荷决定并由发动机控制单元控制。电子控制冷却系统在未来生产的发动机上将逐步得到推广，冷却液温度调节、冷却液的循环（节温控制）、冷却风扇的介入控制均由发动机负荷决定是此系统独有的特征。

　　有利之处：部分负荷时，获得良好的燃油经济性；减少 CO 和 HC 的排放。

　　电子控制冷却系统依据发动机的负荷为发动机在该状态下设定一个适宜的工作温度，如图 6-25、图 6-26、图 6-27 所示，改变了传统的冷却循环。

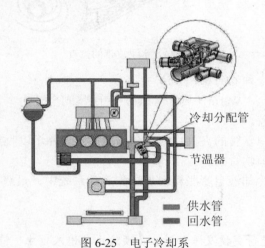

图 6-25　电子冷却系

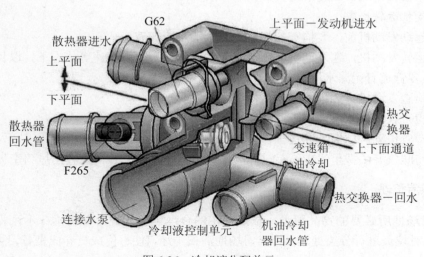

图 6-26　冷却液分配单元

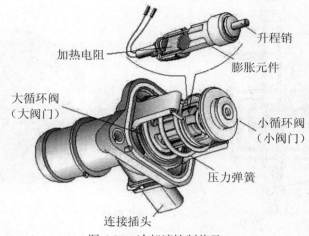

加热电阻

升程销

膨胀元件

大循环阀
（大阀门）

小循环阀
（小阀门）

压力弹簧

连接插头

图 6-27　冷却液控制单元

①以最小的更改，完成冷却循环的重新布置。

②冷却液分配法兰与节温器合成一个信号单元。

③发动机缸体上不需要任何温度调节装置。

④发动机控制单元内设有电子控制冷却系统的特性图。

⑤发动机冷起动、部分负荷。小循环工作使发动机尽快热机，达正常工作温度。此时，发动机未按冷却特性图进行工作。

水泵使冷却液循环。冷却液经过发动机缸盖、分配器上平面流入，此时，小循环阀门打开，冷却液经过小阀门直接流回水泵处，形成小循环，如图 6-28 所示。

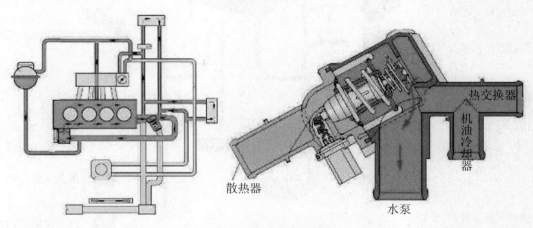

热交换器

机油冷却器

散热器

水泵

图 6-28　形成小循环图

冷却液温度：95℃～110℃。

⑥发动机全负荷。冷却液温度：85℃～95℃。发动机全负荷运转时，要求较高的冷却能力。控制单元根据传感器信号得出的计算值对温度调节单元加载电压，溶解石蜡体时大循环阀门打开，接通大循环。同时，机械关闭小循环通道，切断小循环，如图 6-29 所示。

⑦发动机控制单元——发动机管理系统 J361-SIMOS 3.3 中设有电子控制冷却系统的特性图。

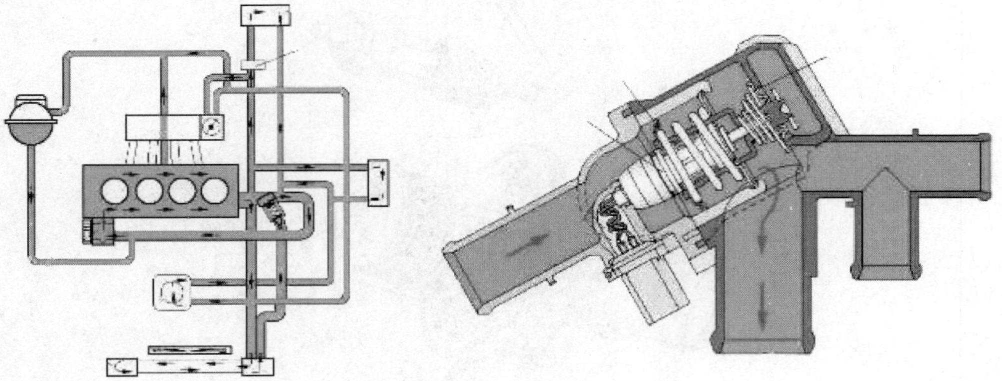

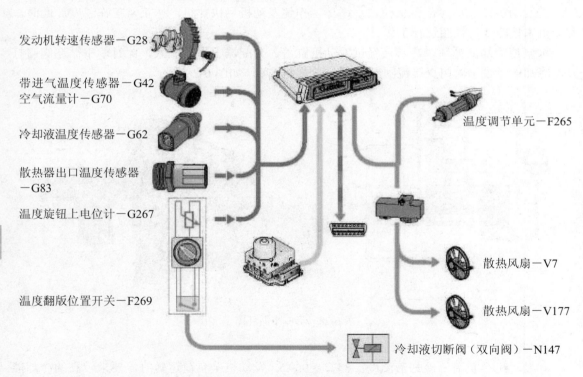

图 6-29　形成大循环

　　该发动机的控制系统是 SIMOS 3.3 系统，"电脑"在程序中已编有电子控制冷却系统的特性图，与传统的发动机控制单元相比功能增加了，它接受电子控制冷却系统的传感器送来的信号并驱动电子控制系统的执行器，并且设计了电子控制冷却系统的监控电路，因此电子控制冷却系统具有自诊断功能，并包括在发动机控制系统的自诊断中，可以用 V.A.S5051/V.A.G5051/V.A.G5052 进行自诊断，控制单元冷却系电路图如图 6-30 所示。

发动机转速传感器—G28

带进气温度传感器—G42
空气流量计—G70

冷却液温度传感器—G62

散热器出口温度传感器—G83

温度旋钮上电位计—G267

温度翻版位置开关—F269

温度调节单元—F265

散热风扇—V7

散热风扇—V177

冷却液切断阀（双向阀）—N147

图 6-30　控制单元冷却系电路图

7

发动机润滑系

1. 掌握润滑系的功用和润滑方式;
2. 掌握润滑系的主要机件（机油泵、滤清器等）的结构和工作原理;
3. 重点掌握不同发动机润滑路线;
4. 熟悉润滑油特性和选择方法。

1. 掌握润滑系总成及各零部件的结构、构造原理、拆装步骤要领;
2. 了解润滑系的维护及保养知识;
3. 能够熟练使用常用工具、量具及相关设备，掌握汽车润滑系拆卸、装配等基本能力;
4. 培养学生团结合作，观察、分析及综合归纳能力。

7.1 概述

7.1.1 润滑系的功用

任何接触相互运动的摩擦表面都存在磨损，都需要进行润滑。即在两零件的工作表面之间加入一层润滑油使其形成油膜，将零件完全隔开，使零件处于完全的液体摩擦状态。这样，功率消耗和磨损就会大为减少。

发动机的润滑是由润滑系来实现的。润滑系除了起润滑作用外，还起到了清洁、冷却和密封作用。

1. 润滑

发动机润滑系的基本任务就是将润滑油不断地供给各零件的摩擦表面，形成润滑油膜，减小零件的摩擦、磨损和功率损耗。

2. 清洁

发动机工作时，不可避免地要产生金属磨屑，空气可能会带入尘埃，燃烧也会产生固体杂质等。这些颗粒若进入零件的工作表面，就会形成磨料，大大加剧零件的磨损。而润滑系通过润滑油的流动将这些磨料从零件表面冲洗下来带回到曲轴箱。在这里，大的颗粒沉到油底壳底部，小的颗粒被机油滤清器滤出，从而起到清洁的作用。

3. 冷却

由于运动零件的摩擦和混合气的燃烧，某些零件会产生较高的温度。而润滑油流经零件表面时可吸收其热量并将部分热量带回到油底壳散入大气中，起到冷却作用。

4. 密封

发动机气缸壁与活塞、活塞环与环槽之间都留有一定的间隙，并且这些零件本身也存在几何偏差。而这些零件表面上的油膜可以补偿上述原因造成的表面配合的微观不均匀性。由于油膜充满在可能漏气的间隙中，减少了气体的泄漏，可保证气缸的应有压力，因而起到了密封作用。

5. 防锈

润滑油黏附在零件表面上，避免了零件与水、空气、燃气等的直接接触，起到了防止或减轻零件锈蚀和化学腐蚀的作用。

7.1.2 发动机的润滑方式

发动机工作时，由于各运动零件的工作条件不同，因而所要求的润滑强度和方式也不同。零件表面的润滑，按其供油方式可分为压力润滑和飞溅润滑。现代汽车发动机都采用复合式润滑方式。

（1）压力润滑：对负荷大、相对运动速度高（如主轴承、连杆轴承、凸轮轴轴承等）的零件，以一定压力将机油输送到摩擦面间隙中进行润滑。

（2）飞溅润滑：是对外露、负荷较轻、相对运动速度较小（如活塞销、气缸壁、凸轮表面和挺杆等）的工作表面，依靠运动零件飞溅起来的油滴或油雾进行润滑的方式。某些零件（如活塞与气缸壁）虽然工作条件较差，但为了防止过量润滑油进入燃烧室而造成发动机工作恶化，也采用飞溅润滑。

（3）润滑脂润滑：对发动机辅助机构的一些零件（如水泵及发电机轴承）则采用定期加注润滑脂的方法。近年来有采用含有耐磨润滑材料（如尼龙、二硫化钼等）的轴承代替加注润滑脂的轴承。

7.1.3 润滑系组成

为了实现润滑系的功用，汽车发动机润滑系由下列零部件组成。

（1）机油泵。其功用是保证润滑油在润滑系内循环流动，并在发动机任何转速下都能以足够高的压力向润滑部位输送足够数量的润滑油。

（2）机油滤清器。它用来滤除润滑油中的金属磨屑、机械杂质和润滑油氧化物。若这些杂质随同润滑油进入润滑系，将加剧发动机零件的磨损，还可能堵塞油管或油道。

（3）机油冷却器。在热负荷较高的发动机上装备有机油冷却器，用来降低润滑油的温度。

润滑油在循环过程中，由于吸热而温度升高。若润滑油温度过高，则其黏度下降，不利于在摩擦表面形成油膜，此外，还会加速润滑油老化变质，缩短润滑油使用期。

（4）油底壳。它是存储润滑油的容器。

（5）集滤器。它是用金属丝编织的滤网，是润滑系的进口，用来滤除润滑油中粗大的杂质，防止其进入机油泵。

除此之外，润滑系还包括润滑油压力表、温度表和润滑油管道等。

7.1.4 润滑系油路

汽车发动机润滑系油路方案大致相同，下面介绍几种典型的润滑油路。

1. 中型汽油机润滑油路

图 7-1 所示为 EQ6100 型汽油发动机润滑油路示意图。润滑系由加油管、油底壳、集滤器 1、机油泵 3、粗细滤器 21 和 9、机油冷却器 7、主油道 19、分油道、限压阀 4、旁通阀 20 等组成。

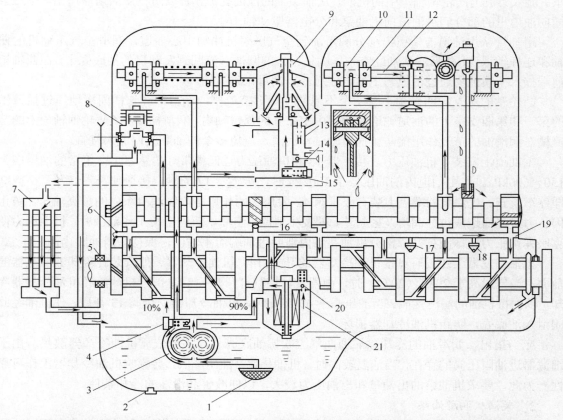

1—集滤器；2—磁性放油螺塞；3—机油泵；4—限压阀；5—曲轴前油封；6—喷嘴；7—机油冷却器；
8—空气压缩机；9—细滤器；10—摇臂轴支座；11—摇臂；12—摇臂轴；13—机油冷却器安全阀；
14—机油冷却器开关；15—机油限压阀；16—机油泵和分电器驱动轴；17—油压过低传感器；
18—油压传感器；19—主油道；20—旁通阀；21—粗滤器

图 7-1 汽油发动机润滑油路示意图

发动机曲轴的主轴承、连杆轴承、凸轮轴轴承、摇臂孔、空气压缩机、正时齿轮和机油泵驱动轴等采用压力润滑；活塞、活塞环、活塞销、气缸壁、气门、挺杆和凸轮等采用飞溅润滑。

发动机工作时，机油经固定式集滤器 1 初步过滤后进入机油泵 3，防止大的机械杂质进入泵体内。机油泵使机油产生一定的压力而输出。由机油泵输出的油分为两路：大部分（90%）的机油经粗滤器 21 滤去较大的机械杂质后进入纵向主油道 19，并由此流向各运动零件的工作表面。若粗滤器的滤芯被杂质堵塞而失效，机油便顶开旁通阀 20 直接进入主油道，以保证发动机各部分有足够的润滑油。另一小部分机油经进油限压阀 15 流入细滤器 9，滤去细小杂质后流回油底壳。当润滑油路中的油压低于 100kPa 时，进油限压阀不开启，机油细滤器停止工作，保证主油道内的油压足够。细滤器并联在油路中，既不影响润滑油畅通，又可使润滑油得到良好的滤清。一般汽车每行驶 50km 左右，全部机油即可经细滤器滤清一遍。

进入主油道的润滑油由曲轴上的七条并联的横向油道流到曲轴主轴承中，然后经曲轴上的油道流入连杆轴颈处。其中第一、二、四、六、七条横向油道里的部分润滑油流向凸轮轴轴承。流入第五道凸轮轴轴承中的机油，从轴颈上的泄油孔流出，以防将后油堵盖压出。第三条横向油道里的部分润滑油流向机油泵和分电器驱动轴 16。

用油管从主油道前端引出部分润滑油到空气压缩机曲轴中心油道，润滑空气压缩机的曲轴和连杆轴承处，然后润滑油经空气压缩机下方的回油管流回到发动机的油底壳中。在曲轴箱前端拧入一喷油嘴通过油道与主油道连通，以润滑正时齿轮。

凸轮轴的第二、四轴颈上有两个不通的半圆形节流槽，润滑油经该槽间歇地通过摇臂轴的第一和第四支座上的油道输送到两根中空带孔的摇臂轴内，润滑摇臂孔。凸轮轴轴颈上的节流槽对润滑油的节流作用能防止摇臂轴过量润滑，避免多余的油顺气门流入气缸。

主油道上安装了机油压力表传感器 18 和机油压力过低警告灯传感器 17。正常的油压应为 150～600kPa。当主油道内的油压低于 100kPa 时，传感器 17 的触点接通使警告灯发亮，应立即停车检查。机油泵的端盖上装有限压阀 4。限压阀的作用是限制润滑系内的最高油压，防止因压力过高而造成过分润滑及密封垫、圈发生泄漏。当油压超过正常工作范围时，机油压力便克服弹簧张力使球阀打开，部分机油在泵内泄回进油端而不输出，保持润滑油路内油压正常。

机油细滤器上还设有可接机油冷却器的开关 14。机油冷却器一般安装在冷却液散热器的前面。当气温高于 293K（20℃）时，由驾驶员控制打开开关 14，部分机油流经机油冷却器冷却，以保持机油的润滑性能。当油压高于 400kPa 时，机油冷却器安全阀 13 开启，使机油经此阀泄入油底壳，防止机油冷却器损坏。

应当指出，润滑油的冷却除靠迎面气流吹拂油底壳外，主要依靠机油冷却器散热。由于细滤器进油限压阀的存在，当油温较高时，机油稀化，油压降低，会影响机油冷却器工作可靠性。为此，要求机油泵的出油量和出油压力较大，以便改善润滑油的冷却条件。

2. 柴油机润滑油路

由于柴油机与汽油机的结构和工作条件不一样，其润滑系的组成和油路也各有不同。柴油机的机械负荷和热负荷较大，其活塞一般专设油道进行冷却，所配用的喷油泵、调速器、空气压缩机、增压器等也需要润滑，因此，要求柴油机的润滑强度较高。为了保证润滑系工作可靠，通常设有机油冷却器。同时，由于柴油机无需驱动分电器，所以机油泵可安装在曲轴箱内第一道或第二道主轴承盖处，由曲轴正时齿轮直接或间接驱动。这样，可使机油泵的转速等于或高于发动机转速，以满足柴油机高强度润滑的需要。

图 7-2 所示为斯太尔 WD615 系列柴油机润滑油路示意图。油底壳中的机油经集滤器 2、机油泵 3（附设限压阀 1，开启压力为 1550kPa±150kPa）、机油滤清器 16（附旁通阀 17）、机油冷却器 4 进入主油道。机油冷却器上装有限压阀，当油压过高时，限压阀开启，机油直接由此阀进入主油道，避免机油冷却器损坏。主油道中的机油通过各支油道分别流向增压器 13（若柴油机为自然吸气式则无增压器）、空气压缩机 12、喷油泵 11，经推杆到摇臂轴 9、凸轮轴轴颈、曲轴主轴颈和连杆轴颈等处进行压力润滑。为了保证活塞的冷却，对应各缸处有机油喷嘴，来自于主油道的机油直接喷到活塞内腔。

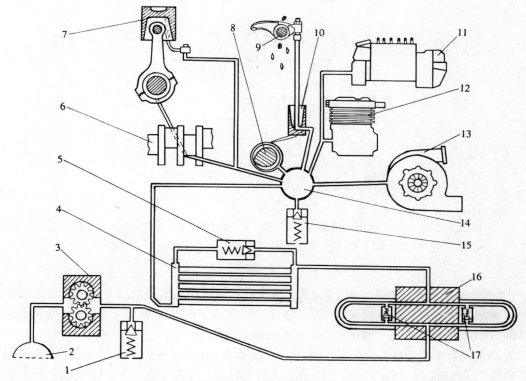

1—机油限压阀；2—集滤器；3—机油泵；4—机油冷却器；5—机油冷却器限压阀；6—曲轴；
7—连杆小头；8—凸轮轴；9—摇臂轴；10—挺柱；11—喷油泵；12—空气压缩机；13—增压器；
14—主油道；15—限压阀；16—机油滤清器；17—滤清器旁通阀

图 7-2 柴油机润滑油路示意图

此外，润滑系主油道中装有机油压力过低传感器，能自动报警；油底壳底部有磁性放油螺塞；窜入曲轴箱及气缸体内腔的油气可通过油气分离器使凝结下来的机油回到油底壳，分离出来的气体则通过增压器进入柴油机进气管。

3. 轿车汽油机的润滑油路

由于轿车发动机转速高、功率大，凸轮轴多为顶置，机油泵一般由中间轴驱动；配气机构多采用液力挺柱；主油道与机油泵之间多用单级全流式滤清器，以简化滤清系统。集滤器为固定淹没式，避免机油泵吸入表面泡沫，保证润滑系工作可靠。

图 7-3 所示为桑塔纳轿车 JV 型 1.8L 发动机润滑油路。当发动机工作时，机油经集滤器 6 初步过滤后进入机油泵 7，机油泵输出的机油全部流经机油滤清器 2，然后进入纵向主油道。主油道中的机油分别由各分油道进入曲轴主轴承和连杆轴承，再通过连杆杆身的油道润滑活塞销，并对活塞进行喷油冷却。

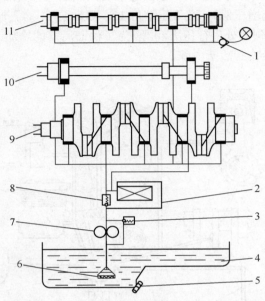

1—油压开关；2—机油滤清器；3—限压阀；4—油底壳；5—放油螺塞；6—集滤器；

7—机油泵；8—油压开关；9—曲轴；10—中间轴；11—凸轮轴

图 7-3 轿车汽油机润滑油路示意图

中间轴 10 的润滑油由发动机前边第一条横向斜油道和从机油滤清器出来的油道供给。气缸盖上的纵向油道与主油道相通，并通过横向油道润滑凸轮轴轴颈且向液力挺柱供油。缸盖和缸体的一侧布置了回油孔，可使缸盖上的机油流回曲轴箱。

发动机上有两个油压开关，开关 1 的开启压力为 30kPa，开关 1 位于气缸盖后端；开关 8 的开启压力为 180kPa，开关 8 位于机油滤清器支架上。打开点火开关，仪表板中的机油压力警告灯即闪烁。起动发动机，当机油压力大于 30kPa 时，开关 1 触点开启，该警告灯自动熄灭。当发动机低速运转时，若机油压力低于 30kPa，则油压开关 1 触点闭合，机油压力警告灯闪烁。当发动机转速超过 2150r/min 时，如果机油压力达不到 180kPa，油压开关 8 触点关闭，机油警告灯闪烁，且警报蜂鸣器也同时报警。

7.2 润滑系主要部件

7.2.1 机油泵

机油泵的作用是将一定压力和数量的润滑油供到润滑表面。

汽车发动机常用的机油泵结构形式可分为齿轮式和转子式两类。齿轮式机油泵又分内啮合齿轮式和外啮合齿轮式机油泵，一般把后者称为齿轮式机油泵。

1. 齿轮式机油泵

齿轮式机油泵工作原理如图7-4所示。机油泵体6内装有一对外啮合齿轮2和5，齿轮的端面由机油泵盖封闭。当发动机工作时，齿轮按图示箭头方向旋转，进油腔1的容积由于轮齿逐渐脱离啮合而增大，腔内产生一定的真空，润滑油从油底壳经进油口被吸入进油腔，轮齿将润滑油从进油腔1带到出油腔3，出油腔3的容积由于轮齿逐渐进入啮合而减小，使润滑油压力升高，润滑油便经出油口被压送到发动机油道中。机油泵不断工作，保证机油在润滑油路中不断循环。

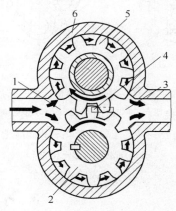

1—进油腔；2—机油泵主动齿轮；3—出油腔；4—卸压槽；5—机油泵从动齿轮；6—机油泵体

图7-4　齿轮式机油泵工作原理

当齿轮进入啮合时，啮合齿间的润滑油体积变小，在齿间产生很高的压力，给齿轮的运动带来阻力并通过齿轮作用在主、从动轴上，加剧了轴与齿轮孔间的磨损。因此，通常在泵盖上铣卸压槽4，使啮合齿隙与出油腔连通，以降低其油压。

齿轮式机油泵由曲轴或凸轮轴经中间传动机构驱动。图7-5所示为齿轮式机油泵结构图。固定式机油集滤器与机油泵进油口A相连，出油口B与上曲轴箱的油道及粗滤器相通，油泵下部的管接头10用油管与机油细滤器连接，整个油泵（连同集滤器）用两个螺钉安装在曲轴箱内主轴承一侧。机油泵壳体4内装有主动轴和从动轴。主动轴1下端用半圆键固装着主动齿轮5，上端制有长槽与分电器传动轴连接。分电器轴上固装着传动齿轮，由凸轮轴上的斜齿轮驱动。从动轴15被压入壳体内，其上松套着从动齿轮16。

泵体与泵盖之间有衬垫，既可以防止漏油，又可以用来调整齿轮的端面间隙。齿轮与泵体的径向间隙一般不超过0.20mm，齿轮端面间隙不超过0.05～0.20mm。间隙过大，润滑油压力降低，泵油量减少。

泵盖上装有限压阀组件8和13。限压阀的作用是在油压过高时泄压，维持主油道内的正常压力（150～600kPa）。当油压超出上述范围时，可增减垫片7的厚度，以调整弹簧8的预紧力，从而使油压保持在正常范围内。限压阀出厂前在试验台上已调好，使用中不能因机油压力过低而随意调整，应根据油压变化原因查找故障。

齿轮式机油泵的优点是效率高，功率损失小，工作可靠；缺点是需要中间传动机构，制造成本相应较高。国产桑塔纳、捷达和奥迪等轿车都采用齿轮泵。

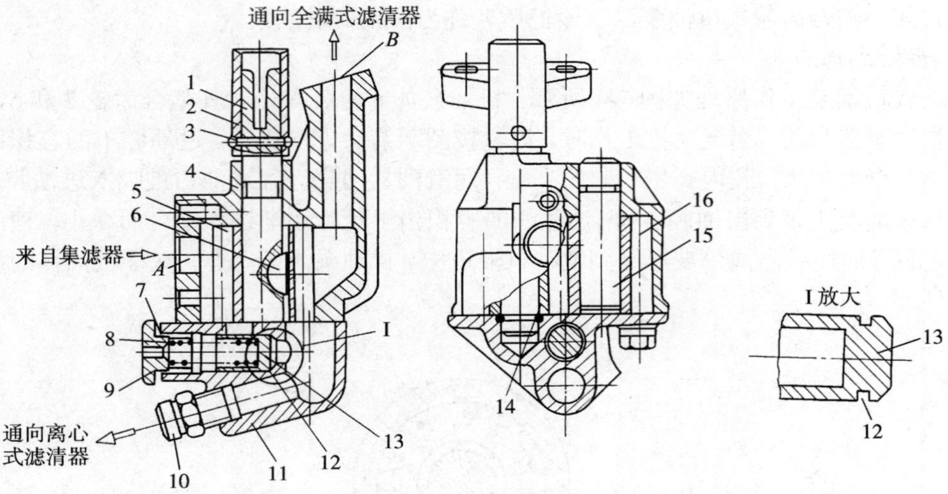

1—主动齿轮轴；2—连轴套；3—铆钉；4—机油泵体；5—主动齿轮；6—半圆键；7—垫片；

8—限压阀弹簧；9—螺塞；10—管接头；11—机油泵盖；12—集垢槽；13—柱塞式限压阀；14—挡圈；

15—从动齿轮轴；16—从动齿轮

A—进油口；B—出油口

图 7-5　齿轮式机油泵

2. 内啮合齿轮式机油泵

内啮合齿轮式机油泵的工作原理与外啮合齿轮式机油泵相同。内啮合齿轮泵的结构如图7-6 所示。主动齿轮是外齿轮，通过花键套装在曲轴前端，由曲轴直接驱动。内齿轮是从动齿轮，装在机油泵体内，泵体固定在机体前端。主动齿轮旋转时，带动从动齿轮旋转，进油口容积由小变大，不断进油，排油口容积不断由大变小，油压升高。

内啮合齿轮泵由曲轴直接驱动，无中间传动机构，零件数量少，制造成本低，占用空间小，使用范围广。

3. 转子式机油泵

转子式机油泵工作原理如图7-7 所示，主动的内转子 3 有四个或四个以上的凸齿，从动的外转子 4 的凹齿数比内转子的凸齿数多一个，外转子在泵壳内可自由转动，内外转子间有一定的偏心距。内转子旋转时带动外转子一起旋转，无论转子转到任何角度，内外转子每个齿的齿形轮廓线上总有接触点，于是内外转子间便形成了四个工作腔。由于内外转子的速比大于 1（$i=1.25$），所以外转子总是慢于内转子，且由于偏心距的存在，工作腔的容积产生较大变化。当某一工作腔转过进油口时，容积增大，产生真空，润滑油经进油口被吸入工作腔内。当该工作腔转过出油口时，容积减小，油压升高，润滑油经出油口被压出。当某一工作腔从进油腔转过时，容积增大，产生真空，机油便经进油孔被吸入。当该工作腔与出油腔相通时，腔内容积减小，油压升高，机油经出油孔压出去。

转子式机油泵的构造如图7-8 所示。内转子固定在机油泵轴的一端上，轴的另一端装有传动带轮。泵盖与壳体之间有密封圈。

转子式机油泵结构紧凑，吸油真空度高，泵油量大，对安装位置无特殊要求，可布置在曲轴箱外或吸油位置较高的地方。

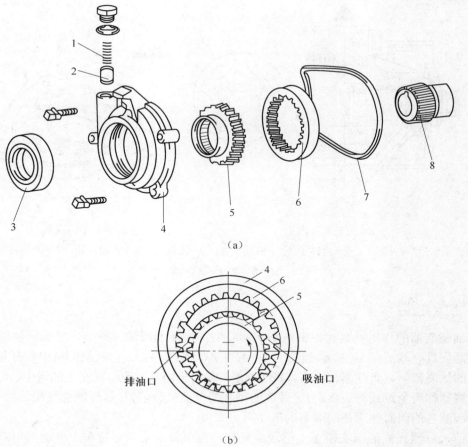

（a）

（b）

1—限压阀弹簧；2—限压阀柱塞；3—曲轴前油封；4—机油泵泵体；5—主动外齿轮；

6—从动内齿轮；7—O 形密封圈；8—花键套

图 7-6　内按齿轮式机油泵（丰田汽车）

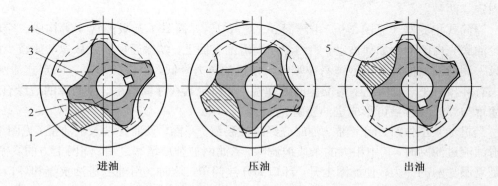

进油　　　　　压油　　　　　出油

1—机油泵传动轴；2—进油口；3—内转子；4—外转子；5—出油口

图 7-7　转子式机油泵工作原理

Chapter 7

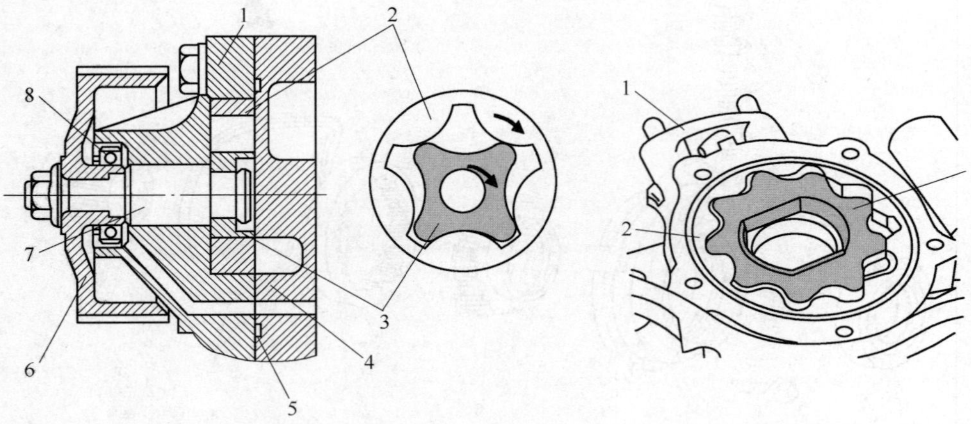

（a）克莱斯勒汽车　　　　　　　　　　　　　　（b）本田汽车

1—机油泵泵体；2—外转子；3—内转子；4—机油泵盖；5—密封圈；6—传动带轮；7—机油泵轴；8—油封

图7-8　转子式机油泵

7.2.2　机油滤清器

机油滤清器的作用就是滤掉机械杂质和胶质，保持润滑油的清洁，延长其使用期限。机油滤清器应具有滤清能力强、流通阻力小，使用寿命长等性能。一般润滑系中装有几个不同滤清能力的滤清器——集滤器、粗滤器和细滤器，它们分别并联或串联在主油道中。与主油道串联的滤清器称为全流式滤清器，与之并联的则称为分流式滤清器。这样既能使机油较好地滤清，又不致因滤芯的阻碍作用使润滑系的流动阻力太大。

目前，分流式滤清器在轿车上已很少见到，货车特别是重型货车上普遍采用双滤清器，其中之一为分流式滤清器，作细滤器用，另一个为粗滤器。经过粗滤器的润滑油进入主油道，经过细滤器的润滑油直接返回油底壳。

1. 集滤器

集滤器一般是滤网式的，装在机油泵之前，滤除较大的机械杂质。集滤器可分为浮筒式和固定式两种。

浮筒式集滤器（见图7-9）由浮筒3、滤网2、浮筒罩1及吸油管4等构成。空心的浮筒不论油底壳内的油面如何波动，始终浮在润滑油表面上，以保证机油泵从含杂质较少的上层油面吸入润滑油。但油面上泡沫易被吸入，使机油压力降低，润滑欠可靠。固定式滤网有弹性，中央有环口，在一般情况下借助滤网的弹性，环口压紧在浮筒罩上。浮筒罩的边缘有缺口，当浮筒罩与浮筒装合后可形成进油狭缝。

当机油泵工作时，润滑油从油底壳经进油狭缝、滤网、吸油管进入机油泵（见图7-9（a））。润滑油流过滤网时，其中粗大的杂质被滤除。当滤网被杂质堵塞之后，滤网上方的真空度增大，于是克服滤网的弹力，使滤网上升，环口离开浮筒罩，这时润滑油经进油狭缝和环口进入吸油管和机油泵（见图7-9（b）），以保证润滑油的供给不致中断。

有些轿车及轻型车采用深入油面以下的固定式集滤器。与浮筒式集滤器相比，固定式集滤器虽然吸入润滑油的清洁度稍差，但结构简单，并可防止油面上的泡沫被吸入润滑系，所以应用广泛。

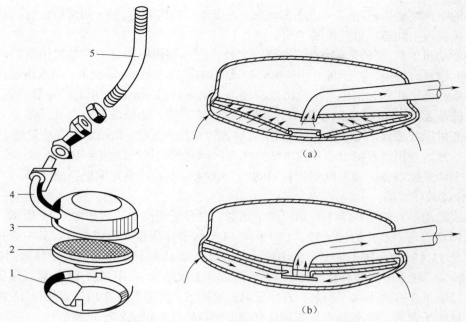

1—浮筒罩；2—滤网；3—浮筒；4—吸油管；5—固定油管

图 7-9　浮筒式集滤器结构及工作情况

2. 全流式滤清器

轿车发动机的滤清器和货车的粗滤器都是全流式滤清器。全流式滤清器的构造如图 7-10 所示，滤芯由经过树脂处理的多孔滤纸制成，滤纸被折成扇形或波纹形。滤芯内装有金属丝网或带有网眼的薄铁皮作为滤芯的骨架。

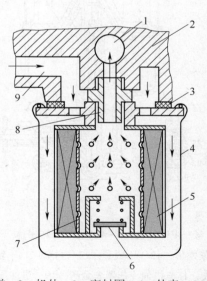

1—主油道；2—机体；3—密封圈；4—外壳；5—纸滤芯；

6—旁通阀；7—金属骨架；8—连接座；9—进油道

图 7-10　全流式滤清器

滤芯的下部装有旁通阀。一旦滤芯堵塞，进出油口的压差达 150～180kPa 时，机油便从旁通阀直接流入主油道，以防供油中断。

有些发动机的机油滤清器除设置旁通阀之外，还加装止回阀。当发动机停机后，止回阀将滤清器的进油口关闭，防止润滑油从滤清器流回油底壳。在这种情况下，当重新起动发动机时，润滑系能迅速建立起油压，从而可以减轻由于起动时供油不足而引起的零件磨损。

机油滤清器的滤芯有褶纸滤芯和纤维滤清材料滤芯等。褶纸滤芯由微孔滤纸制造。微孔滤纸经酚醛树脂处理后，具有较高的强度、抗腐蚀性和抗水湿性。褶纸滤芯有质量轻、体积小、结构简单、滤清效果好、阻力小和成本低等优点，因此得到了广泛的应用。

对于全流式滤清器，通常汽车行驶 5000～15000km 左右，要定期更换滤清器。

3. 分流式滤清器

分流式滤清器一般用作货车发动机的细滤器，并且采用离心式，如图 7-11 所示。滤清器外壳 1 上固定着带中心孔的转子轴 3。转子体 14 与转子体端套 6 连成一体，其中心孔内压装着三个衬套 13，衬套在转子轴上可自由转动。压紧螺母 11 将转子盖 8 与转子体紧固在一起，经动平衡检验。转子下面装有止推轴承 4，上面装有支承座 9，并用弹簧 10 压紧以限制转子轴向窜动。转子下端有两个水平安装、互成反向的喷嘴 5。滤清器盖 7 用压紧螺母 11 装在滤清器壳体上使转子密封。滤清器盖与壳体具有高度的对称性，保证转子正常运转。

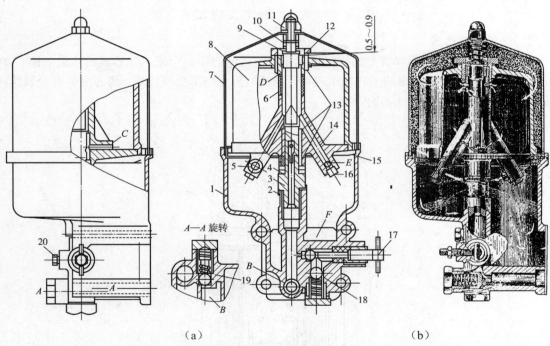

（a）　　　　　　　　　　（b）

1—壳体；2—锁片；3—转子轴；4—止推轴承；5—喷嘴；6—转子体端套；7—滤清器盖；8—转子盖；
9—支承座；10—弹簧；11—压紧螺母；12—压紧套；13—衬套；14—转子体；15—挡板；16—螺塞；
17—机油冷却器开关；18—机油冷却器安全阀；19—进油限压阀；20—管接头
B—滤清器进油孔；C—出油孔；D—进油孔；E—通喷嘴油道；F—滤清器出油孔

图 7-11　离心式细滤器

发动机工作时，从机油泵来的润滑油进入细滤器进油孔 B。当油压低于 100kPa 时，进油限压阀 19 不开，机油不经细滤器而全部流向主油道，保证发动机可靠润滑。当油压超过 100kPa 时，进油限压阀被顶开，润滑油沿外壳和转子轴的中心孔经出油孔 C 进入转子内腔，然后经进油孔 D、油道 E 从两喷嘴喷出。在油的喷射反力作用下，转子及其内腔的润滑油高速旋转，转速可高达 10000r/min 左右。在离心力的作用下润滑油中的杂质被甩向转子盖内壁并沉积下来，清洁的机油从出油口 F 流回油底壳。

管接头 20 与机油冷却器相连。当油温过高时，旋松机油冷却器开关 17 使部分润滑油流向散热器。当油压高于 400kPa 时，机油冷却器安全阀 18 被打开。部分润滑油经此流回油底壳，保护机油冷却器不因油压过高而受损坏。

转子上的喷嘴又是油的限量孔，保证通过细滤器的油量为油泵出油量的 10%～15%。

离心式滤清器滤清能力强，通过性好，不需更换滤芯，只要定期清洗即可，但它对胶质的滤清效果差，制造和装配精度要求较高。此滤清器出油无压力，一般只做分流式连接。

4. 复合式滤清器

复合式滤清器是将细滤芯和粗滤芯串联装在同一壳体内，其结构和工作原理如图 7-12 所示。

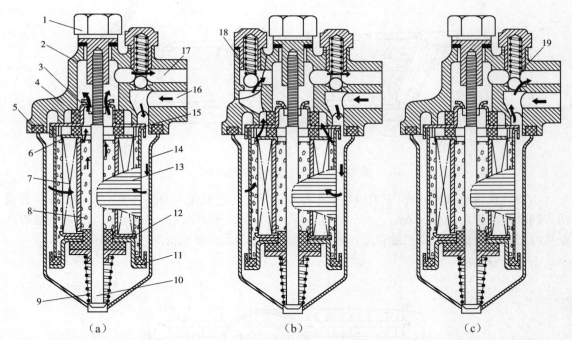

（a）　　　　　　　　　　（b）　　　　　　　　　　（c）

1—拉杆螺母；2—滤清器盖；3—锁紧螺母；4—密封罩；5—橡胶垫圈；6—橡胶上油封；7—细滤芯；
8—中心腔；9—滤芯底座弹簧；10—外壳带拉杆螺栓；11—橡胶密封圈；12—橡胶下油封；
13—粗滤芯；14—壳体；15—滤芯盖；16—进油口；17—出油口；18—旁通阀；19—安全阀

图 7-12　复合式滤清器

在正常情况下，从机油泵泵出的机油经进油口进入复合式机油滤清器，由于橡胶元件的密封作用，润滑油先经过粗滤芯过滤，再经过细滤芯过滤进入中心腔，然后沿中心腔上流，经过出油口，流向主油道，见图 7-12（a）。

若细滤芯堵塞，当滤芯前后压力差超过 0.1MPa 时，旁通阀开启，经过粗滤的润滑油通过滤芯盖腔孔进入主油道，见图 7-12（b）；若粗滤芯堵塞，进油口和出油口压力差超过 0.245MPa 时，安全阀开启，润滑油则不经滤芯直接进入主油道，见图 7-12（c）。

这种复合式滤清器结构紧凑、工作可靠，纸质滤芯可定期更换、成本低，因此被应用在一些轿车上。

7.2.3　机油冷却器

在高性能、大功率的强化发动机上，由于热负荷大，必须装设机油冷却器。机油冷却器布置在润滑油路中，其工作原理与散热器相同。

发动机机油冷却器分为风冷式和水冷式两类。风冷式机油冷却器很像一个小型散热器（见图 7-13），利用汽车行驶时的迎面风对润滑油进行冷却，多与主油道并联。这种机油冷却器散热能力大，多用于赛车及热负荷大的增压汽车上。但是风冷式机油冷却器在发动机起动后需要很长的暖机时间才能使润滑油达到正常的工作温度，所以普通轿车上很少采用。

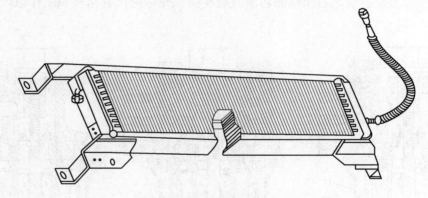

图 7-13　空气冷却的机油冷却器

水冷式机油冷却器（见图 7-14）位于冷却液路中，串联在主油道之前。冷却液在管外流动，润滑油在管内流动（或反之）。当油温较高时靠冷却液降温，而在起动暖车油温较低时，则从冷却液吸热迅速提高机油温度。水冷却的机油冷却器油温能得到较好控制。

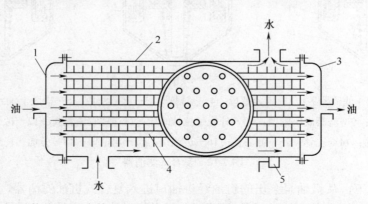

1—前盖；2—壳体；3—后盖；4—铜芯管及散热片；5—放水开关

图 7-14　水冷却的机油冷却器简图

　　水冷式机油冷却器外形尺寸小，布置方便，且不会使润滑油冷却过度，润滑油温度稳定，因而在轿车上应用较广。图 7-15 所示为布置在机油滤清器上的水冷式机油冷却器的实例。润滑油经滤清器滤清之后直接进入冷却器，在冷却器芯内流动，从散热器出水管引来的冷却液在冷却器芯外流过。两种流体在冷却器内进行热交换，使高温润滑油得以冷却降温。

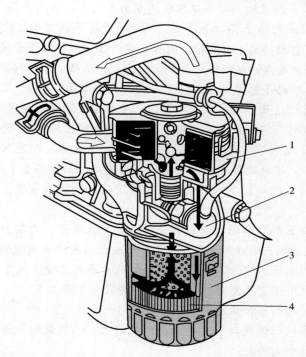

1—机油冷却器；2—机油压力开关；3—机油滤清器；4—机油滤清器滤芯

图 7-15　水冷式机油冷却器

本章小结

　　润滑系统具有减轻机件磨损、减小摩擦损失、降低功率消耗的润滑作用，还具有密封、冷却、清洁和防氧化锈蚀功能。

　　汽车发动机润滑有压力润滑、飞溅润滑和润滑脂润滑三种方式。曲轴主轴承间、连杆轴承间及凸轮轴承间等负荷较大的摩擦表面采用压力润滑；负荷较轻的气缸壁面和配气机构的凸轮、挺柱、气门杆、摇臂等采用飞溅润滑；水泵及发电机轴承采用润滑脂润滑。

　　发动机润滑系统一般由油底壳、机油集滤器、机油泵、机油滤清器和机油冷却器等组成。为了保证可靠润滑，机油泵和机油滤清器等部件上安装有相应的限压阀和旁通阀。

　　机油泵分为齿轮式、内啮合齿轮式和转子式机油泵。

　　齿轮式机油泵内装有一对外啮合齿轮，齿轮的端面由机油泵盖封闭。当发动机工作时，齿轮旋转，进油腔的容积由于轮齿逐渐脱离啮合而增大，腔内产生一定的真空，润滑油从油底壳经进油口被吸入进油腔，轮齿将润滑油从进油腔带到出油腔，出油腔的容积由于轮齿逐渐进入啮合而减小，润滑油压力升高，润滑油便经出油口被压送到发动机油道中。

Chapter

7

泵盖上装有限压阀，限压阀的作用是在油压过高时泄压，维持主油道内的正常压力（150～600kPa）。

内啮合齿轮泵的主动齿轮是外齿轮，通过花键套装在曲轴前端，由曲轴直接驱动。内齿轮是从动齿轮，装在机油泵体内，泵体固定在机体前端。主动齿轮旋转时带动从动齿轮旋转，进油口容积由小变大，不断进油；排油口容积不断由大变小，油压升高。

转子式机油泵主动的内转子有四个凸齿，从动的外转子的凹齿数比内转子的凸齿数多一个，外转子在泵壳内可自由转动，内外转子间有一定的偏心距。内转子旋转时带动外转子一起旋转，无论转子转到任何角度，内外转子每个齿的齿形轮廓线上总有接触点，于是内外转子间便形成了4个工作腔。外转子总是慢于内转子，且由于偏心距的存在，工作腔的容积产生较大变化。当某一工作腔转过进油口时，容积增大，产生真空，润滑油经进油口被吸入工作腔内。当该工作腔转过出油口时，容积减小，油压升高，润滑油经出油口被压出。

润滑系中一般装有几个不同滤清能力的滤清器——集滤器、粗滤器和细滤器，它们分别并联和串联在主油道中，这样既能使机油得到较好的滤清，而又不至于造成很大的流动阻力。

集滤器一般是滤网式的，装在机油泵之前，滤除较大的机械杂质。集滤器可分为浮筒式和固定式两种。

轿车发动机的滤清器和货车的粗滤器都采用全流式滤清器。滤芯由经过树脂处理的多孔滤纸制成，滤纸被折成扇形或波纹形。滤芯内装有金属丝网或带有网眼的薄铁皮作为滤芯的骨架。滤芯的下部装有旁通阀。一旦滤芯堵塞，机油便从旁通阀直接流入主油道，以防供油中断。

分流式滤清器一般用作货车发动机的细滤器，并且采用离心式。

复合式滤清器是将细滤芯和粗滤芯串联并装在同一壳体内。

在高性能、大功率的强化发动机上，由于热负荷大，必须装设机油冷却器。发动机机油冷却器分为风冷式和水冷式两类。

知识训练

一、选择题

1. 发动机润滑系统中润滑油的正常油温为（　　　）。
   A．40℃～50℃　　　　　　　　　　　B．50℃～70℃
   C．70℃～90℃　　　　　　　　　　　D．大于100℃

2. 载货车发动机的粗滤器与细滤器的连接关系是（　　　）
   A．串联　　　　　　　　　　　　　　B．并联
   C．混联　　　　　　　　　　　　　　D．无关系

3. 发动机烧机油则排气管冒（　　　）。
   A．青烟　　　　　　　　　　　　　　B．黑烟
   C．白烟　　　　　　　　　　　　　　D．灰烟

4. 润滑油的黏度过大，将导致发动机出现（　　　）。
   A．润滑不充分　　　B．低温起动困难　　　C．烧机油

5．润滑系统中旁通阀的作用是（　　　）。

　　A．保证主油道中的最小机油压力

　　B．防止主油道过大的机油压力

　　C．防止机油粗滤器滤芯损坏

　　D．机油粗滤器滤芯堵塞后仍能使机油进入主油道内

二、判断题（对的打"√"，错的打"×"）

1．汽车发动机机油泵输出的机油须全部流经粗滤器，而后再有一部分流入细滤器。

（　　　）

2．机油细滤器滤清能力强，所以经过细滤器滤清后的机油直接流向润滑表面。（　　　）

3．机油泵上安装旁通阀，机油粗滤器上安装限压阀。（　　　）

4．润滑油路中的油压越高越好。（　　　）

5．发动机气缸壁采用飞溅润滑。（　　　）

三、填空题

1．润滑系统的作用包括：润滑作用、＿＿＿＿＿＿、冷却作用、＿＿＿＿＿＿、＿＿＿＿＿＿。

2．发动机的润滑方式有＿＿＿＿＿＿、＿＿＿＿＿＿和＿＿＿＿＿＿。

3．发动机润滑油按 SAE 黏度分类法，分为＿＿＿＿＿＿用油和＿＿＿＿＿＿用油两种类型；按 API 性能分类法，分为＿＿＿＿＿＿系列和＿＿＿＿＿＿系列两种类型。

4．一般发动机机油泵泵出的机油有 85%～90%经过＿＿＿＿＿＿过滤后进入＿＿＿＿＿＿，以润滑各运动副，15%～10%的润滑油经过＿＿＿＿＿＿过滤后进入＿＿＿＿＿＿。

5．一般发动机润滑系统中，集滤器位于＿＿＿＿＿＿内，它处于润滑油路的首端，＿＿＿＿＿＿滤器与主油道串联，主要用来对机油进行滤清，＿＿＿＿＿＿滤器与主油道并联，主要用来改善机油的品质。

6．发动机机油泵一般是由＿＿＿＿＿＿驱动工作的，由于发动机输出的转速不稳定，所以机油泵输出的油压一般也不稳定，为保证输出的油压稳定，可用＿＿＿＿＿＿阀来进行控制。

7．拆下机油传感塞，短时间发动，若机油喷出无力，应检查＿＿＿＿＿＿。

8．旁通阀的作用：避免因机油滤清器滤芯堵塞造成主油道供油中断。当机油粗滤芯堵塞，滤芯内外压差达到＿＿＿＿＿＿时，机油顶开旁通阀钢球，直接进入主油道。

四、简答题

1．润滑系统一般由哪些零部件组成？安全阀、旁通阀和止回阀各有何功用？

2．润滑系统的作用是什么？车用发动机有哪几种润滑方式？

3．采用双机油滤清器时，它们是并联还是串联于润滑油路中？为什么？

4．机油 SAE5W40 和 SAE10W30 有什么不同？

能力训练

发动机润滑系拆装与维护

一、实训的目的和要求

（1）学会正确使用常用工具和专用工具。

（2）掌握从发动机拆装润滑系总成的方法。

二、实训的设备及工具

（1）桑塔纳 2000 GLi 轿车发动机 1 台，各种形式的机油泵若干，废机油接油机，密封胶等。

（2）一台车辆举升机。

（3）常用工具：组合工具一套，维修手册。

三、步骤及操作方法

1. 准备工作

（1）汽车进入工位前，将工位清理干净，准备好相关的器材。

（2）将汽车停驻在举升机中央位置。

（3）拉紧驻车制动器操纵杆，并将变速杆置于空挡位置。

（4）套上转向盘护套、变速杆手柄套和座位套，铺设脚垫。

（5）在车内拉动发动机舱盖手柄，在车外打开并支撑发动机舱盖。

（6）粘贴翼子板和前脸磁力护裙。

2. 机油泵的拆卸

（1）旋松分电器轴向限位卡板的紧固螺栓，拆去卡板，拔出分电器总成。

（2）在发动机熄火的热机状态下，拧开发动机气门室罩上的加机油盖。

（3）举升车辆到合适的位置，并锁止。

（4）将废机油接油机置于油底壳放油螺塞处。

（5）拧下油底壳的放油螺塞，放出旧润滑油。

（6）拆下发动机油底壳。

（7）旋松并拆卸两只将机油泵盖、机油泵体紧固在机体上的紧固螺栓（较长的），将机油集滤器一起拆下。

（8）拧松并拆下集滤器紧固螺栓，拆下集滤器，检查并清洗滤网。

（9）旋松并拆下机油泵盖紧固螺栓（较短的），取下机油泵组件，检查泵盖上的限压阀。

（10）分解主、从动齿轮，再分解齿轮和轴，垫片更换为新件。

3. 机油泵的安装

（1）将维修或更换后的机油泵安装到发动机上。

（2）在油底壳的翻边上均匀涂好密封胶，用螺栓均匀拧紧。

（3）更换放油螺塞上的密封垫，按规定力矩将其装回并上紧放油螺塞。

（4）安装分电器轴向限位卡板的紧固螺栓，装好卡板和分电器总成。

四、机油滤清器的更换

根据润滑油质量变化适时地更换润滑油，汽车每行驶一定里程或间隔时间（有些轿车里程为 5000～7000km，具体因车型而各异）应更换润滑油、滤芯或滤清器总成。汽车在完成走合里程后也应更换一次润滑油。

机油滤清器的拆卸：用专用工具拆卸机油滤清器，如图 7-16 所示。更换时，注意清洗滤清器的安装表面。

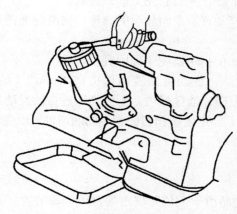

图 7-16　拆卸机油滤清器

机油滤清器的安装：

（1）安装新滤清器时，应在密封圈上涂上干净的润滑油，如图 7-17 所示。若不涂润滑油，安装时密封圈与接合面发生干摩擦，密封圈易翘曲和损坏，造成密封不良而漏油。

（2）用手轻轻拧紧机油滤清器，直到感觉有阻力为止，再用专用工具重新拧紧机油滤清器 3/4 圈，如图 7-18 所示。

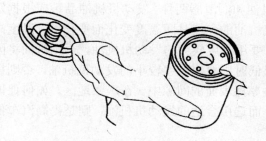

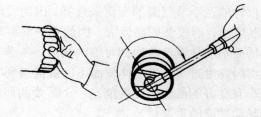

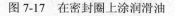

图 7-17　在密封圈上涂润滑油　　　　图 7-18　安装机油滤清器

（3）将放油螺塞的周围、机油滤清器周围清理干净。

（4）从加机油盖口加注新的润滑油，直到油面位置符合要求为止。

（5）起动发动机，检查润滑油油面位置及滤清器和放油螺塞处有无漏油，检查仪表盘机油低压报警灯的状况，不亮，正常。

五、润滑系统的维护

机油液位的检查：驾驶员在出车前、行车中和收车后，应坚持检查润滑油质量，视情况补充或更换。行车中注意观察指示油压。每次出车前应抽出机油尺检查润滑油油面的位置，必要时添加润滑油。润滑油油面位置检查的操作工艺如下：

（1）将车停在水平路面上。

（2）当发动机停机后，等候几分钟以使润滑油回流到油底壳。

（3）拔出油位指示器（机油尺）。

（4）将油位指示器擦干净，并将它完全插回到底。

（5）拔出油位指示器，并查看上面显示的油位。润滑油油面位置应在机油尺上刻度线和下刻度线这两条刻度线之间。

（6）获取读数后，将油位指示器完全插回到发动机中。

（7）必要时添加润滑油，使润滑油液面保持在"min"（最低）线以上且处于标记为"Operating Range"（工作范围）的区域内。不要加注过量的发动机润滑油，否则可能会导致发动机损坏。添加润滑油时，一定要添加相同牌号的润滑油，以免引起润滑油变质。若无同一牌号的油，则应全部更换。

六、清洁整理

将实习场地所必要的物品留下，依照规定的合理位置放置，并明确标示，将不必要的物品清除掉；对垃圾进行分类处理，将实习场地清扫干净，使每位成员养成良好习惯，遵守规则做事。

润滑剂

汽车发动机润滑系所用的润滑剂有发动机机油和润滑脂两种。发动机机油品种应根据发动机性能及季节气温的变化来选择。因为发动机机油的黏度是随温度变化而变化的，温度高则黏度小，温度低则黏度大。因此夏季气温高时要用黏度较大的发动机机油，否则机油将因过稀而不能使发动机得到可靠的润滑。冬季气温低时则要用黏度较小的发动机机油，否则机油将因黏度过大、流动性差而不能被输送到零件摩擦表面的间隙中。在严寒地区，如何保证汽车有良好的低温起动性能是一个重要的问题，而选用合适的发动机机油，则是提高汽车低温起动性能的重要措施之一。

世界上广泛采用美国汽车工程师学会（SAE）的发动机机油黏度分类法，如表 7-1 所示。本分类法采用含字母 W 和不含字母 W 的两组黏度系列，对于黏度等级号的划分，前者以最大低温黏度、最高边界泵送温度以及 100℃时的最小运动黏度划分，后者仅以 100℃时的运动黏度划分。黏度等级以 6 个含字母 W 的低温黏度级号（0W、5W、10W、15W、20W、25W）和 5 个不含 W 的 100℃运动黏度级号（20、30、40、50、60）表示。

表 7-1　发动机机油 SAE 黏度分类

SAE 黏度等级	在相应温度下的最大黏度/Pa·s（MPa·s），℃	最高边界泵送温度/℃	最大稳定倾点/℃	最小	最大
0W	3.25（3250），-30	-35		3.8	
5W	3.5（3500），-25	-30	-35	3.8	
10W	3.5（3500），-20	-25	-10	4.1	
15W	3.5（3500），-15	-20		5.6	
20W	4.5（4500），-10	-15		5.6	
25W	6.0（6000），-5	-10		9.3	
20				5.6	<9.3
30				9.3	<12.5
40				12.5	<16.3
50				16.3	<21.9
60				21.9	<26.1

　　按 SAE 黏度分类的发动机机油，还有单黏度级和多黏度级（稠化机油）之分。只满足低温或高温下一种黏度级要求的润滑油为单黏度润滑油。既能满足低温时的黏度级要求，又能满足高温时的黏度级要求的润滑油叫做多黏度级润滑油。它由低温黏度级号与高温黏度级号组合来表示，以 5W/30 为例，这是一种多黏度级发动机机油，在低温时使用符合 SAE5W 黏度级，在 100℃时运动黏度符合 SAE30 黏度级。

参考文献

[1] 本书编写组. 工作过程导向的高职课程开发探索与实践：国家示范性高等职业院校建设课程开发案例汇编[M]. 北京：高等教育出版社，2008.

[2] 姜大源，吴全全，王泽荣，等. 当代世界职业教育发展趋势研究[M]. 北京：电子工业出版社，2012.

[3] 姜大源. 职业教育学研究新论[M]. 北京：教育科学出版社，2007.

[4] 王林超，王锐，王霞. 汽车构造[M]. 北京：中国水利水电出版社，2010.

[5] 王林超，张竹林. 汽车电控技术[M]. 北京：中国水利水电出版社，2010.

[6] 杨智勇，李光林. VIOS威驰轿车维修技术问答[M]. 北京：金盾出版社，2004.

[7] 王家青，孟华霞，陆志琴. 汽车底盘构造与维修：新编版[M]. 北京：人民交通出版社，2011.

[8] 罗智强，谢云峰. 汽车发动机构造与维修[M]. 北京：机械工业出版社，2013.

[9] 谭本忠. 汽车底盘构造与维修[M]. 济南：山东科学技术出版社，2014.

[10] 高贵娟，郑永. 别克凯越维修手册[M]. 北京：化学工业出版社，2012.

[11] 陈旭. 汽车底盘原理与实用技术：上册[M]. 北京：机械工业出版社，2014.

[12] 陈旭. 汽车底盘原理与实用技术：下册[M]. 北京：机械工业出版社，2014.

[13] 车小平，宁斌，傅明伟. 汽车底盘构造与维修一体化教程[M]. 北京：人民邮电出版社，2014.